地図で読む戦争の時代

描かれた日本、描かれなかった日本

今尾恵介

白水社

地図で読む戦争の時代——描かれた日本、描かれなかった日本

目次

地図が隠したもの　秘匿される地図

軍事施設はその後どうなったか

はじめに

地形図を作り始めたのは、どの国でもたいてい陸軍である。もちろん海図は海軍が作った。陸であれ海であれ、国を守るために正確な地図が必要であることは当然である。しかし一方で、他国を侵略するにも、先立つものは地図であった。たとえば日本の地形図の作成は昭和一二年の日中戦争あたりから目に見えて「外地」の地図作りの比重が激増し、「内地」の修正作業はまったく滞ってしまった。中国内陸部からインド、東南アジアから南太平洋まで、兵站線の拡大の前触れのように、測量戦線も拡大していったのである。

旧ソ連などは世界中の詳しい地図――もちろん仮想敵国である日本やアメリカを含む広範なエリアにわたる地図を、念入りに、よくぞそこまでと嘆息するほど大量に作成している。地図に膨大な手間ヒマをかけすぎたために国が倒れたのかもしれないが……。

冗談はともかく、戦時体制下では、安全保障上重要な地図の取り扱いは厳重を極めた。本書のカバーに掲げた「軍事極秘」の記載のある地形図は軍港都市・呉にほど近い要塞地帯のもので、軍や政府関係のごく限られた人しか目にする機会はなかったはずである。このような地域の地形図はもちろん一般人が入手することは不可能で、カタログである地形図一覧図でもその部分だけ空白になっていた。裏面に識別番号が捺印されているこんな地形図を戦争中に他人に譲り渡すことなど考えられないが、六〇年以上の歳月を経て、おそらく関係者の遺族が古書市場に流通させたのだろう。それをたまたま私が入手した。

本書のテーマは二つある。

地図で戦争の時代を読む
戦争の時代の地図を読む

前者は日本の近代以降にたどってきた軌跡、すなわち他国を侵略して植民地を経営し、また空襲を受け、連合軍によって占領された時代を、地図を通して観察することである。戦前には植民地化された土地にしばしば日本風の地名が付けられたが、当然ながらその土地を測量したのは日本政府の機関であり、もちろん日本語の凡例の付いた地形図上に印刷された。

やがて戦争も日本の旗色が悪くなり、本土がたびたび空襲される事態を迎えるが、敗戦を迎えたこの国の地形図作成スタッフは、黒々と描かれていた密集市街地を白く疎らな、焼け残った建物だけを表示した閑散たる絵柄に変貌させた。内心の無念はいかばかりだったただろう。連合軍はその空き地の上に有無を言わさず自らの施設を作る。

後者のテーマは、戦争の時代にどのように地図が情報統制され、作成者の意図でいかに歪められたか、地図そのものを観察するものである。公開するにふさわしくない場所は図上で広大な空白とし、さらに時代が進むと軍事施設を住宅地と偽って表現するなどの虚構が描かれた。敵の目を欺くためとして、結果的に多くの国民の目を欺いたのである。それどころか、その偽りを見抜く術を知らなければ、後世に生きる現代人でさえ引き続き欺き続ける厄介な存在にもなった。

地図を通じて「戦争の時代」を俯瞰してみると、実にいろいろなものが見えてくる。

地図に表わされた戦争の傷痕

地形図に描かれた空襲

焼失した名古屋城

左ページの図1は昭和七年頃の名古屋市の中心部である。格子地紋（ダブルハッチ）で家屋の密集した市街地が黒々と描かれているが、お濠の内側（北側）には多くの兵営が置かれていた。もともと日本の県庁所在地は城下町由来の都市が多く、城跡には軍関係の施設が置かれるのが常であったが、名古屋でも「二重丸に星印」で示された第三師団司令部、「一重丸に星」の歩兵第五旅団司令部をはじめ、歩兵第六聯隊（図では歩六）、野戦重砲兵第三聯隊（野砲三）、輜重《しちょう》兵第三大隊（輜重三）の兵舎がびっしりと城跡を埋めている。それに加えて本丸の北側は図にまっ白く表わされた練兵場であった。

米軍による名古屋大空襲があったのは主に昭和二〇年（一九四五）三月一二日および一九日、五月一四日の三回で、五月の空襲では名古屋人の誇りであった金鯱《きんこ》城こと名古屋城が炎上、天守閣を含む

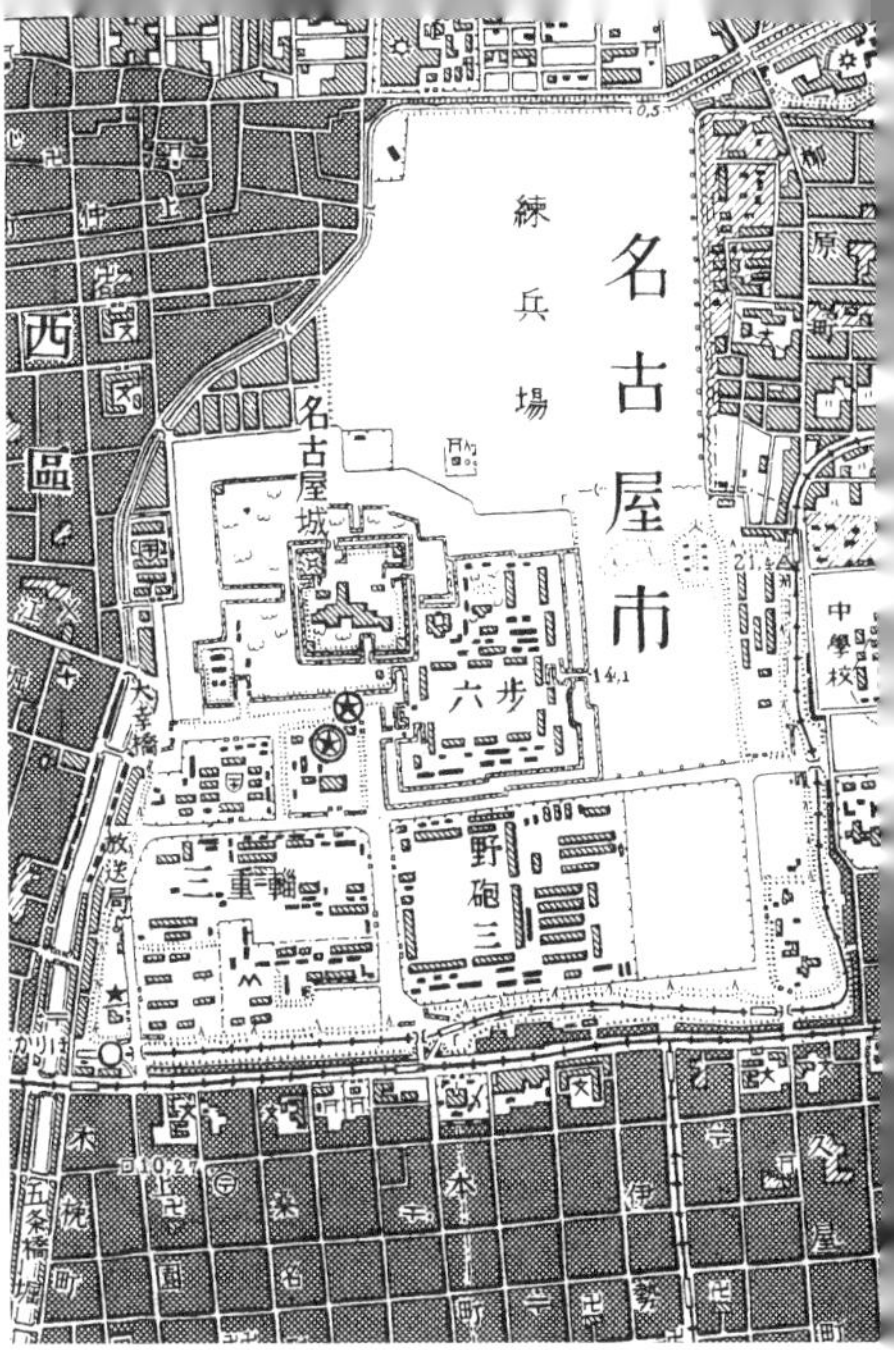

図1　1:25,000「名古屋北部」昭和7年修正

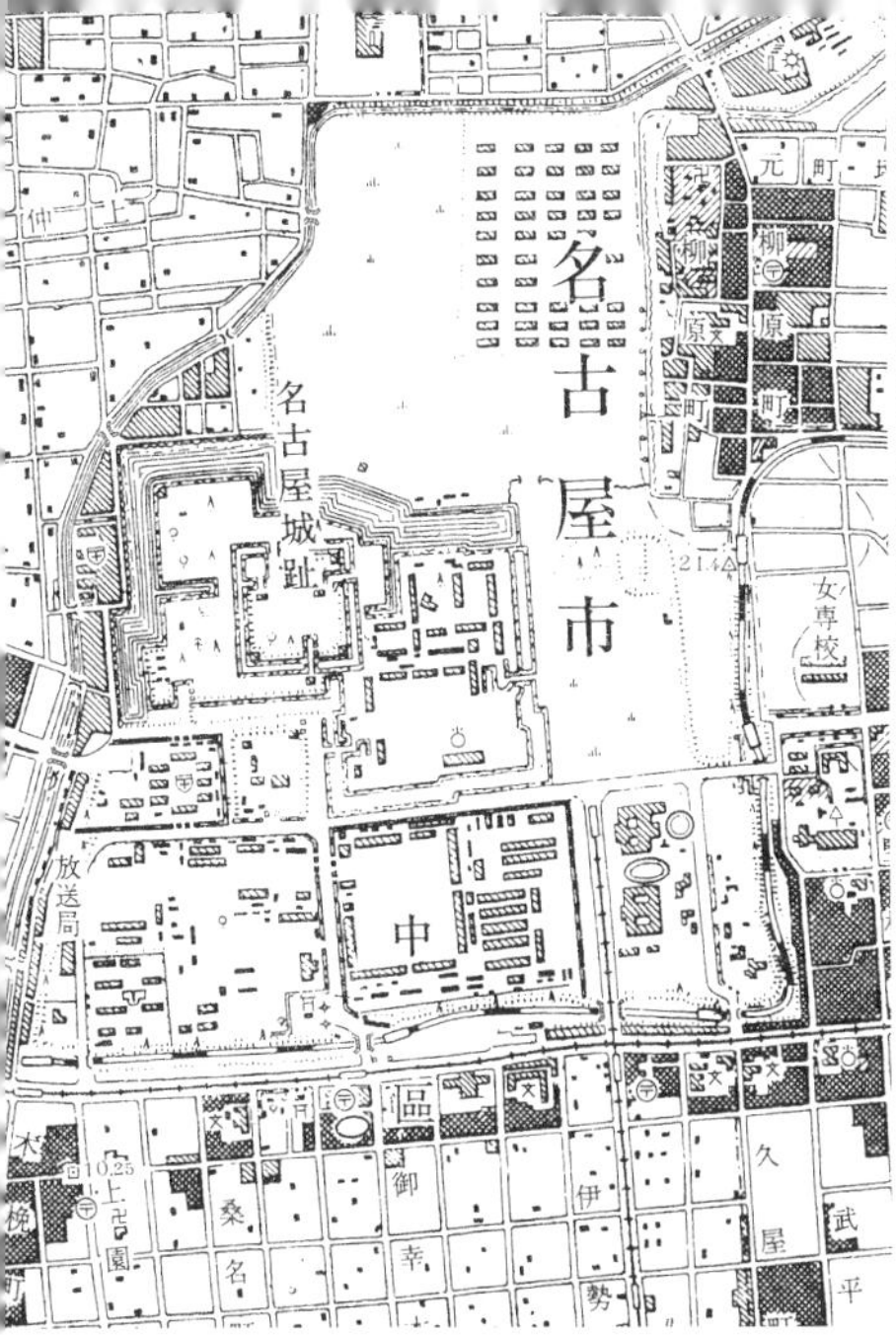

図2　1:25,000「名古屋北部」昭和22年修正

主要部分が焼失した。米軍側は「誤爆」としているそうだが、いずれにせよほとんど抵抗もできないまま城を焼かれた名古屋市民の悔しさは想像に難くない。ついでながら城は昭和三四年（一九五九）に再建されて平成二一年（二〇〇九）に五〇周年を迎えたが、慶長一四年（一六〇九）の築城から数えればちょうど四〇〇年でもある。

図2は昭和三〇年（一九五五）資料修正版ではあるが、この年号はおおむね行政区画の変更を反映しただけなので地形・地物は昭和二二年の状態が描かれている。図1と比較して明瞭なのは、まず名古屋城が名古屋城「趾」と改められ、描かれていた城の建物が消されていることだ。

それから、城の周囲を埋め尽くしていた密集市街地が、特に城の南側と西側で白くなり、疎らに単独の家屋が点々と描かれているのが衝撃的である。城の西側を南北に流れる堀川より東側の、徳川家康以来の城下町が広がっていた部分は、二〇〇〜三〇〇機にのぼるB29が大量の焼夷弾を投下したため焼け野原となり、実に無惨な状態だ。修正した国土地理院（当時は地理調査所）の職員にとっても、市街地を削って白くし、疎らな家屋をポツリポツリと描いていくのは辛い作業だったに違いない。

広島の消えた市街は「タテ縞」

図3は昭和二〇年八月六日に原子爆弾が投下された広島である。昭和二四年（一九四九）の応急修正版だが、市街地は一見健在のように見える。「廣島市」の注記の北側に描かれた広島城とその周辺の市街地はびっしりと細かい線で覆われているのだが、ふつう市街地の表現に用いられる斜線ではなく、タテ線である。欄外に記された凡例によれば「戦災地域」を示しているという。

市街地の表現は本来は名古屋の図で見たようにダブルハッチ（商店街の多いエリア）または斜線のハッチ（その他の密集市街）で表現されているのだが、敗戦直後の地理調査所では被災した市街地を応急的にタテ線で示すことにしたようだ。他の都市でも部分的に用いられたが、広島の図では原爆によって壊滅したエリアが示されている。爆心地は「廣島市」の市の字の左、相生橋の少し南で、周囲は名古屋のような焼け残りもほとんどなく大半が「更地」と化してしまった。

財団法人日本地図センターが発行する『地図中心』の被爆六〇年増刊号（特集・米軍が空撮した広島・長崎　昭和二〇年八月）には、アメリカの公文書館で見つかった原爆投下直前と直後の写真が見

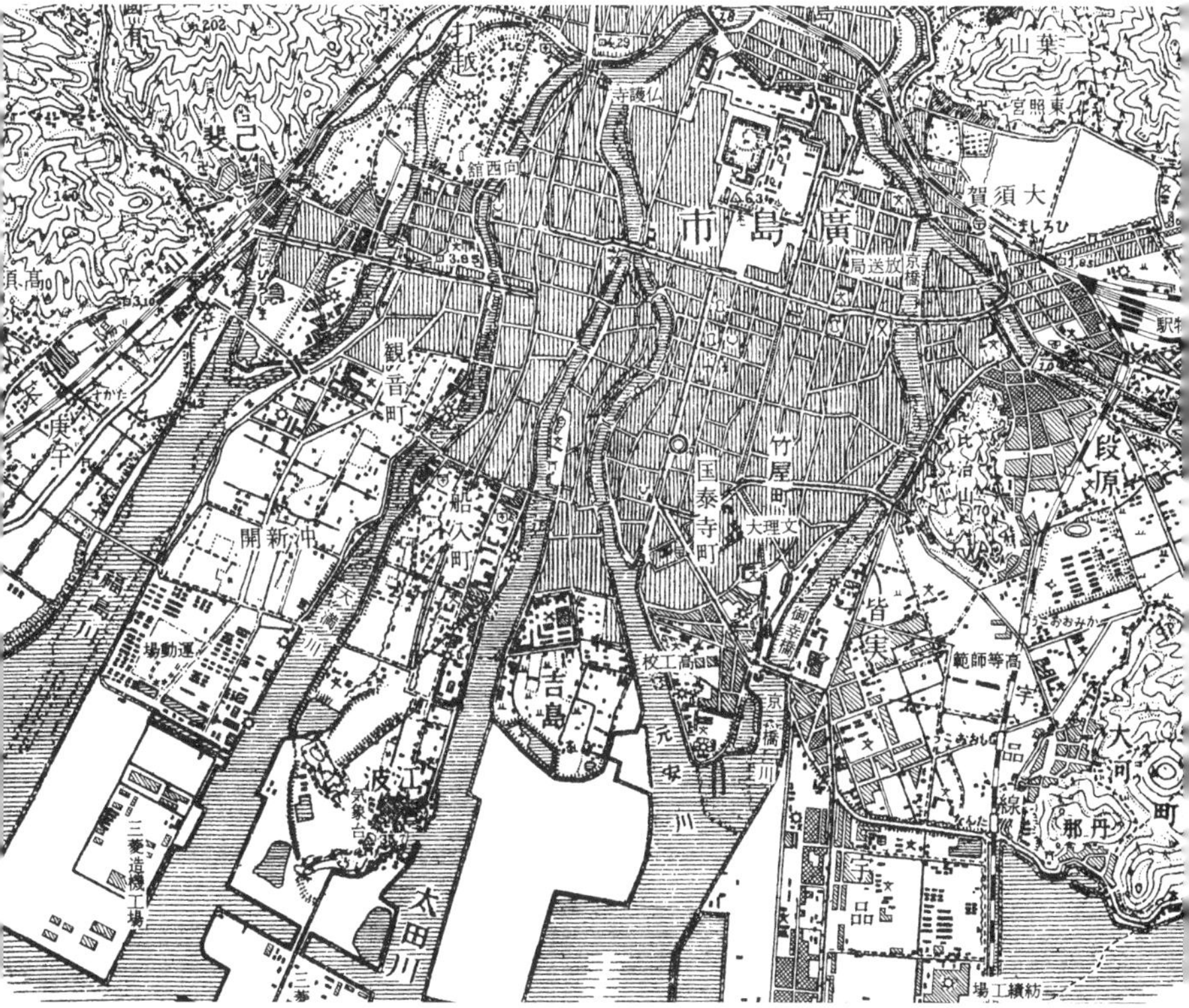

図3　1:50,000「広島」昭和24年応急修正

戰災地域

開きで並べられているが、その画像の対比は一瞬息を飲むほどの衝撃を見る人に与える。原爆投下前後の写真を並べることで、わずかな例外も許さない徹底的な破壊が実感として迫ってくるのだ。話を聞き、知識として原爆を知ったつもりの人も、改めてその威力の凄まじさ、残虐性に思いを致すことができる画期的な出版と言っていいだろう。

投下直前の市街をびっしりと覆う瓦屋根の下には、市民たちそれぞれの暮らしが営まれており、「行ってきます」「気をつけて」「きのう学校でね……」などと声を交わした普通の朝の日常生活があったはずだ。あの一発の爆弾が、それら実に多くの人々の暮らしを、実に乱暴な形で消滅させてしまったのである。

図4は原爆の投下から五年後に修正された広島である。縮尺が図3より大きいので詳細がよくわかるが、焼け野原となったわずか五年後にもかかわらず、かなりの家屋が建っている。まん中に白い巨大な大通りが完成しつつあるが、これは平和大通りで、新大橋の西側ではグリーンベルトも草地の記号（⁝⁝）で表現されている。

原爆投下直後は、これから数十年間は草も生えないだろうと言われた広島も、その数日後には市内電車が走り始め、復興に向けて人々は立ち上がり始めた。この新旧とりまぜたような、どこかアンバランスな地形図からは、あれほどの惨劇に見舞われたにもかかわらず、街を甦らせようとする市民の強い意志がひしひしと伝わってくる。

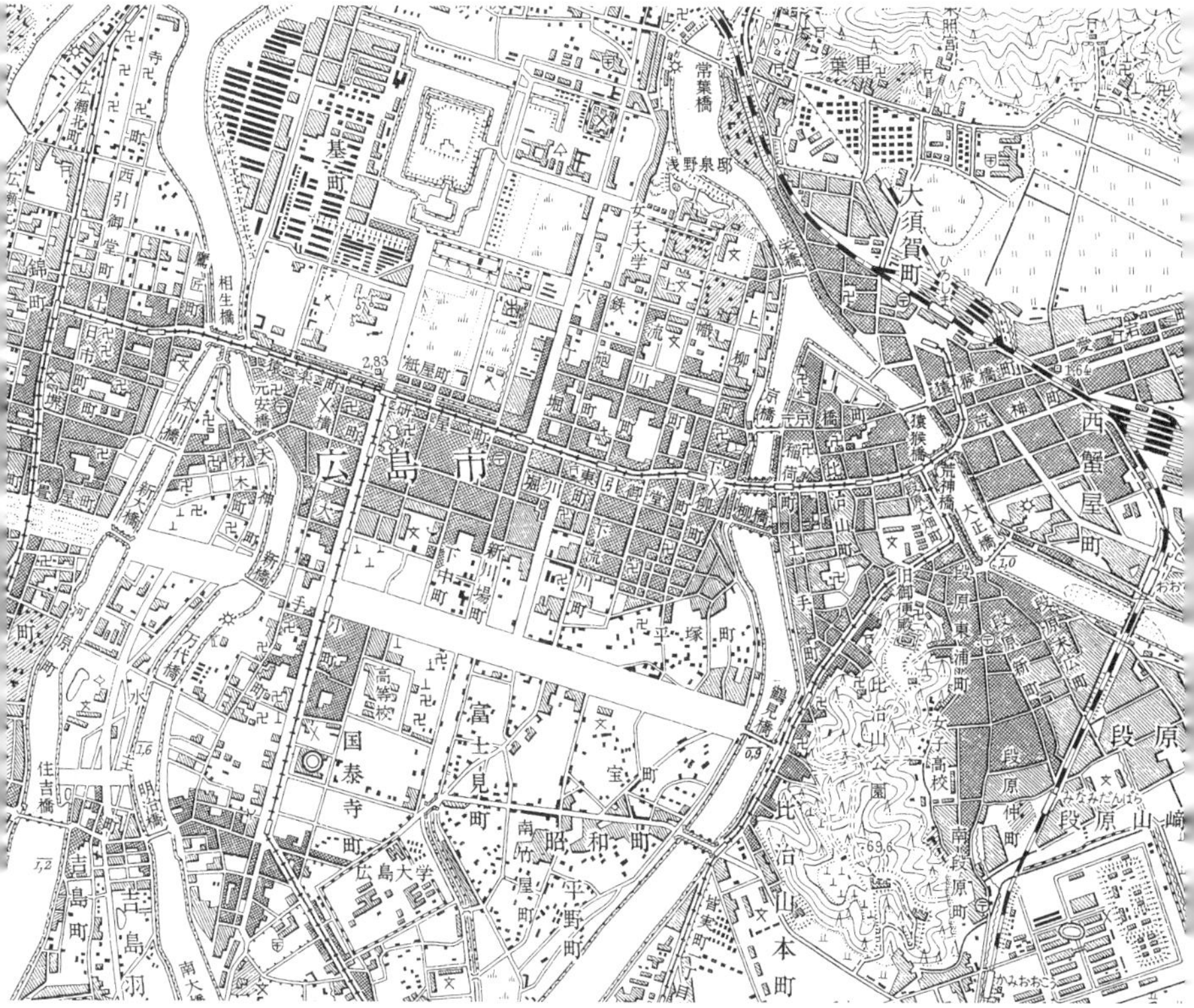

図4　1:25,000「広島」昭和25年修正（昭和32年資料修正）× 0.9

市街地に残る幅広い傷跡——建物疎開

奇妙な帯状の空地

図1は東京都大田区の南部、蒲田周辺である。昭和二〇年（一九四五）に空中写真によって修正されたもので（同二八年に行政区画の変更などを修正）、終戦直後の様子がわかる、と言いたいところだが、どうもまだ戦時中らしい。というのは昭和二〇年四月一五日未明の大森空襲でこの地域が焼け野原となった状況が反映されていないからである。密集市街地はびっしり描かれており、額面通りに受けとればまったく損傷は見られない。

しかし一方で奇妙な帯状の空白が目立つ。これが「大通り」などでないことは、その幅が不均一であること、その「脈絡のなさ」でわかる。実はこれが「建物疎開」である。

疎開といえば、戦争もいよいよ敗色が濃くなり、本土が頻繁に空襲に見舞われるようになった時期、子供

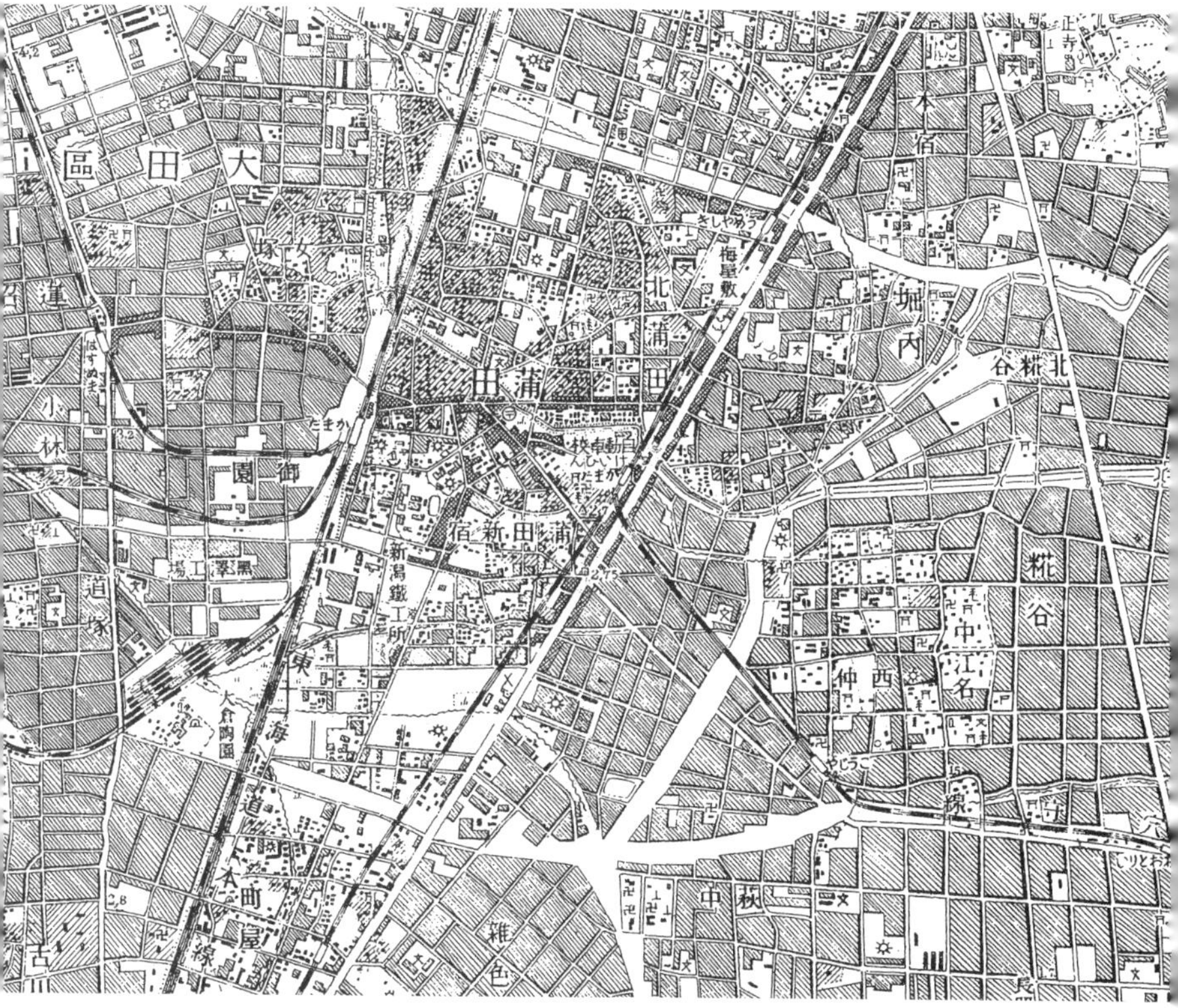

図1　1:25,000「川崎」昭和20年部分修正・同28年資料修正

たちが集団で郊外へ移ったり、縁故者を頼って郷里へ避難したことを思い浮かべるが、こちらは建物の疎開である。ただ、建物は人間のように移動するわけにいかないので、具体的には現地で取り壊してしまった。

この二つのまったく異なる意味を持つ「疎開」は、都市計画関係者がドイツ語の Auflockerung を翻訳したものだそうだ。この言葉を独和辞典で引いてみると「(土などを) ほぐす」「(雰囲気を) 和らげる」などの意味が載っているが、兵士たちが一箇所に集まっていて攻撃されるのを避けるために「バラバラに散開する」といった軍事用語でもあり、こちらの意味で取り入れられたのだろう。

建物疎開はつまり防火帯の設定だ。密集市街地での空襲被害を最小限に留めるため、数十メートルから一〇〇メートルに及ぶ幅の防火帯を縦横に設ける。これは当時の政府の決定なので全国の市街地で行なわれたが、非常時の名のもとに有無を言わさず、ほとんど強制的に執行された。全国で六一万戸が取り壊されたというから、住み慣れた家を引き倒され、破壊される無念を味わった人は少なくとも一〇〇万単位にのぼるはずである。

建物疎開が行なわれた帯状の空き地は戦後になって大通りになった例も多いが、ここ蒲田ではあっという間に家が建ってしまったのか、その後この防火帯は跡形もなく家で埋め尽くされ、狭い道が縦横に通る住宅密集地に戻って今に至っている。

名古屋では一〇〇メートル道路に

戦災後の市街地に広大な通りを縦横に巡らせたので有名なのが名古屋市だ (図2)。戦後の混乱期

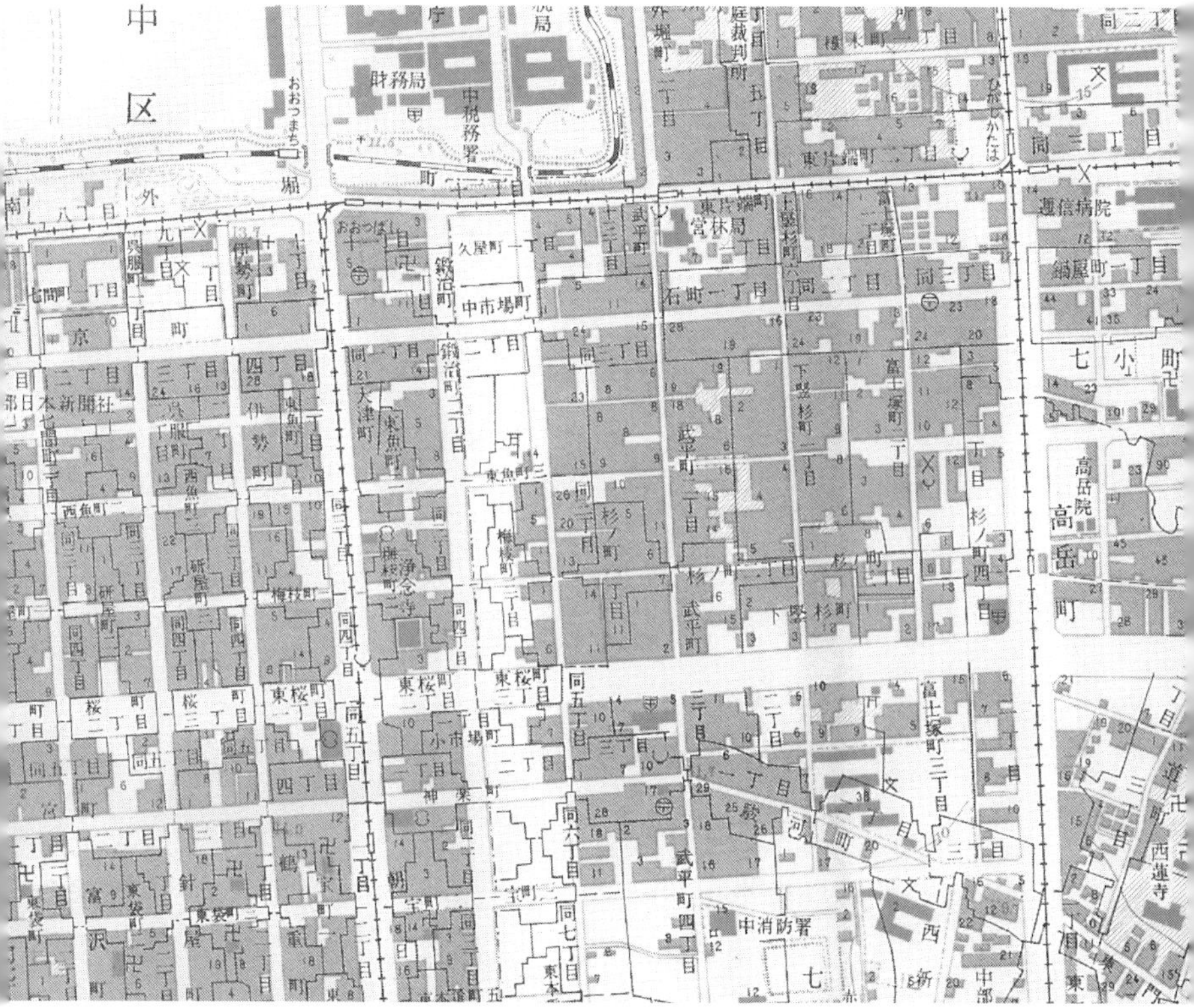

図2　1:10,000「名古屋東北部」昭和28年修正測量×0.9
堀端の「中税務署」付近から南下する空地が現在の久屋大通になった。

に街路網の建設を断行し、名古屋の名誉市民第一号に選ばれたのが田淵寿郎《じゅろう》である。終戦直後に佐藤正俊市長はもと内務省名古屋土木出張所所長だった田淵を技監兼施設局長に招き、将来人口二〇〇万を想定した「大中京再建の構想」を実現させるべく、戦災復興事業を進めた。ちなみに名古屋市が人口一〇〇万を突破したのは昭和九年（一九三四）であったが、敗戦直後の同二〇年一一月には五九・八万人までに激減していた。平成二三年一月現在は二二六万人である。

首都圏や関西圏より「クルマ依存社会」が進んだ名古屋の都市としての評価はともかく、高度成長期に渋滞に悩んだ東京や大阪の「後手に回った都市計画」と対照的に語られるのが、広大な道路が縦横に走る名古屋の「成功例」であった。その大通りの代表格が、名古屋城の堀端からテレビ塔を通って南へ延びる一〇〇メートル道路の久屋《ひさや》大通である。「飛行機でも飛ばすつもりか」と揶揄されたほどの広さで名古屋人の度肝を抜いたというが、やはり旧城下町東端の建物疎開の跡地であった。図2の中に白っぽく南北に延びる部分がそれで、まだ更地の状態のようだ。一部でこの帯に食い込んでいる建物は、破壊される前に終戦となったか、それとも戦後に手早く家を建ててしまったのだろうか。

いずれにせよ、白地に記された久屋町一丁目、中市場町二丁目などの小さな町名は、この広い帯状の土地でかつて住民の生活が営まれたことを物語っている。名古屋の城下町は織田信長の清洲《きよす》城の時代からの町も多く、中市場町もちょうど四〇〇年前（慶長一四年、一六〇九年）に町ごと清洲から名古屋へ引っ越してきた由緒あるものだ。かつての町の一ブロックは、今はまるごと公園になり、ビジネス街の貴重な休息の場になっている。

京都も空襲に備えていた

京都は中心市街地での本格的な空襲はなかったが、戦時中の建物疎開はやはり行なわれた。図3の左上に見えるのは二条城の南東角で（「唐門」のあたり）、南北の大通りが堀川通、東西が御池通である。他の狭い通りと比べて対照的な広さだが、疎開が行なわれた幅より道路の方が狭いらしく、御池通の南側、堀川通の西側にはポツポツと家が建ち始めた光景が描かれている。また、両大通りが接する堀川御池交差点にかかる橋はまだ昔の狭い幅のままだ。なお、現在この交差点の南西側には中京区役所があるが、その東側にある姉西《あねにし》堀川町は大半が堀川通の路面に呑み込まれてしまったため、住民は皆無である。

ちなみに京都旧市街の町割りはびっしりと非常に細かいのだが、当時の一万分の一地形図には一切描かれておらず、欄外には「京都旧市内は通名《とおりな》及び上《あが》る（北行）下《さが》る（南行）東入《い》る西入るで一般に通じるので特に町名及び番地を省略した」と注記があるように閑散としている。その代わりに記されている広域地名らしきものは学区名である。たとえば「城巽《じょうそん》」は城巽小学校の学区、「龍池《たついけ》」は龍池小学校という具合だ。地図としては珍しい表記である。

何はともあれ、建物疎開された場所は何車線もの広い道路となり、日夜おびただしい自動車が慌ただしく通り過ぎる都市の大動脈となっている。その重要な通りが、戦争のために家を追われた人たちの犠牲の上に成り立っていることは、もう少し記憶に留められてもよいのではないだろうか。

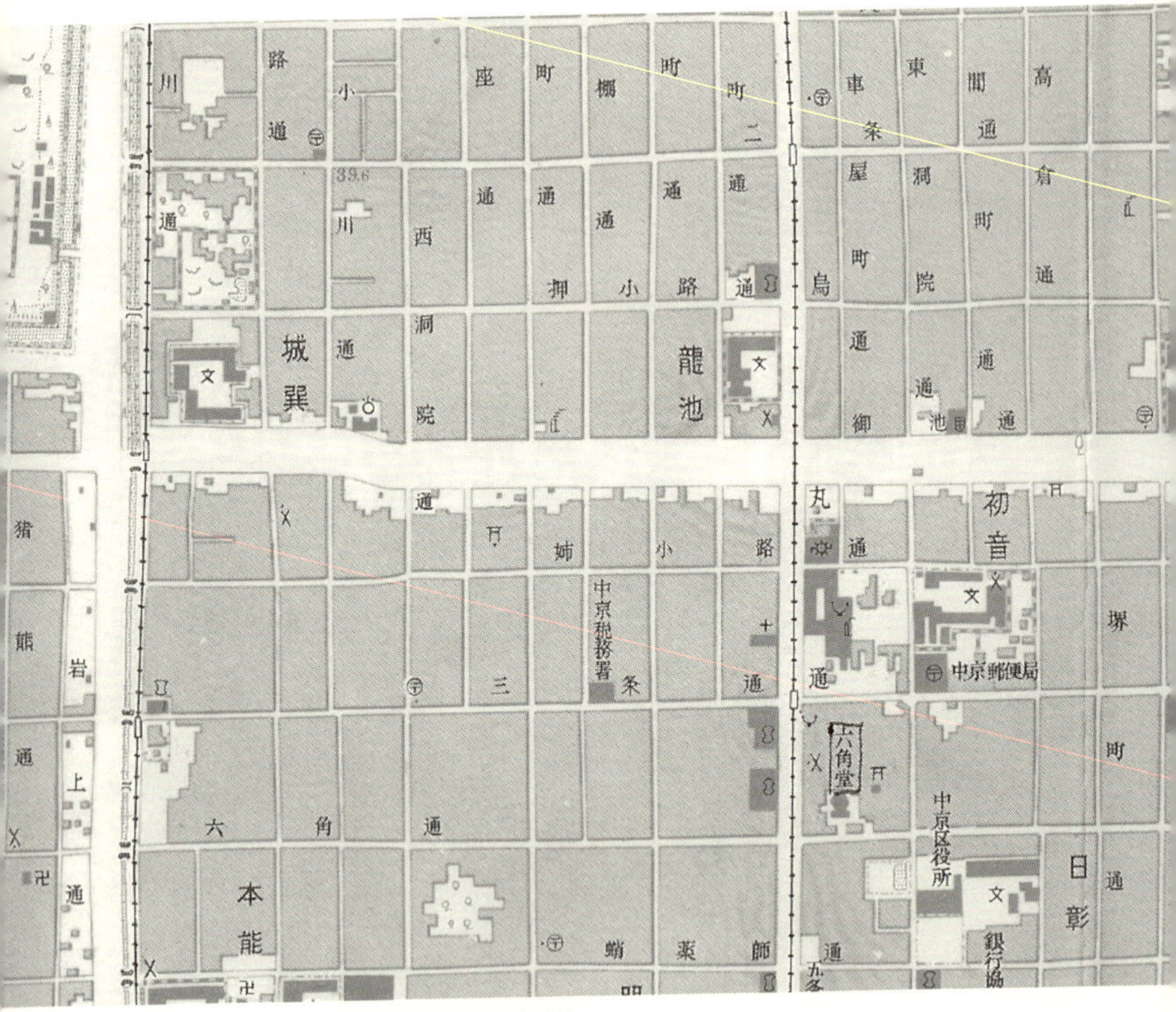

図3　1:10,000「京都北部」昭和26年修正測量
中央を東西に伸びるのが御池通、左端を南北に通じているのが堀川通。いずれも建物疎開で広げられたスペースである。

新宿の戦前と戦後

一日平均の乗降客数が約三五〇万人という世界一の乗降客数を誇る新宿駅も、昭和七年（一九三二）に「大東京」として広大な郡部が編入されるまで、その所在地は「東京府豊多摩郡淀橋町大字角筈《つのはず》字渡辺土手際《どてぎわ》」と称した。それ以前に東京「市内」だったのは現在の新宿三丁目付近までで、駅は郡部だったのである。江戸・日本橋から甲州道中（街道）で次の宿場にあたる内藤新宿の町外れに新宿停車場が誕生したのは明治一八年（一八八五）のことだ。

所在地の「渡辺土手際」は旗本・渡辺氏の屋敷にあった土塁にちなむ地名だが、江戸初期に開鑿《かいさく》された玉川上水の土手のすぐ際でもあり、明治に入ってからは淀橋浄水場が駅の西口近くに建設された。昭和三八年（一九六三）に東村山に新浄水場ができた後は廃止され、周知の通り高層ビル街として今に至っている。

次ページの図1は昭和一三年。新宿駅の西口には大きな淀橋浄水場が描かれている。その名の元になった淀橋は神田川に架かる青梅街道の橋の名で、昭和七年の周辺町村編入では区名に採用された。図名が「新大東京全図」と称しているのは、偉大なる東京という美称ではなく、従来の旧東京市域

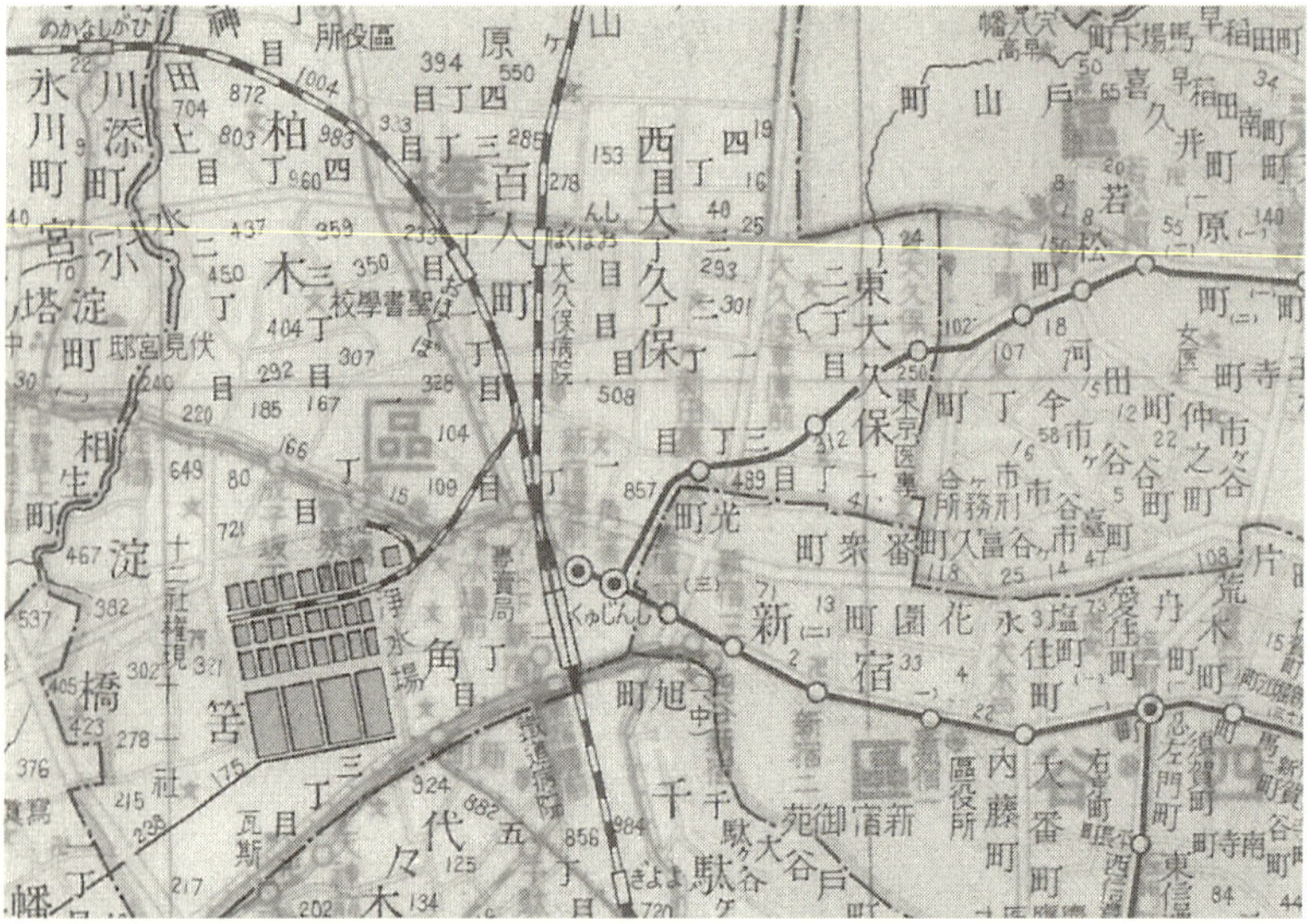

図1 「番地入 新大東京全図」九段書房　昭和13年(1938)

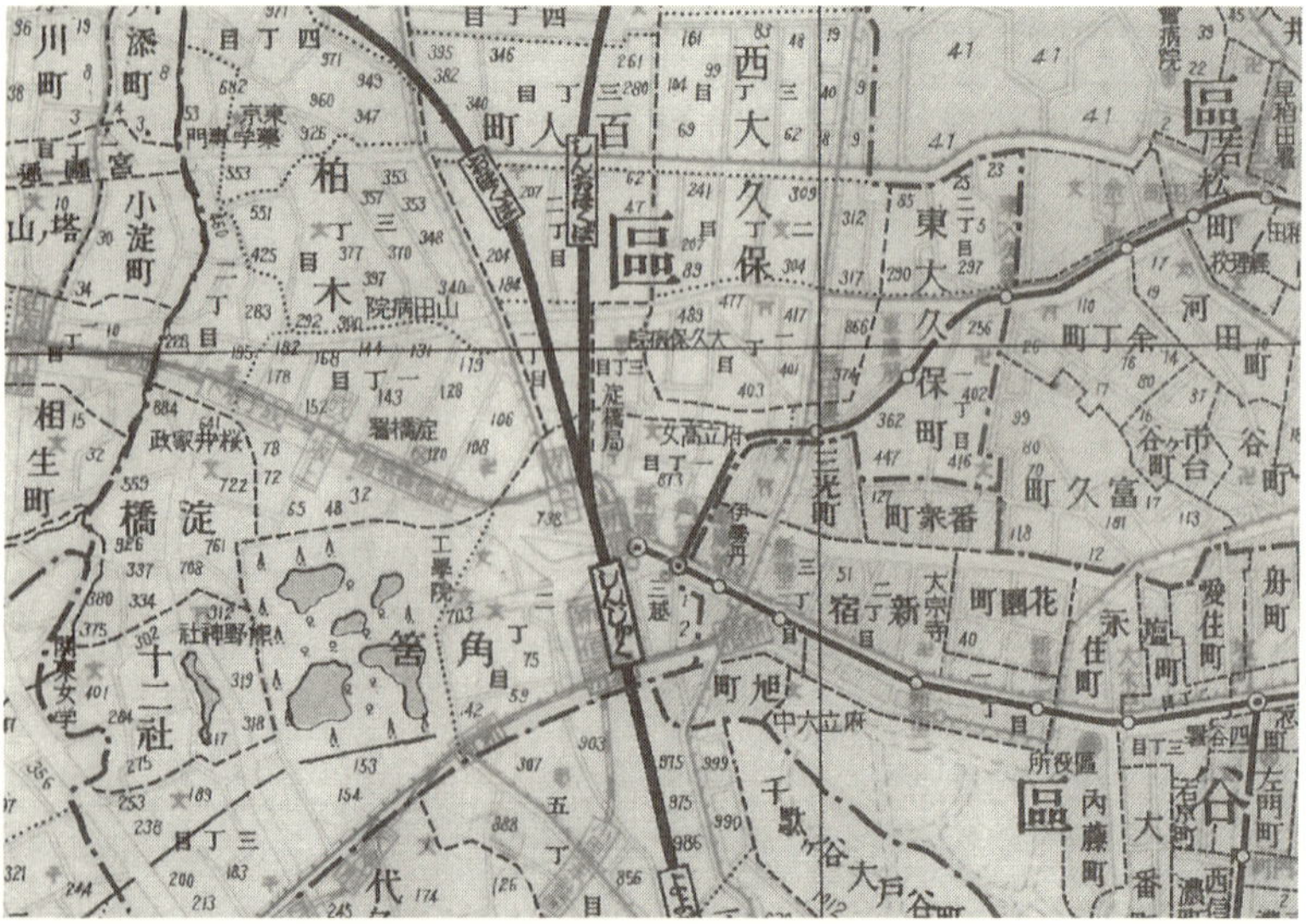

図2 「最新 大東京明細地図」日本統制地図　昭和17年(1942)

（一五区）と区別するためだろう。

昭和七年一〇月一日に行なわれた五郡八二町村の編入により市域面積は八三・四平方キロから五五一・六平方キロと六・六倍に、人口は二〇七万から四九七万と二・四倍に増えた（人口は昭和五年国勢調査の新市域相当分を合算）。旧郡部は新たに二〇区に編成されて合計三五区となったのである。

図2は四年後の昭和一七年（一九四二）。同一六年の真珠湾攻撃以来、まだ華々しい戦果を挙げていた頃ではあるが、昭和一五年から始まったアメリカの対日石油禁輸がじわじわ効いて、紙不足は次第に深刻さを増していた。地図会社は「日本統制地図」に統合され、この図も同社の発行になっている。

淀橋浄水場はなぜか公園のような描写になっているが、これは昭和一二年に軍機保護法が改正されたのに伴って順次行なわれた「戦時改描《かいびょう》」によるものだ。改描されたのは軍事基地はもちろん、鉄道の操車場、造船所や製鉄所などの重要な工場、発電所やダムなど「重要施設」を敵の目から隠すため図上で住宅や森林などに偽装するもので、ここ淀橋浄水場もその対象になった。

図の範囲外だが、東京市電の停留場名も全国の軍事施設関連駅名が改称されたのと同時期に青山の「三聯隊裏」が「墓地裏」に、「海軍大学校前」が「上大崎二丁目」などと改められている。図1にあった浄水場前が図2でなくなっているのはその関連かどうか不明だが。

次ページの図3はその五年後だがもちろん敗戦直後、連合軍による占領下のものである。浄水場は隠す必要もなくなって「復活」しており、この年の三月一五日に行なわれた区の統合により淀橋区は四谷区、牛込区と統合されて新宿区となった。図の表紙にはこんなサブタイトルが付いている。「一目でわかるアベニュー　ストリート」。連合軍は占領にあたり、彼らの呼びやすいように東京の通り

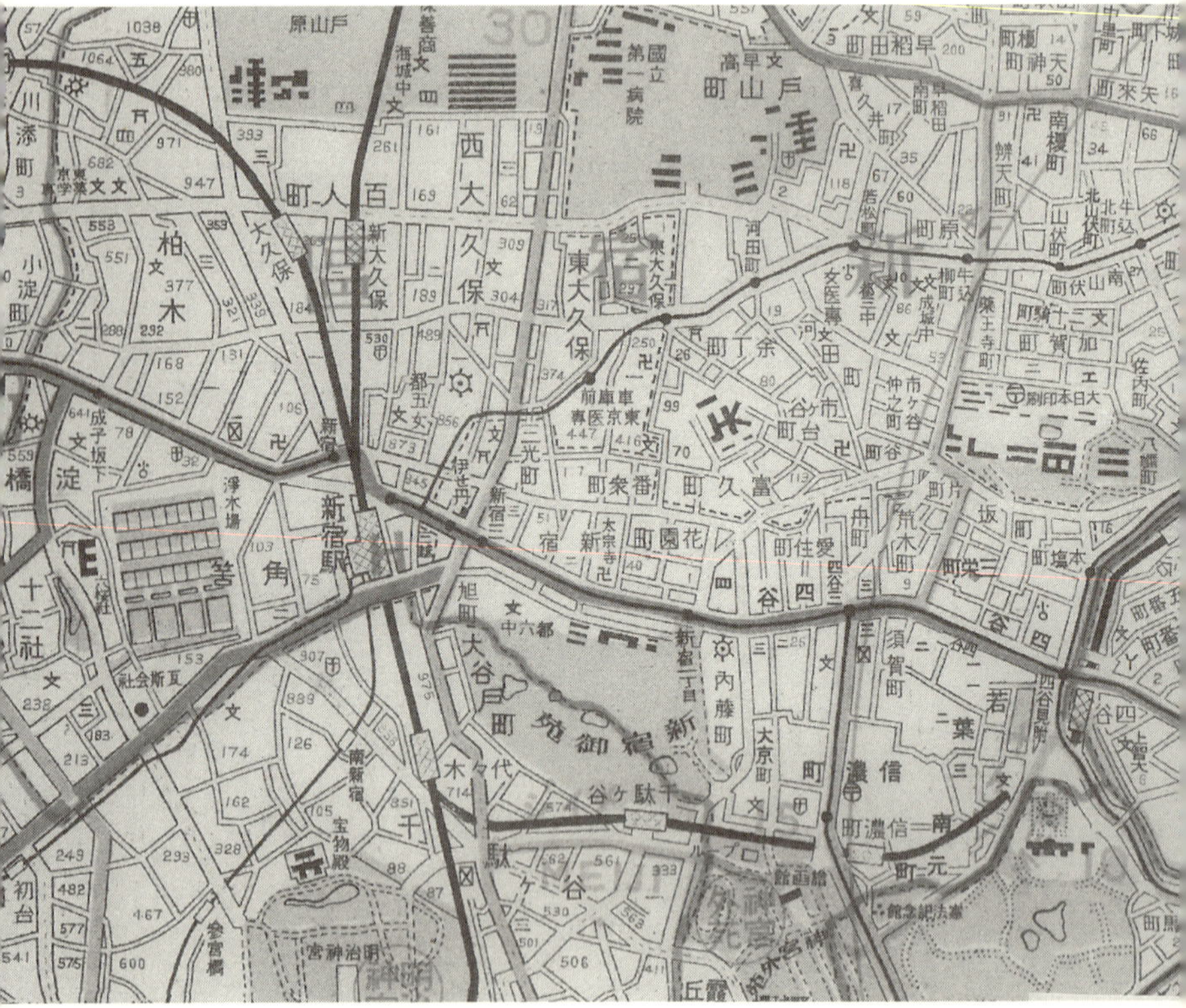

図3　「新東京案内精図」日本地図　昭和22年（1947）

に勝手に名前を付けた。現在の国道一号をAアベニュー（A Avenue）として放射状に伸びる道路に順次アルファベットが時計回りに振られたのである。

たとえば新宿駅南口に「H」の文字、浄水場の左上には「J」の文字が茶色で印刷されているが、要するに甲州街道はHアベニュー、青梅街道はJアベニューと呼ばれた。これに対して環状道路は皇居に近いものから順に番号が用いられ、たとえば現在の音羽通りから外苑東通りにかけては第一五ストリート（15th Street）、明治通りは第三〇ストリート（30th Street）などと命名されている。ただ数字は定着しにくいからか、明治ストリート、銀座ストリートなど固有名詞が用いられることも多かったようだ。道路標識にも英語表記が溢れていたようで、つい先日まで「鬼畜米英」を叫んでいた人々は焼け跡の広がるなか、どんな思いでそれらのアベニュー、ストリートの文字を見つめていただろうか。英会話の本が爆発的に売れたのも、この頃である。

終戦直後の東京

昭和二〇年（一九四五）八月、東京には数度の大空襲による焼跡が広がっていた。その焼跡にはバラックが建ち、闇市が進出を始める。私の母方の祖父は世田谷の上馬《かみうま》に住んでいた。空襲の被害が少なかった世田谷区なのにその一帯は運悪く焼かれ、家を失った祖父母は横須賀市へ転居した。爆撃機が身軽になるため適当に人家のあるあたりへ落としていった、という話は聞いたことがあるが、これといって目標らしい目標もない上馬の空襲はその類かもしれない。いずれにせよ、メインの標的であれ「捨て爆弾」であれ、一方的に殺された多くの東京都民が浮かばれないことに変わりはないが。

国土地理院の前身である陸軍陸地測量部は昭和一〇年代、「大日本帝国」の勢力圏の拡大に伴って外地の測量に追われていた。そのため本土の経年変化を反映させるべき地形図の修正作業は滞り、「帝都」の地形図でさえ昭和七年頃から手がつけられていなかった。昭和七年といえば、一〇月一日に周辺五郡八二町村が編入されて新二〇区となり、東京市は旧一五区と併せて三五区を擁する「大東京市」になった年だ（その後昭和一一年に北多摩郡砧《きぬた》村・千歳村が編入されてほぼ現二三区域となる）。その後は市街化がさらに進み、本来なら地図は大幅に塗り替えられているはずだったが、そんな事情で地

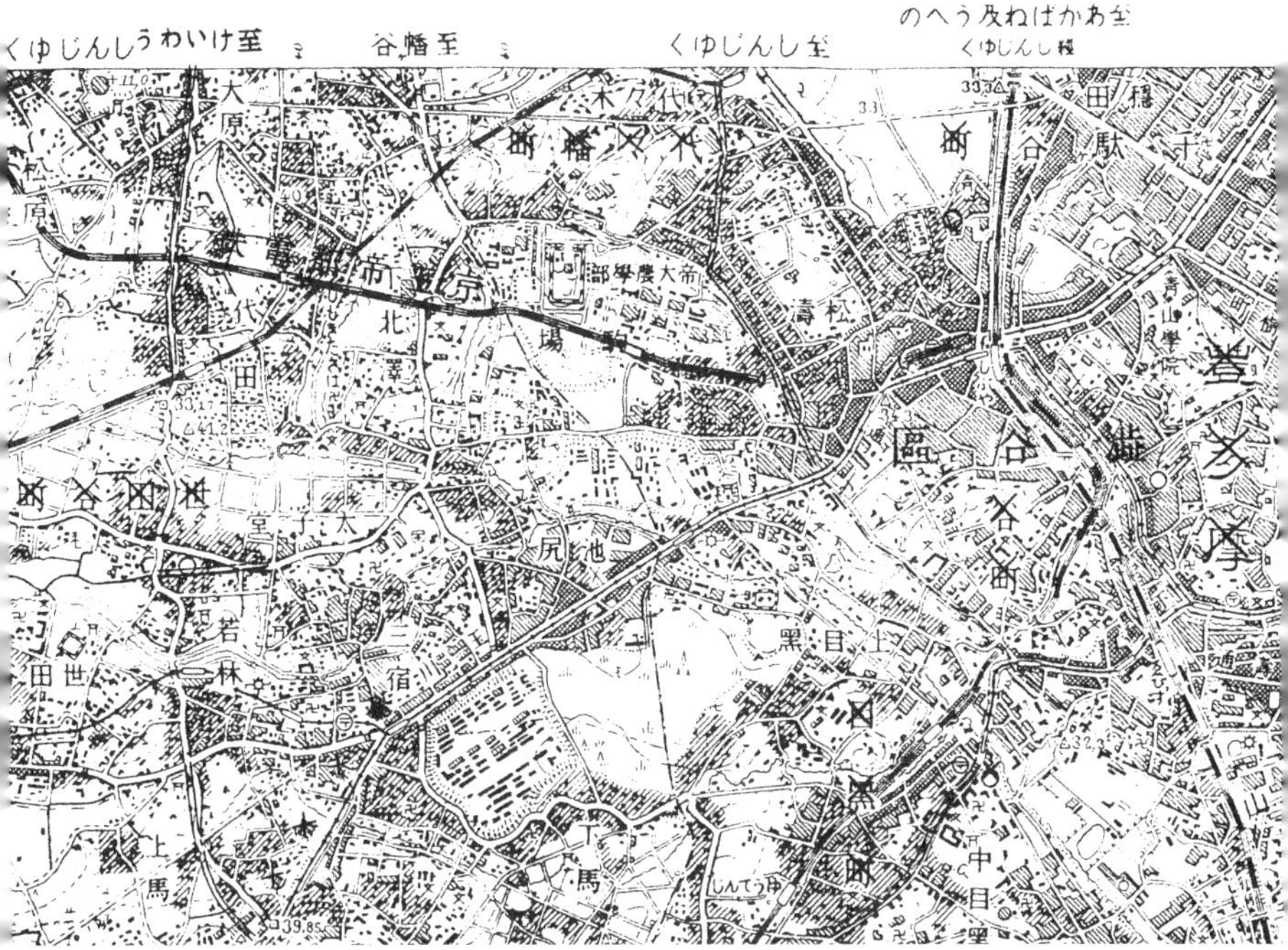

図1　1:50,000「東京西南部」昭和23年資料修正

形図としては「大東京市」となる直前の昭和七年九月以前のまま終戦を迎えたのである。

人員も紙も不足するなか、なんとか新しい情報を盛り込もうとしたのがこの図1である。新しい版を作る余裕はなく、少し薄い墨で印刷された元図には新情報のみが茶色のインクで加刷されている（上図では濃い色に見える）。新しい行政区画を記入、古い町村や郡名には×印が付けられた。「昭和二三年資料修正」なので、前年に三五区が二三区に再編成されたばかりである。具体的には芝区・麻布区・赤坂区が港区に、四谷区・牛込区・淀橋区が新宿区、という具合に昭和二二年五月三日に二二区に統合され、三か月後の八月一日に練馬区が板橋区から分区して現在の二三区になった。

上の範囲では郡名を表わす「豊多摩」や「渋谷町」「代々幡《よよはた》町」などの旧自治体名が×

で消され、さらに前回の修正にタッチの差で間に合わなかった昭和八年開通の帝都電鉄（現京王井の頭線）が茶色の線で記入され、それと交差する山手通りも茶色の二重線で追加された。欄外の注によれば「道路ハ昭和十九年・二十年ノ資料ニヨリ主要ナモノノミヲ修正ス」とある。さらに渋谷区役所も陸軍刑務所跡地の現在地に茶色い○で示された。当時はおそらく外地へ行った陸地測量部員もまだ帰ってこない人が多かったのではないだろうか。極限状態にあって、なんとか少しでも東京の変化を記録しようとする執念のようなものが感じられる地形図である。

次ページの図2はもっと早く、終戦一年後の昭和二一年九月一五日に発行された「東京都35区　区分地図帖」。東京都三五区とあるように、まだ区割りは戦前のままで東京都の「行政区」であった。現在のような「特別区」となるのは昭和二二年に区が再編されてからである。地図帖の表紙には「戦災焼失区域表示」とあるが、ピンク色に塗られている部分（左図ではグレーに見える部分）がそれだ。それを知らなければ、市街地をすべてピンクに塗ったのかと勘違いするほど「焼失区域」は多い。深川区・城東区（現江東区）などはほぼ全滅で、本所区の焼失面積は全体の九六パーセントに及んでいる。白いままの部分はもはや家のない埋立地ぐらいしか残されていない。緑色で表示された帯状の範囲は凡例に「疎開区域」とあるが、これは一八ページで取り上げたように、延焼防止のために道路や鉄道沿いの建物を強制的に撤去したエリアだ（左図ではピンクの部分と区別できない）。家を失った人の中には空襲だけでなく「疎開」させられた人も少なくない。

よく見ると渋谷区の場合は全部焼かれたわけではなく、主に台地上のお屋敷町は残った所が目立つ。敷地に余裕があって木々も多いため、延焼を防ぐことができたからだろう。この図で「焼けなか

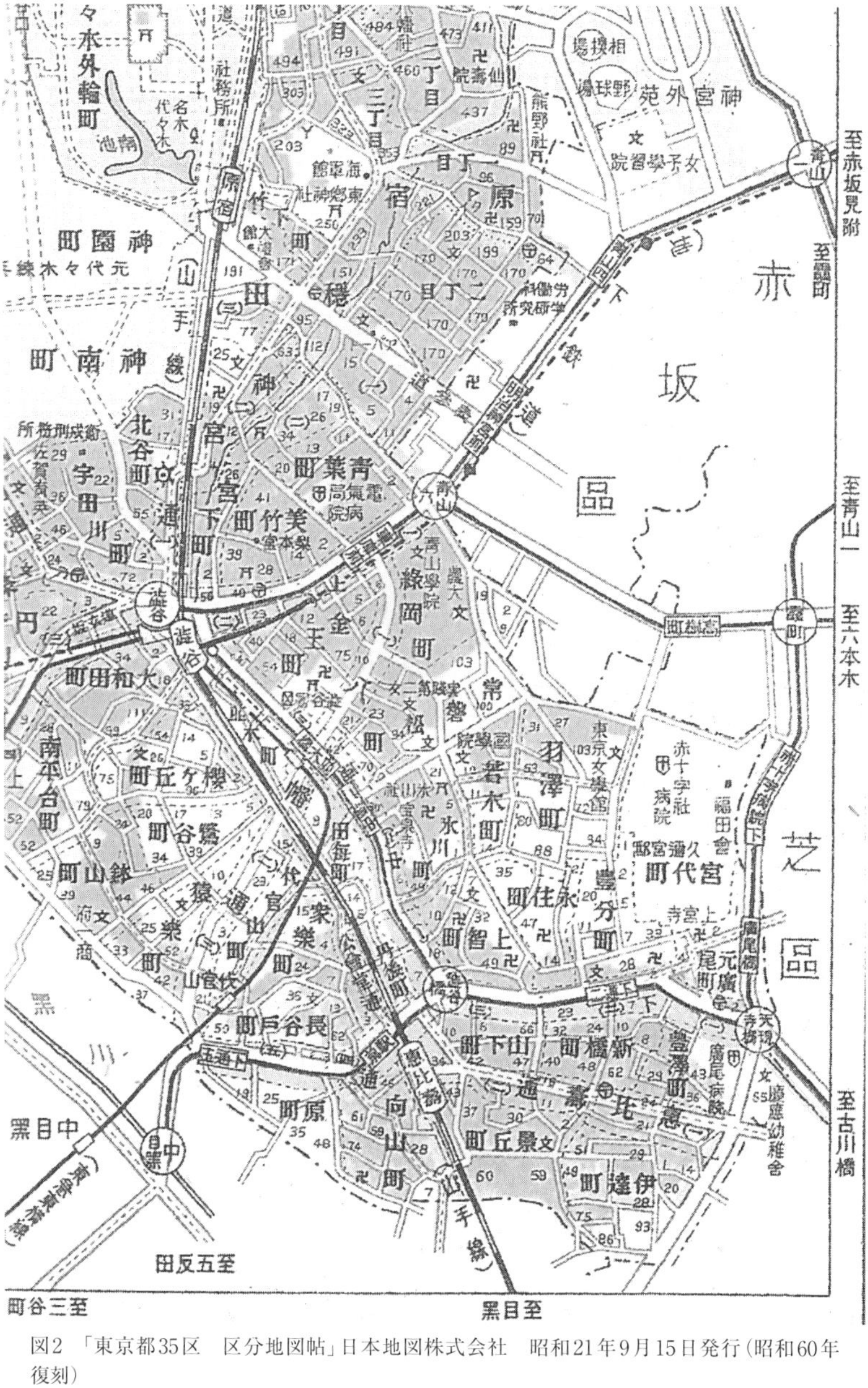

図2 「東京都35区　区分地図帖」日本地図株式会社　昭和21年9月15日発行（昭和60年復刻）

った区域」を確かめながら今の東京を歩くと、戦前からの木造の家が今もあちこちに残っており、戦前の東京市の名残を見つけたい人には大いに役立つ地図でもある。

この地図は昭和六〇年（一九八五）に同じ会社（日地出版）によって復刻・発行されたものだが、奥付を見ると復刻者には「東京空襲を記録する会」とある。東京大空襲を丹念に記録し、長年にわたって発表し続けたきた早乙女勝元氏による序文が収められているが、「あやまちを繰り返す愚行は、いついかなる状態にあろうとも避けねばならないが、学ぶためには素材がいる。記録である」と強調されている。日地出版の倉庫に二冊だけ保存されていたという地図帖が復刻されることの意義はまさにここにあったのだが、復刻されてからも、すでに二五年の歳月が経過してしまった。当時よりさらに戦争体験者は少なくなっており、油断していると戦争ははるか遠く昔のことになってしまうだろう。

番地まで表示されたこの図を眺めていると、「東京は焼け野原になった」などという大雑把で月並みな表現より、よほど具体的に、広大な面積で家屋も学校も工場も、何もかもが焼かれた事実として迫ってくる。「頭の中の縮尺」をさらに上げてみれば、もっといろいろなことが想像できる。一郎君の家は焼かれて一家行方不明になった、和子さんは両親も弟も亡くして千葉のおじいちゃんに引き取られた、田中さんは経営していた町工場を失って茫然自失になった……。

戦争を知らない世代には、おびただしい数の亡き都民の無念を、このピンクの市街地から懸命に想像する義務があるのではないか。

市電に「特急」が走った理由

次ページの図1は東京市電気局、つまり今の東京都交通局の前身が昭和四年（一九二九）に発行した路面電車の案内図である。東京府が都になるのは昭和一八年（一九四三）のことだから、まだ「市電」の時代だ。デザイン的にも優れていて、市電の路線は赤い太線でわかりやすく示し、連絡する省線（国鉄）と他の私鉄が青で印刷されている（系統図は裏面の別図）。さらに地色が白なら低地（沖積低地）、薄緑は台地と色分けされているのはなかなか画期的だ。これなら、どこに坂道があるのかさえわかる。

現在の地下鉄案内図を見ると、路線別にシンボルカラーで色分けするのは見やすくて結構だが、地形との関係などは眼中にない。今さら等高線を描けとは言わないが、戦前のこの路線図ぐらいの工夫があれば、東京の「顔つき」が一目でわかっていいのだが。また、図は西が上になっているが、「江戸図」もそんな向きのものが多く、江戸人の方角感覚を無意識に、または意識して使ったのかもしれず、「北が上」を墨守せず、実用本位に徹底したところもまたいい。

さて、日本橋から新橋に至る停留場に注目いただきたい。日本橋、通《とおり》三丁目、京橋、銀座二丁目、

大隈庭園
芭蕉庵
關口町
音羽三丁目
音羽六丁目
護國寺前
護國寺
大塚車庫前
大塚駅前
おほつか
大塚辻町
鶴巻町
江戸川公園
矢來下
音羽九丁目
大塚仲町
豊島岡
⑤
大塚
大塚公園
文理科大學前
江戸川橋
石切橋
拓殖大學
大塚窪町
竹早町
東五軒町
筑土八幡
大曲
清水谷町
文理科大學
氷川下町
丸山町
巣鴨橋
西丸町
巣鴨二丁目
⑥
巣鴨
すがも
とげぬき地藏
巣鴨四丁目
染井墓地
駒込車庫前
霜降橋
滝野川役場前
西ヶ原貝塚
無量寺
飯田
傳通院前
同心町
植物園
小石川原町
東洋大學
理化學研究所前
こまごめ
上富坂
傳通院
後樂園
小石川柳町
八千代町
指ヶ谷町
白山上
曙町
上富士前町
駒込橋
神明町
富士神社前
⑬
神明町車庫前
春日町
餌差町
本郷追分町
高等學校前
大學正門前
吉祥寺
吉祥寺前
本郷肴町
蓬來町
眞砂町
駒込坂下町
駒込動坂町
道灌山下
たばた
帝國大學
本郷三丁目
大學赤門前
逢初橋
根津八重垣町
駒込千駄木町
團子坂下
上野東照宮下
池端七軒町
本郷區役所前
上野廣小路
上野公園
東照宮
動物園
美術館
博物館
自治館
うへの
にっぽり
うぐひすだに
上野駅前
上野駅東口
車坂町
御徒町
地下電車
稲荷町
下車坂町
坂本二丁目
坂本四丁目
金杉上町
金杉下町
三輪車庫前
御行松
竹町
小島町
清島町
菊屋橋
三筋町
原田町
合羽橋
入谷町
千束町
鷲神社
竜泉寺町
三輪橋
通新町
みかはしま
千住大橋
千住中組
大師道
千住二丁目
千住新橋
きたせんじゅ
南千住
⑦
みなみせんじゅ
駒形町
雷門
浅草公園
吾妻橋西詰
原庭町
山宿
吉野橋
吉野
泪橋
山谷
王子電車
荒川
荒川遊園地
遊園地前
熊野前
尾久グランド
尾久鑛泉
飛鳥山
飛鳥山公園
わうじ
一里塚
瀧野川
庚申塚
大正大學
西巣鴨町
御代台
近藤勇墓
妙行寺
紅葉園

図1　「電車線路及停留場一覧図」昭和4年発行　東京市電気局

銀座二丁目、銀座四丁目、出雲町、芝口、新橋駅前。現在の平均的なバス停の間隔より少し狭い平均約二九〇メートル間隔で設けられている。出雲町はついでながら現存しない町名で、江戸時代にここを埋め立てる際、出雲・松江藩が担当した地区であった。町名はそれにちなんで命名されたものだ。残念ながら震災復興事業の町名地番整理により、この図が出た翌年の昭和五年（一九三〇）に「銀座」に含まれて消滅している。

次の図2はそれから一五年も経った昭和一九年（一九四四）の路線図である。この頃はすでに東京市が東京都になっており、「都電」の路線は黒い細線だ。これで日本橋と新橋の間を見ると、昭和四年に比べて停留場の数は半分以下になっている。日本橋、京橋、銀座四丁目、新橋しかないので地下鉄の駅と同じ間隔であり、停留場間隔の平均は八〇〇メートル弱と大幅に広くなった。

省略されたのではなく、途中の停留場が廃止されてしまった結果である。これも戦争の影響で、節電がその目的であった。日本の大陸進出を牽制すべく、ルーズベルト大統領のアメリカ合衆国は昭和一五年（一九四〇）に航空燃料等を、翌一六年からは全面的な対日石油禁輸に踏み切った。それが太平洋戦争の直接の引き金にもなるわけだが、資源を「敵」に握られた日本としては南方の石油奪取を焦るがうまくいかず、結局はジリ貧の中で国民に窮乏生活を強いることになった。

鉄道省では昭和に入ってから小回りの利く気動車を各地で導入し、その専用駅をいくつも新設して好評のうちに運転中だったが、石油禁輸後はまっ先に止められ、気動車のみが停車する駅はこの時期にいくつも廃止となっている。その次のターゲットとなったのは電車の駅で、利用者が少ない駅、隣との間隔が狭い駅が狙われ、全国各地の主に私鉄電車の小さな駅が休止または廃止となった。電車が

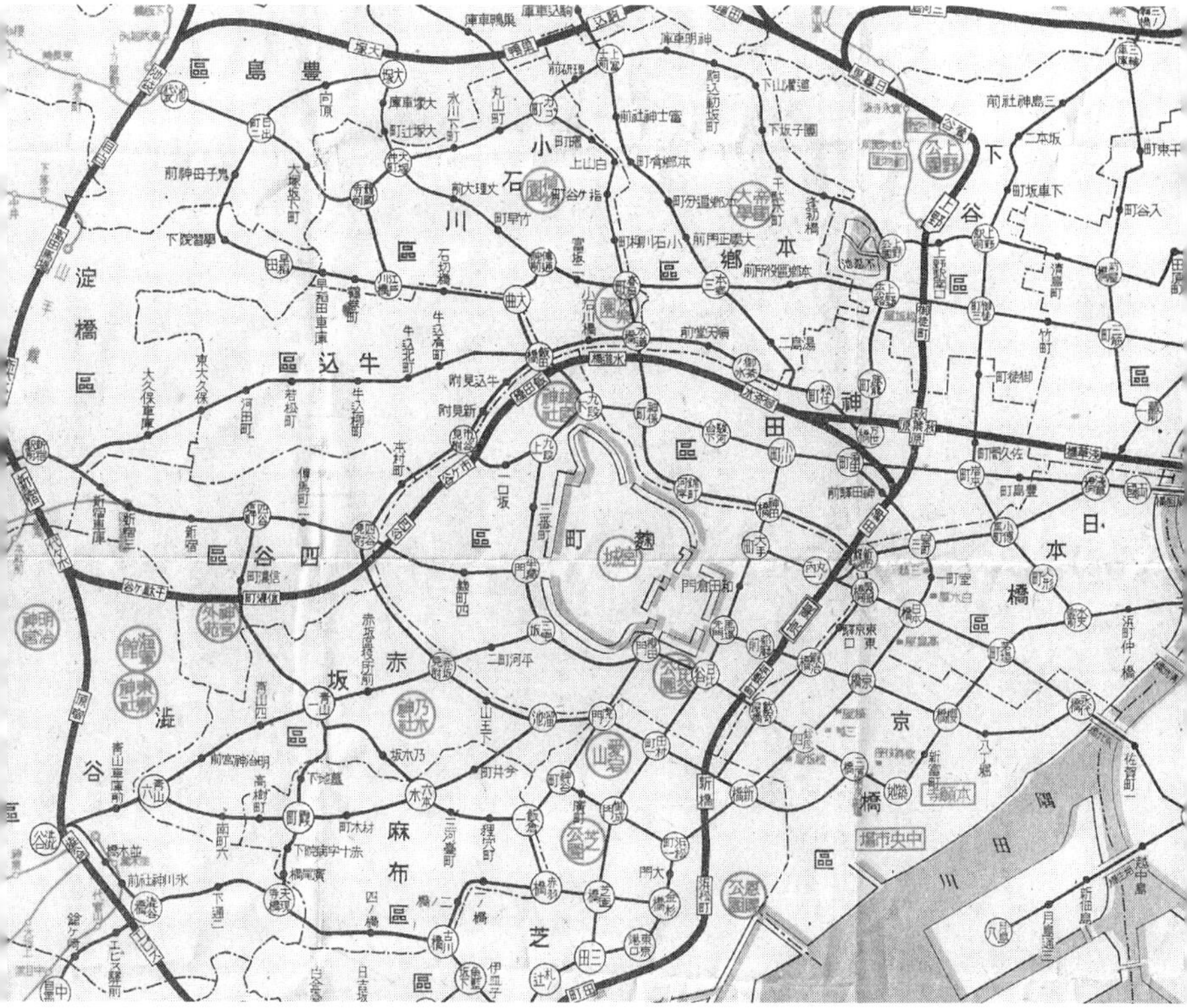

図2 「東京電車案内」青木書店 昭和19年発行

停止し、ドアを開閉して再び発車するという一連の動作には一定の電力を消費するため、「非常時であるから、近い所は歩きなさい」ということになった結果がこのスカスカの路線図なのである。都電では昭和一九年（一九四四）の一〇月五日に膨大な数の停留場が廃止となった。戦後になって少しずつ復活を果たしてはいるが、かなりの数はそのまま復活せず、モータリゼーションの直撃を受けて都電の路線そのものが廃止の道をたどっていく。

昭和一八年以降になると神社仏閣への参拝客を運ぶ鉄道、観光地のケーブルカーなどが「不要不急」と認定され、レールを剝がされるなどの動きにつながっていくが、路面電車では「急行運転」が行なわれたところも多い。急行といえば聞こえはいいが、節電のため停留場を通過するものであった。都市と時期によって異なるが、最後にはどこも終日急行運転、つまり通過となる停留場は事実上の廃止となったのである。

図3は名古屋市電の路線図だが、黄色が急行停車停留場、赤が特急停車停留場と凡例にある通り、急行・特急が運転されていた。図3では停留場の黒っぽい〇印が「特急停車停留場」、急行は残念ながら見分けがつかない。まず石油禁輸開始の昭和一五年（一九四〇）二月に利用者の少ない停留場を通過する急行の運転が始まり、同一八年一月からは、さらに停車停留場を減らした特急の運転が始まっている。市の中心部ではほとんど他線との交差地点にしか停まらない状態だったが、この特急の運転が中止となったのは昭和二〇年、空襲で自慢の天守閣が焼かれ、名古屋市民にとって茫然自失の終戦を迎えた直後、九月一日のことである。

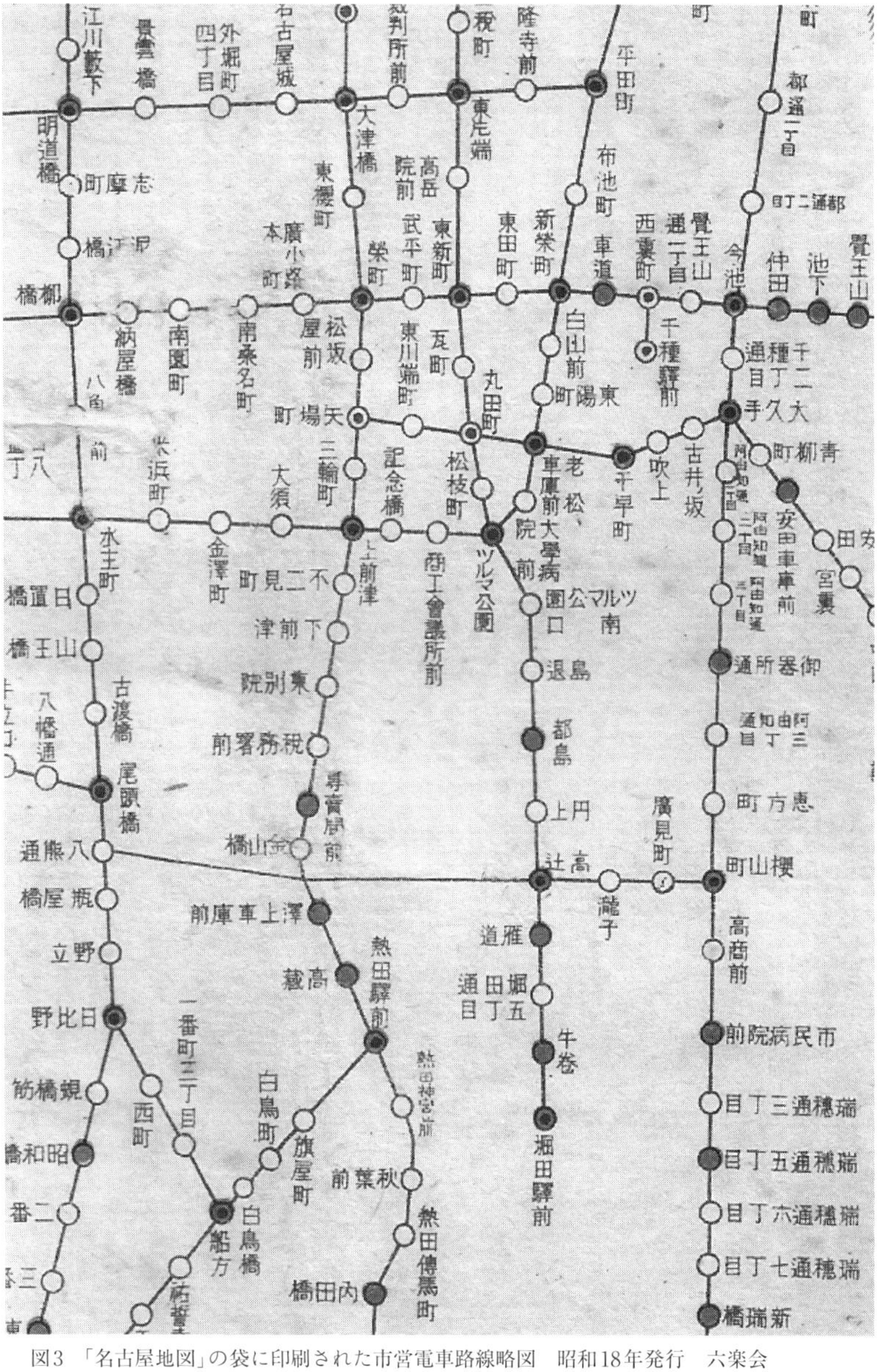

図3　「名古屋地図」の袋に印刷された市営電車路線略図　昭和18年発行　六楽会
黒っぽく見えるのが「特急停車停留場」。

「不要不急」とされた鉄道

レール供出を反映する空白

図1は戦争末期の昭和一九年（一九四四）に部分修正が行なわれた五万分の一地形図「横須賀」のうち逗子付近である。紙質も印刷の状態もよくないが、発行されたのは戦後の混乱期の昭和二二年（一九四七）。紙もインクも人材も極度に不足していた頃だから当然かもしれない。このエリアは東京湾口を睨む海軍の横須賀鎮守府がある要塞地帯で、地形図は大正以前から長らく一般人が入手できない状態であり、ようやく市販できるようになったのが戦後のこの時期だったのである。

現在は逗子市だが、自治体名が見当たらないのは前年に横須賀市に編入されていたため。当時は軍事的に拠点となる自治体に対しては国が「強制合併」させることがあり、旧逗子町も海軍軍需部の倉庫、いわゆる池子の弾薬庫（現在は米軍住宅）などが存在したためか、編入が行なわれている。ちな

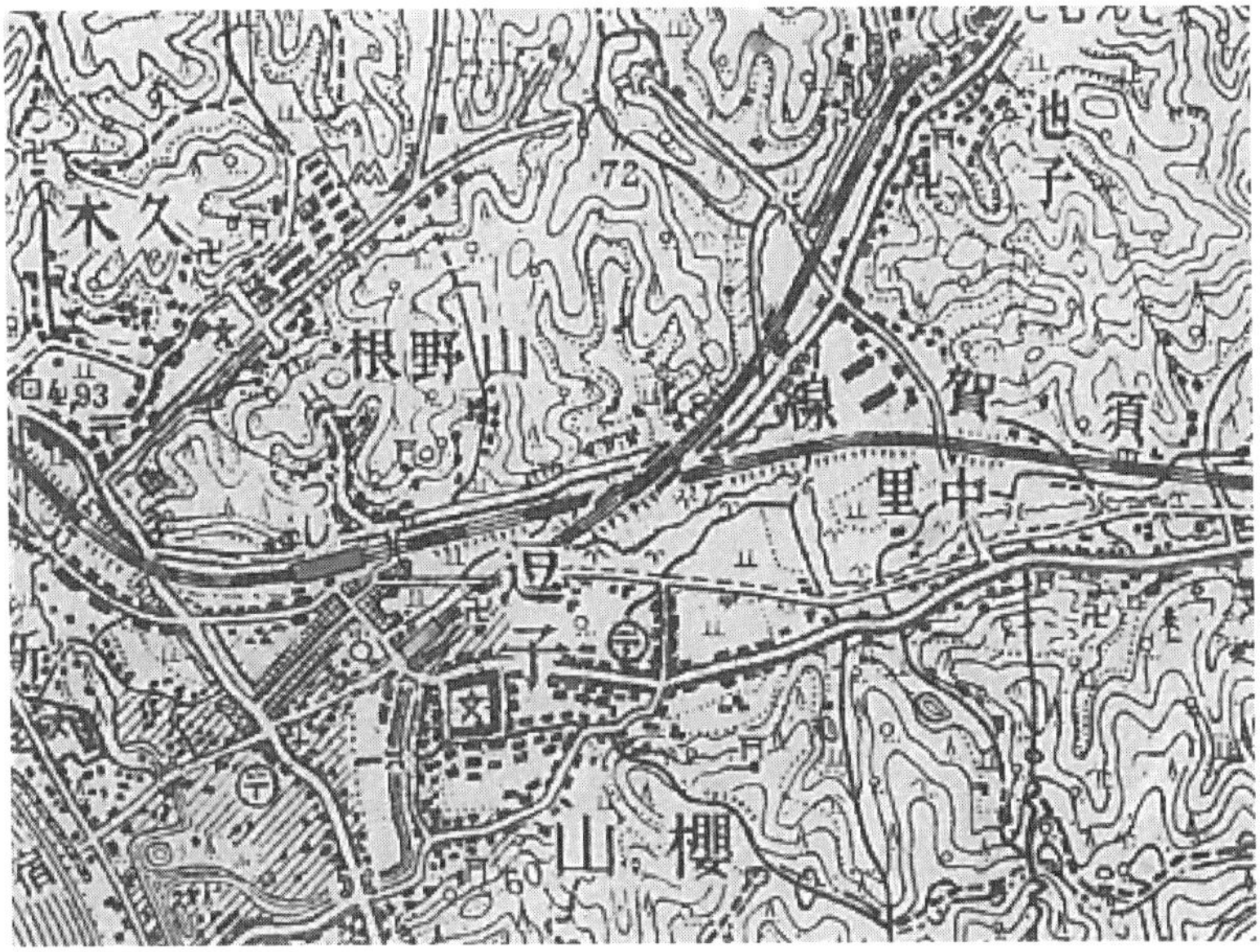

図1　1:50,000「横須賀」昭和19年部分修正×1.8

みに戦後になって住民による「分離独立運動」もあり、昭和二五年（一九五〇）になってふたたび逗子町となり、同二九年に市制施行した。

さて、横須賀線逗子駅の東方で交差しているのは現在の京急逗子線であるが、開通時は湘南電気鉄道といった。それが京浜電気鉄道となった翌年の昭和一七年、当時の国の陸運統合政策により東京急行電鉄、いわゆる「大東急」の逗子線になった。同二三年には京浜急行電鉄として再出発するが、図の修正時は大東急の頃である。

国鉄逗子駅の右下に見えるのは現在の京急新逗子駅の前身、京浜逗子駅で、当時は「湘南逗子駅沼間口」と称した。その左下に細長く伸びている空き地は休止線で、その南端部に「湘南逗子駅葉山口」があった。沼間口とともに同じ湘南逗子駅の構内という扱いであったが、電車はきちんと両者に停車していたから、わずか三五〇メートル程度しか離れていないけれど、事実上は二つの駅だった。葉山口が後の逗子海岸駅（昭和六〇年に京浜逗子駅と統合されて新逗子駅）であるが、この短区間は戦時中に「不要不急線」として運休を余儀なくされていたのである。

太平洋戦争は昭和一六年（一九四一）末に始まったが、もともと資源の乏しい日本にあって、よほどの幸運でもない限り金属不足は当然の成り行きで、ハチ公の銅像が撤去されたことに象徴されるごとく、官民挙げた金属供出が行なわれ（国家総動員法に基づく金属類回収令）、ついに鉄道のレールもターゲットになった。標的は神社仏閣や温泉地などへの、比較的「観光色」の強い路線やケーブルカー、また並行した路線があって輸送がなんとか確保される路線で、これらを「不要不急線」と認定し、休止もしくは廃止させてレールを剝がして他に転用したのである。ただしハチ公像などと違って溶かして他の用途に使うのではなく、必要不可欠な新線建設（たとえば鉄鉱石や石灰鉱山などへの路線）や重要路線の複線化といった目的のために使われた。

この湘南逗子駅沼間口〜葉山口間のレールも、横須賀線衣笠駅から南西方に位置する海軍武山《たけやま》海兵団への通勤線の建設に使われる計画だったというが、結局は終戦により未完のままとなっている。地形図上の白く細長い空き地は、そんな戦時休止の傷痕だ。ちなみに昭和二三年にはこの区間もめでたく復活を遂げたが、手続き上は京浜逗子〜逗子海岸間の新線開業であり、湘南逗子駅沼間口は湘南逗子（その後、昭和三八年に京浜逗子と改称）、葉山口は逗子海岸という別々の駅になった。

多摩御陵への線も「不要不急」

次ページの図2は八王子市街の西方であるが、右端で中央本線を跨いでいるのは京王御陵線である。今はなき路線だが、大正天皇の陵墓である多摩御陵へ参拝する乗客の便を図るために昭和六年（一九三一）に開業した路線で、当時は京王電気軌道が運行したが、先ほどの湘南電気鉄道と同様、昭和一九年に陸運統合で大東急の一部になっている。天皇陵への路線だから「不要不急」に認定しにくかったのか、休止されたのは昭和二〇年一月のことである。図2は同年の部分修正だが、休止は反映されなかったようだ。

ついでながら、中央本線にも御陵参拝のための駅はあった。ただし皇室専用で一般客は利用できず、もちろん一般の列車は停車しないので地形図にも表示がないのだが、京王御陵線が交差する地点の左に記された甲州街道の「道」の字の下にある、短い線路が分岐したところが東浅川仮駅であり、その駅前から御陵へ向かう道も描かれている。もうひとつ「不要不急」で休止となったのが高尾山のケーブルカーで、これは浅川駅（現高尾駅）から南西へ谷を遡ったところにある清滝駅から高尾山駅までの「高尾索道」がそれだ。「索道」は現在ではロープウェイを指し、昭和二年（一九二七）に開通した当時の名称も「高尾登山鉄道」という鋼索鉄道であるが、それを索道と略称したのだろうか。こちらも昭和一九年（一九四四）二月に休止となったが、やはり図2には反映されていない。ちなみに途中駅が描かれているが、ちょうどすれ違い地点に設けられた琵琶滝駅で、今はない。ケーブルの復活は昭和二四年（一九四九）のことであった。

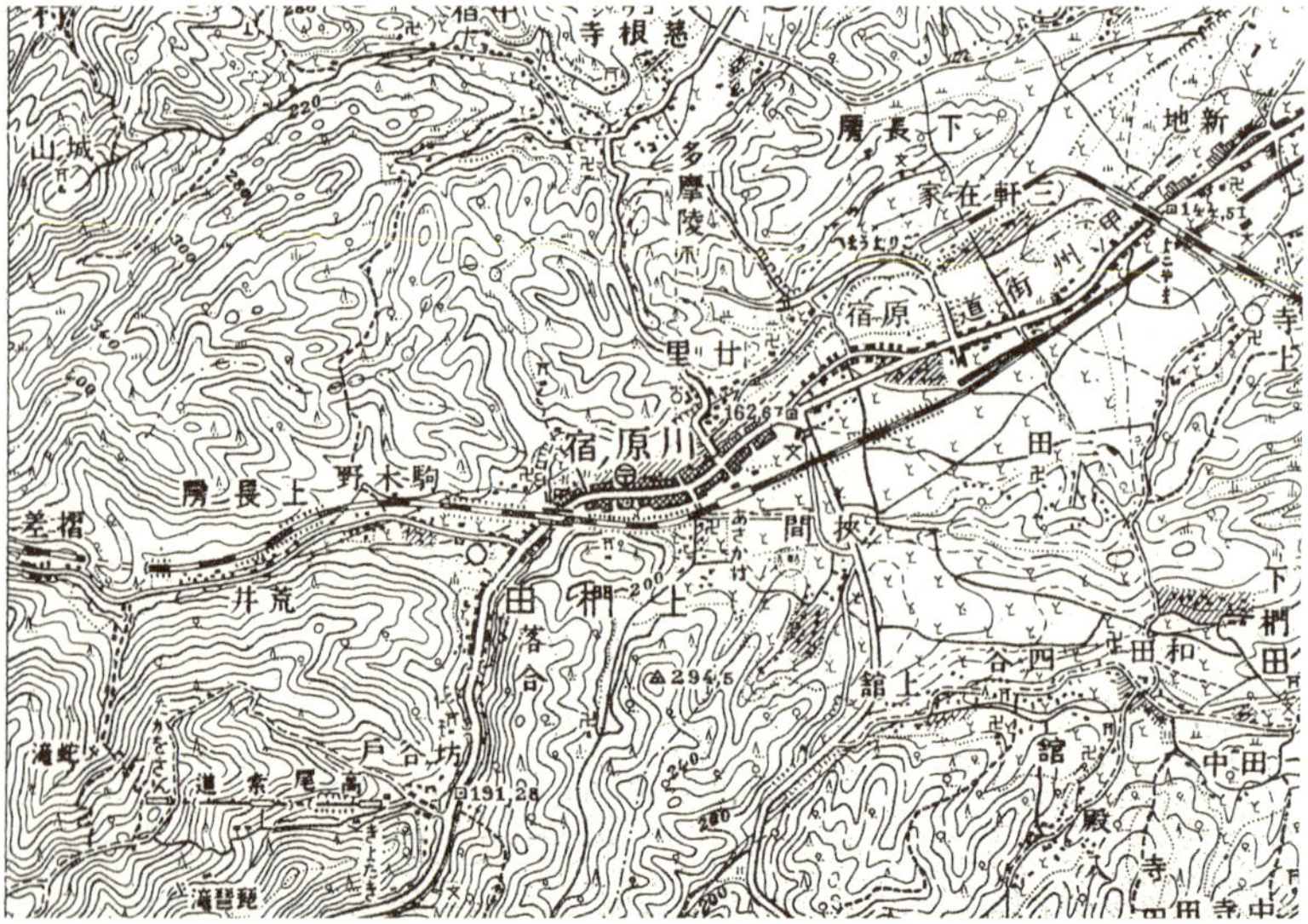

図2　1:50,000「八王子」昭和20年部分修正

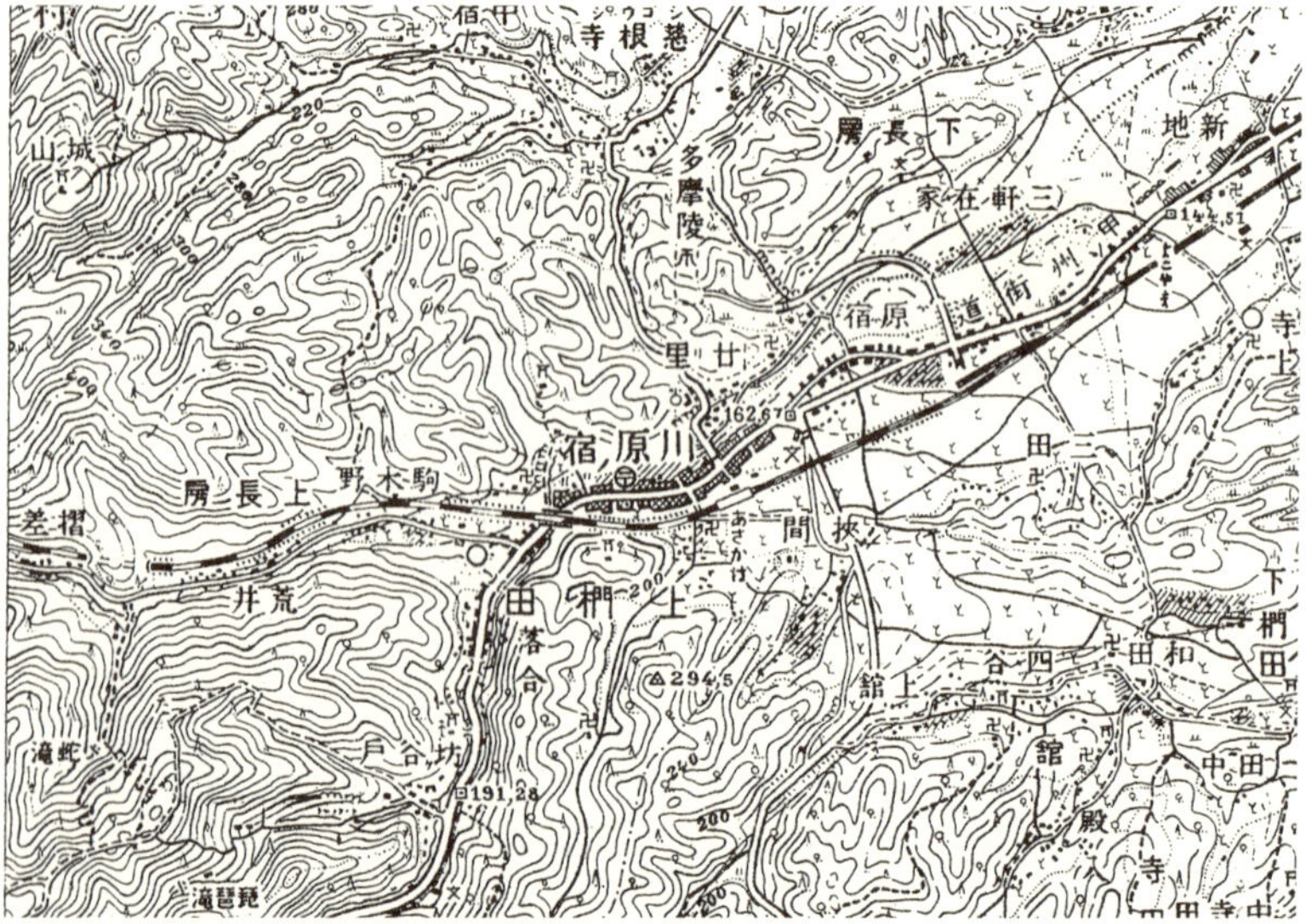

図3　1:50,000「八王子」昭和23年資料修正

日本のケーブルカーは大正末から昭和の初めにかけて開通したものが大半を占めているが、やはりその性格上たいてい「観光登山用」であったため、戦時中はその大半が休止・廃止に追い込まれた。復活したものも多いが、中には日本最急勾配を誇った伊勢の朝熊山《あさま》（朝熊登山鉄道）や京都・愛宕山のケーブル（愛宕山鉄道）など、再び走ることが叶わなかったものもある。

図3は昭和二三年（一九四八）の資料修正で、いずれも休止中なので御陵線、高尾山のケーブルはともに線が消されている。両線ともに線の痕跡はほとんど認められないが、よく見ると御陵線が中央本線を跨いでいた地点付近の「よこやま」の平仮名。どうやら担当者が横山駅の駅名表記を消し忘れたようで、図らずもここに鉄道があったことを静かに語っている。

ちなみに御陵線は一部区間で復活を果たした。北野〜山田間（地図の範囲外）がそれで、そこから西へ新線を延ばし、高尾駅を経て高尾山口までが昭和四二年（一九六七）に開通。京王高尾線として生まれ変わったのである。御陵参拝をひと休みしてから高尾登山へ。電車の行き先も時代の流れと無縁ではない。

戦時中に建設された「遠回り新線」

東海道本線に残った最後の急勾配

東海道本線の国府津〜沼津間はかつて御殿場を経由していたが、一六年に及ぶ難工事の末にようやく丹那トンネルが完成、これにより昭和九年（一九三四）一二月に熱海経由の新線が全線開通した。御殿場経由の旧線に比べて国府津〜沼津間の距離は六〇・三キロから四八・五キロと約二割短縮され、所要時間も約三〇分ほど短くなった。二五パーミルの急勾配（一〇〇〇メートル進んで二五メートルの高低差）が延々と続く富士・箱根山麓の区間を通らずに済むことで機関車牽引力は二・五〜三倍にアップし、補助機関車が不要になったのである。これは東海道本線における革命的な変化だった。

その三年前の昭和六年（一九三一）には上越線の清水トンネルが開通、東京〜新潟の所要時間を一一時間（信越本線経由）から七時間へと四時間も劇的に縮めている。

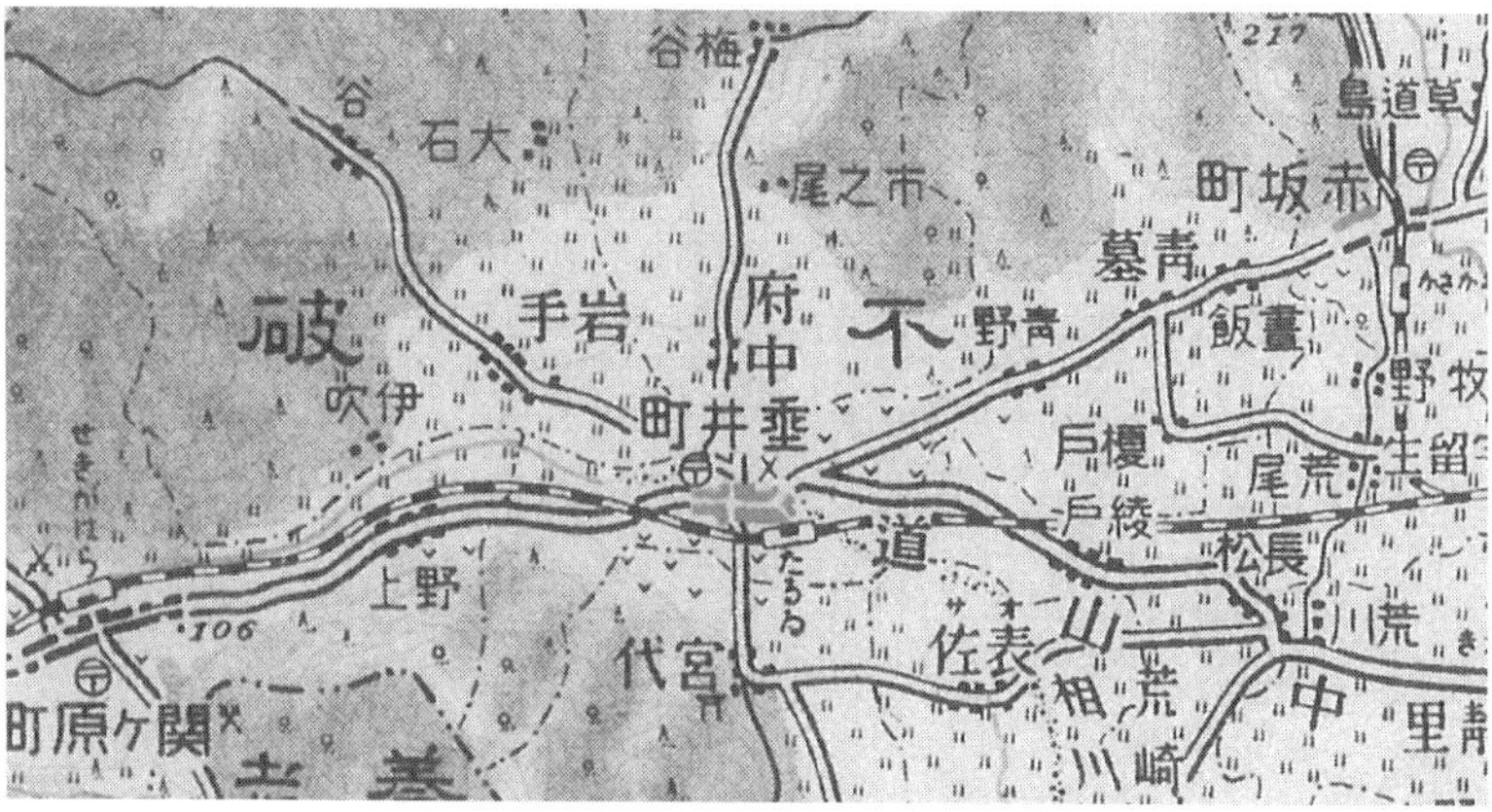

図1　東海道本線大垣〜関ヶ原間の急勾配区間。1:200,000「岐阜」昭和10年修正×2.2

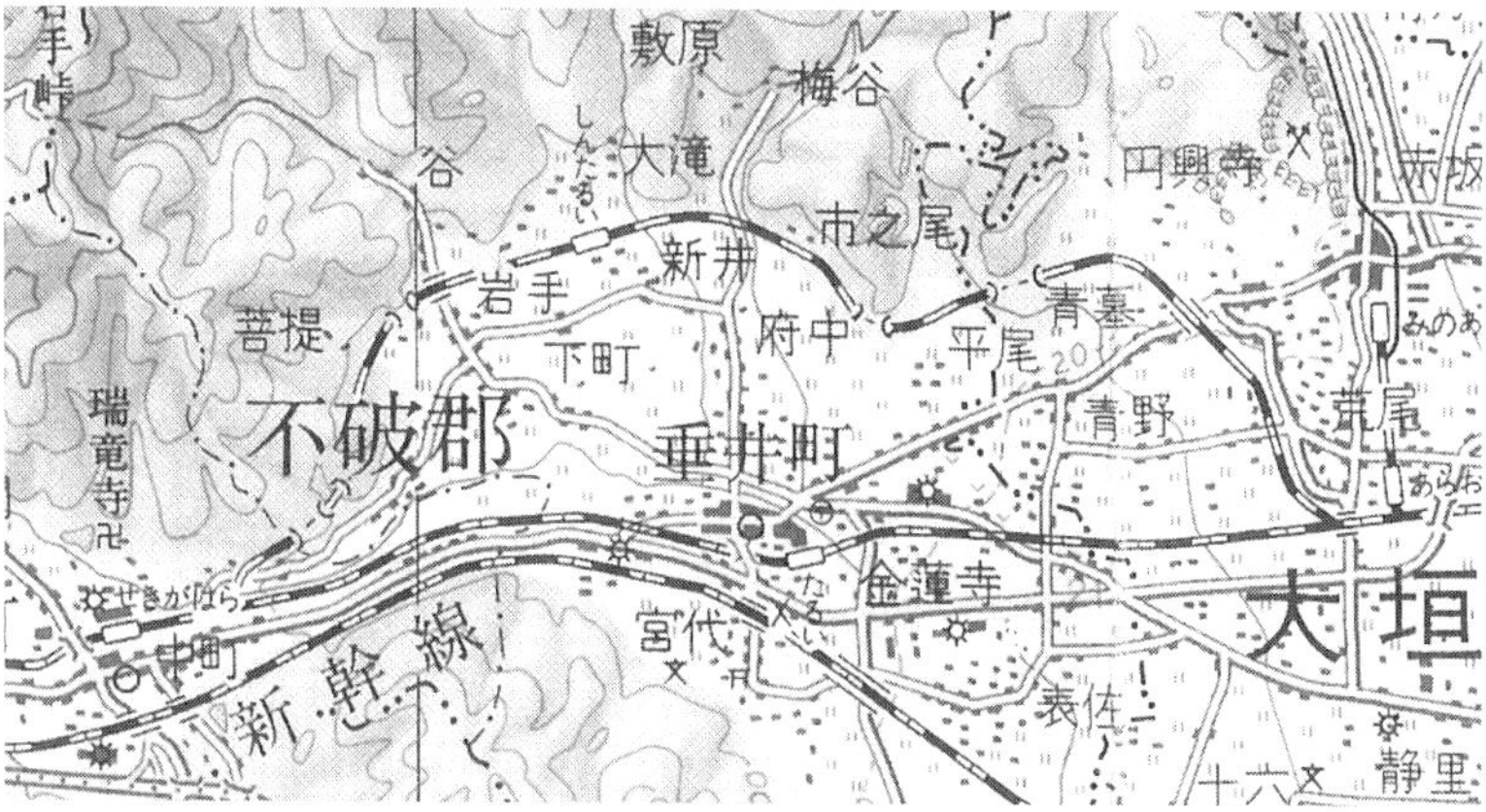

図2　大垣〜関ヶ原間に建設された下り専用線。1:200,000「岐阜」昭和58年修正×2.2

丹那・清水の両トンネルは急勾配を軽減させ、併せて距離の短縮も実現したが、図2では図1の後にわざわざ遠回りの線が一本追加されている。地図ではわかりにくいが、濃尾平野の北西端から伊吹山地の麓を関ヶ原へと上っていく大垣～垂井～関ヶ原の区間には二〇パーミル（最急二五パーミル）の急勾配区間が存在、補助機関車が必要な輸送のネックであった。特に丹那トンネルが開通し、また大津～京都間が大正期にすでに路線改良を済ませていた東海道本線にあっては、この関ヶ原が唯一の隘路だったのである。

大垣～関ヶ原間では下り列車の後押しを終えた補助機関車が上り線を回送してくるため線路が混雑することもあって、これを解決するためには多少遠回りになっても勾配緩和が急務だとして、昭和一七年（一九四二）一二月、軍事上の「緊急工事」とすることが決定、翌一八年五月に着工して一九年一〇月に開通した。

新線は北側の山麓をトラバース（徐々に斜めに上がる）しながら最急勾配を一〇パーミルに抑えつつ徐々に上っていく線形で、途中に下り列車専用の新垂井駅が設けられた。在来線より距離は二・九キロも長くなるが補助機関車が不要となるメリットは大きく、輸送力向上に大きく貢献した。しかし地元の垂井町民にとっては大迷惑であった。垂井駅が上り専用駅になってしまったからで、これにより岐阜・大垣方面から垂井へ帰るためには、新垂井駅から鉄道省営の連絡バスで垂井駅に向かう必要があったのである。

町民の「怨嗟の声」が当局に届いたのか、戦後は早速、昭和二一年（一九四六）に下り列車の停車が復活した。しばらくの間は垂井経由と新垂井経由の二種類の普通列車が走り、新垂井駅は「下り列車しか停まらない駅」としてファンの間で有名な存在だったが利用者は少なく、昭和六一年には廃止され、現在の普通列車はすべて垂井経由となった。それでも下りの特急や貨物列車は今も「新線」を通っている。

駒ヶ岳の東西に線路がある理由

さて、戦時中の金属供出は有名だ。お寺の鐘に始まって渋谷のハチ公像に至るまで、「聖戦遂行」のための犠牲となった。鉄道も新線建設など原則ストップで、それどころか神社仏閣や温泉地などへの客を運ぶ鉄道やケーブルカーなども「不要不急」の烙印を押されて線路が剥がされた。

そんなことまでして、これら幹線の別線に優先的に資材を回すことができたのは、当時の政府が進めていた「陸運転移政策」がある。これには戦局の推移に伴って海上輸送の危険性が徐々に増してきたこと、船舶不足が深刻になってきた背景があり、それまで船舶輸送に頼っていた貨物の輸送を大幅に鉄道に振り向ける決定が行なわれたためだ。

輸送力増強の至上命令を受けた鉄道当局が行なったのは、まず列車本数の多い線区の複線化であったが、資材不足で果たせない区間も多く、それが無理な場合は信号場の増設、それに急勾配区間における別線建設であった。

図3は函館本線の大沼（旧・軍川＝いくさがわ）〜森間には二〇パーミルの急勾配区間があり、上り列車にとっては「難所」であった。特に森から駒ヶ岳山麓を蛇行しつつ上っていく区間には二〇パーミルが集中しており、これを根本的に解決するために建設されたのが、渡島砂原《おしまさわら》駅を経由する「砂原回り」の

図3　1:200,000「室蘭」昭和7年鉄道補入＋「函館」大正14年製版×1.3
函館本線の駒ヶ岳〜森間は20パーミルの急勾配区間。

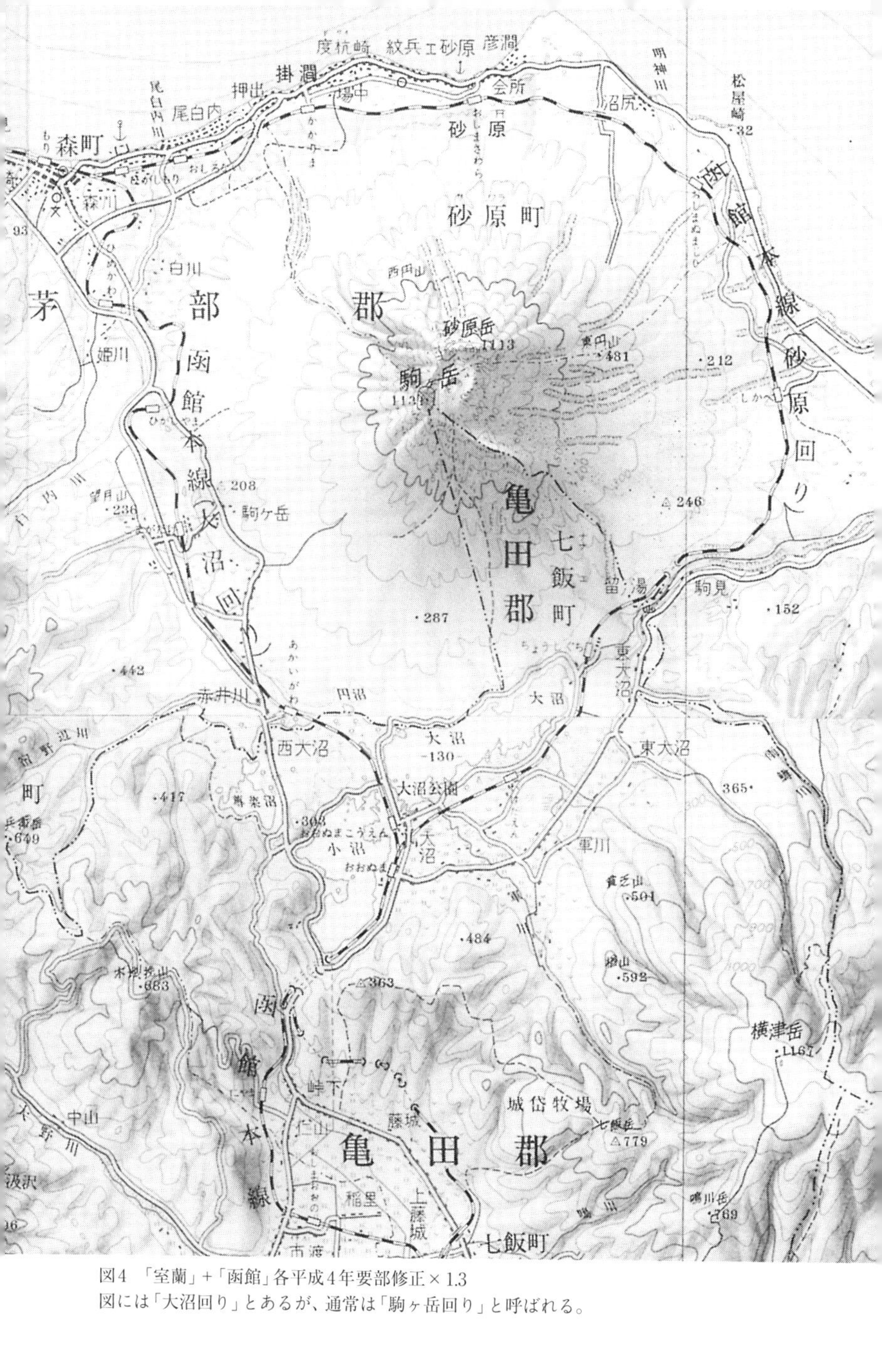

図4　「室蘭」+「函館」各平成4年要部修正×1.3

図には「大沼回り」とあるが、通常は「駒ヶ岳回り」と呼ばれる。

線だ。図4の駒ヶ岳の東側に見える線がそれで、大沼〜森間では従来の線（駒ヶ岳回り）が二二・五キロなのに対してほぼ六割増しの三五・三キロもあるが、最急勾配はたった六パーミルに抑えられている。

工事は昭和一九年（一九四四）三月から始まり、翌二〇年一月に開通したので「決戦輸送」に役立った期間は短いが、機関車牽引の列車が主流だった戦後しばらくの間は上り急行列車などが砂原回りを使い、大沼〜森間は事実上の複線区間として使われたのである。

昔は「山の中」だった東北本線・松島駅

図5　東北本線松島付近　1:200,000「仙台」大正13年修正＋「石巻」大正9年製版×0.9

東北本線の松島付近は戦前まで山の中を通っており、松島海岸の風景を間近に見ることはできなかった。おそらく明治二〇年代に行なわれた日本鉄道（当時）の敷設工事にあたって、トンネルを多く掘る必要が生じる海岸部を避けたのだろう。しかしその代わりに利府駅の北側から旧松島駅にかけて一六・七パーミルの連続する区間ができた（図5）。

戦時中に輸送力増強の対象となった東北本線では、この区間の複線化にあたり、勾配を

図6　1:200,000「仙台」昭和34年修正＋「石巻」昭和35年編集×0.9

図7　東北本線松島付近　1:200,000「仙台」平成元年編集＋「石巻」平成7年要部修正×0.9

一〇パーミルに抑えた別線を海岸沿いに敷設することが決まった。この「海岸線」の開通は昭和一九年（一九四四）一一月のことであったが、在来線が小さな峠越えを行なっている関係で上りを海岸線、下りを在来線のように使い分けるわけにいかなかったため、利府・松島（旧駅）に停車する普通旅客列車は在来線、急行や貨物列車は海岸線を通す、という変則的な使い分けが行なわれたのである。

戦後もしばらく図6のように両線が併用されていたが、昭和三七年（一九六二）には海岸線の複線化が完成、在来線は岩切〜利府間を残して廃止された（図7）。松島駅も廃止となり、両線の併存時代にできた新松島駅が改称されて現在の松島駅となった。仙石線と海岸線は絡み合うような線形が印象的だが、海岸線の工事が始まった時に仙石線はまだ私鉄の宮城電気鉄道だったので（買収は昭和一九年五月）、同線を利用して複線化、というわけにもいかなかったのだろう。

ここに挙げた三区間ともに一見不思議な迂回や別線であるが、戦争はこんな所にも影響を及ぼしていたのである。

アメリカの「対日石油禁輸」で廃止された駅

戦前の国鉄では、大都市部の電車運転区間を除き、蒸気機関車が客車や貨車を牽引するのが一般的であった。しかし蒸気機関車は折り返し駅で付け替える必要があったし、加速性能は悪いし、また一旦カマに火をおこすと簡単に火を落とせないなど、頻繁に停車したり折り返したりという短区間・高頻度運転には向いていない。

そこで内燃機関の発達に伴い、大正に入ったあたりから気動車が本格的に登場する。当初はガソリン動車が多く、小さな私鉄が導入することが多かった。国内メーカーの技術がようやく安定してきた昭和に入り、国鉄にも気動車が走るようになる。比較的本数が多い支線、本線でも都市部の短い区間運転などが主であったが、フリークエントサービス（頻繁運転）に一定の成果があった。加減速性能が良いので、従来離れていた駅間に新たに駅を設置すれば所要時間をそれほど延ばさずに沿線住民の利便性も高まっていく。そのようななかで昭和五～六年頃から全国各地に「気動車駅」が次々と新設されていったのである。

図1は昭和一一年に発行された旅行地図で、青森県の津軽周辺である。現行の駅と比べてみると弘

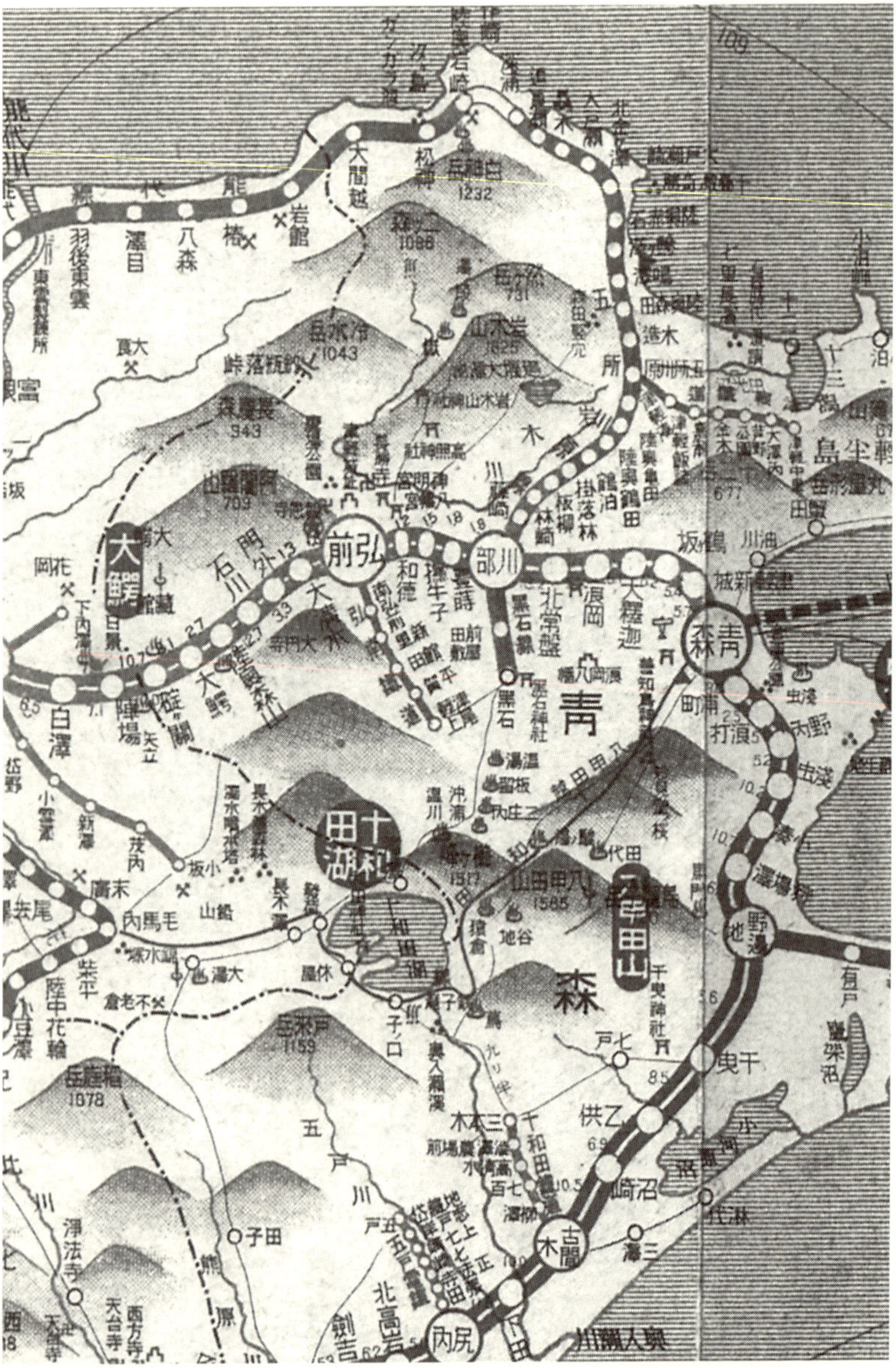

図1　『日本遊覧旅行地図』昭和11年「キング」臨時増刊付録（大日本雄弁会講談社）

図2 『全国旅行案内図』昭和38年(観光展望社)

前のあたりで今はない駅がいくつも目につく。図2は昭和三八年と古いが、見やすい図で奥羽・五能線の駅（弘前付近）については現行と同じなので、参考までに掲げておく。両者を比較すると、奥羽本線では秋田県境に近い大鰐《おおわに》（現大鰐温泉）から川部《かわべ》の間、五所川原線（現五能線）では川部～五所川原間に集中している。

今は存在しない駅は、奥羽本線では陸奥森山・門外《かどげ》・大清水・和徳《わっとく》・豊蒔《とよまき》、五所川原線（現五能線）の津軽湊・陸奥亀田・掛落林《からばやし》だが、これらの駅はいずれも昭和一〇年（一九三五）四月一五日に開業している。昭和一四年の時刻表によれば、停車するのは五所川原線や黒石線に直通する短距離の気動車列車のみで、蒸気機関車が牽引するその他の普通列車は通過した。

大鰐～川部間に関しては従来、汽車が八往復（普通）していたが、気動車七・五往復の導入で、一気に一五・五往復とほぼ倍増している。新設された気動車駅沿線の住民はもちろん、在来駅の利用者にも大幅に便利になった。しかしその駅が一斉に昭和一五年（一九四〇）一一月一日付で「運輸営業廃止」の扱いになっている。また八往復体制に逆戻りだ。開業してまだ五年というのに何があったのだろうか。

実はこれ、アメリカの「対日石油禁輸」が大きく影を落としている。昭和一二年（一九三七）の盧溝橋事件以来、広い中国に無定見に戦線が拡大され、泥沼化していた日中戦争だが、欧米が保持してきた中国の権益に日本が制限を加える状況に至ると欧米は態度を硬化させ、昭和一五年（一九四〇）にアメリカは日本への屑鉄、石油などの輸出制限に踏み切った。

これを受けて日本が石油資源確保のために北部仏印（フランス領インドシナ）に進駐するや、アメリカは一〇月一六日に屑鉄の対日全面禁輸を発動した。石油が全面禁輸となるのは翌一六年の八月であるが、この時点で「石油の一滴は血の一滴」という言葉が使われるほど貴重品となった。「都市の利便性」など戦争の論理の前ではしばしば吹き飛んでしまうが、昭和一五年（一九四〇）一〇月三一日、鉄道省は「ガソリン消費規正強化」のため各地の気動車列車の大幅削減を実行した。気動車駅が一斉に廃止・休止されるのはその翌日のことである。

奥羽本線・五所川原線の八駅の他にも東海道本線の共和駅（愛知県。武豊《たけとよ》線直通気動車列車のみが停車）、北陸本線の法性寺《ほうしようじ》駅（現坂田）と田村駅（以上滋賀県）、越前下関《しもぜき》駅（福井県）、岡山県の宇野線では備前西市、備中箕島《みしま》、備前片岡、常山、備前田井の五駅が廃止となった（いずれも昭和一四年開業、同二五年復活）。これに呉線の川原石駅（昭和二三年復活）、両毛線の日高・浜尻の両駅（高崎〜新前橋間）も加わり、この日に廃止・休止された駅は合計二〇駅に及ぶ。ちなみにこれら二〇駅は戦後の昭和二〇〜三〇年代に営業再開したものが多いが、奥羽本線と五能線については、一か所も復活していない。

昭和一六年（一九四一）一二月には日米開戦に至るが、燃料事情はさらに悪化し、バス会社は木炭などの代用燃料車を走らせ、気動車が中心の中小私鉄などは蒸気機関車だけにしたり、電化して電車を走らせる所も出てきた。もちろん電気も「貴重品」であるから、節電のために利用者の少ない停留場や駅は通過扱いして「急行」にするなど、各社とも苦労して地域の輸送を確保した。通学のために鉄道を使う生徒も、数キロ以内なら「若いんだから鍛錬を兼ねて歩け」、と乗せてもらえない場合があったという。

ついでながら、気動車の制限についてついては昭和一五年（一九四〇）一月二九日という微妙な時期にガソリン動車の脱線火災事故があったことも、これに影を落としているらしい。大阪の西成《にしなり》線（現桜島線）安治川口《あじかわぐち》駅で気動車（ガソリン動車）がポイントの誤操作で脱線転覆、燃料のガソリンに引火して車両が火に包まれ、朝の通勤時間帯で乗客が多かったこともあり、死者一八九人という空前絶後の大惨事になった。これも燃料を節約するために遅延を極力挽回しようとする係員の焦りが、ポイント操作を早まらせてしまったのが原因という。乗客の多くは沿線の軍需工場へ出勤する途上であった。これもある意味で戦争の犠牲者ではないだろうか。

地名に残る「戦争の時代」

「勝どき」は戦勝記念の地名

東京・隅田川には多くの橋が架かっているが、その最下流にあるのが勝鬨橋《かちどき》である。完成は昭和一五年（一九四〇）だからすでに七〇年を越えた。この橋は大きな船が通るときにまん中から二つに割れ、橋桁を斜めに上げて水路を確保する「跳開橋《ちょうかいきょう》」であるが、自動車の交通量激増の影響もあって昭和四五年に試験のために跳開されたのを最後に、それから四〇年間動いていない。それでも重厚な姿は町のシンボルになっている。

この橋の名は、架橋以前にここで両岸を結んでいた渡船・勝鬨渡《かちどきのわたし》にちなむもので、明治三八年の一月、日露戦争で旅順が陥落したのを記念して命名された経緯がある。今はその東詰の町名が「勝どき」という漢字かな交ぜ書き地名になっているが、町名が月島通などから変えられた昭和四〇年（一

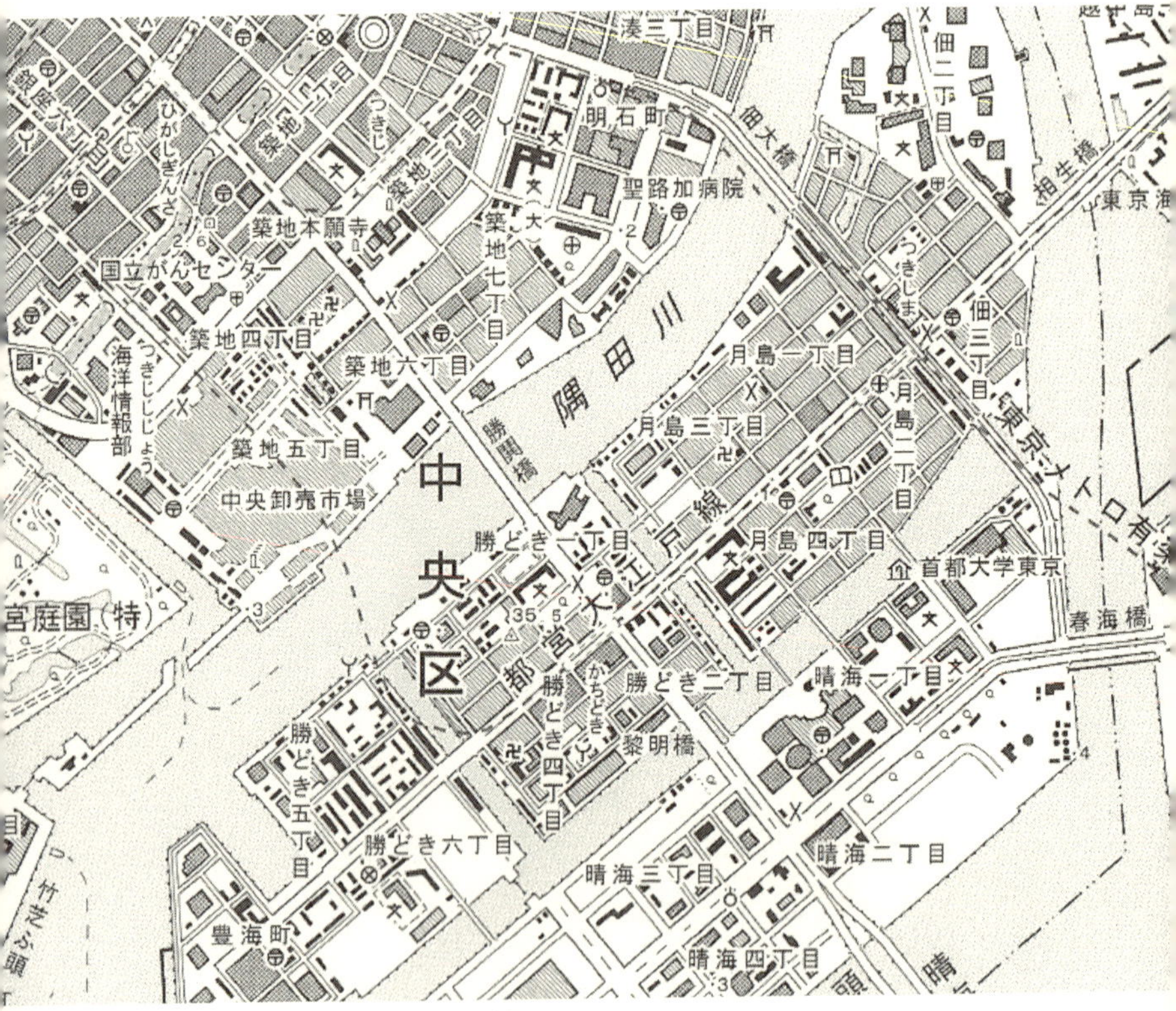

図1　1:25,000「東京南部」平成18年更新×1.25

九六五）に「鬨」という字が当用漢字でなかった、というのが理由である。

「鬨」は一字だけで「かちどき」と読むのだが、これだけでピンとくる人が少ないからか、勝の字を頭に付けて二字としたのだろう。ついでながら、鬨の文字の部首は「門がまえ」に似ているが「たたかいがまえ」で、二人がつかみ合って争っている象形文字なのだそうだ。闘という字も、正字は「たたかいがまえ」である。

徳島市には「かちどき橋一丁目〜六丁目」という町名があるが、やはり「かちどき橋」が由来である。こちらは日露戦争ではなく、日中戦争が膠着状態にあった昭和一四年に橋名が公募された際、「勝ってほしい」という願いを込めたのか、そのように名付けられた。橋は昭和一六年に完成、町名もその年に誕生している。

「大東亜共栄圏」の町名が残る各務原

岐阜市の東隣に位置する各務原《かかみがはら》市は、大正時代から陸軍航空隊の町として発展した。各務原（かかみがはら）とは難しい読みだが、鏡のように平らな野原ということらしい。そんな地形だからこそ必然的にやって来たのが陸軍の航空部隊である。現在では航空自衛隊岐阜基地が引き継いでいるが、実は戦争の時代を反映する町名が今も見られる。

たとえば高山本線那加《なか》駅・名鉄新那加駅の北側にある那加東亜町は、昭和一九年（一九四四）にできた町名だが、これは戦争の大義名分であった「大東亜共栄圏」にちなむものであるし、同年にでき

図2　1:25,000「岐阜」平成4年修正×1.1

た駅南側の市街地、那加日之出町も「日の出の勢い」で発展することを願ったもので、こちらも時代の空気を反映している。

図2の右側、各務原飛行場駅（現在は航空自衛隊岐阜基地）の右上に見える那加雄飛《ゆうひ》ケ《が》丘町《おかまち》も飛行場と町の発展「雄飛」を結びつけて、同じく昭和一九年に命名されたものだ。この一帯は昭和一二年に畑から川崎航空機工業の大社宅群として生まれ変わった土地である。他にも市内には昭和一七年に日本軍が英軍に勝って陥落させたシンガポール（当時日本では昭南島と呼んだ）にちなむ那加昭南町《しょうなんちょう》（図の範囲外）もある。

聯隊名がそのまま町名に

図3は国産眼鏡フレームの大半を作っている「眼鏡の町」福井県鯖江市。図3・4は中心市街から北へ三キロほど離れた福井鉄道沿いの地域だが、神明《しんめい》駅の西側には三六町《さんろくちょう》が見える。この町名は昭和三一年に命名されたのだが、陸軍歩兵第三六聯隊の兵営があったことにちなむものだ。現在は病院や学校、住宅地となっていて、地図を見ただけでは過去はわからないが、下に並べた図4を見ればその兵営と町名は重なっている。

図4は昭和五年の修正版であるが、兵舎が中庭を取り囲んで建てられているのがわかる。聯隊の名などが何も記載されていないのは、この図が昭和二二年に発行されたから。当時は修正作業が追いつかず、すでに消滅した兵営関係の文字を地図から削除しただけで発行することが珍しくなかった。神

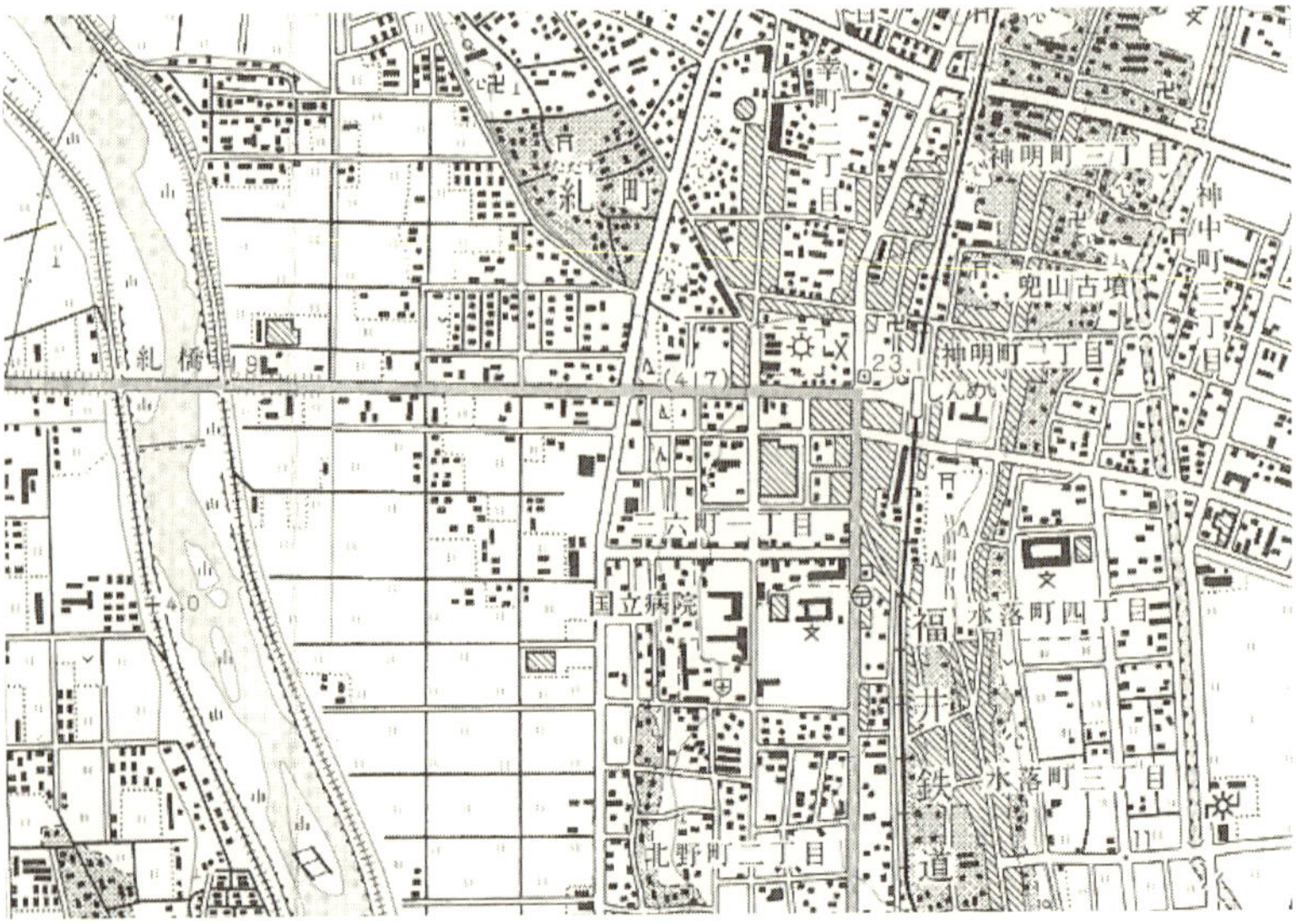

図3　1:25,000「鯖江」平成８年修正×1.1

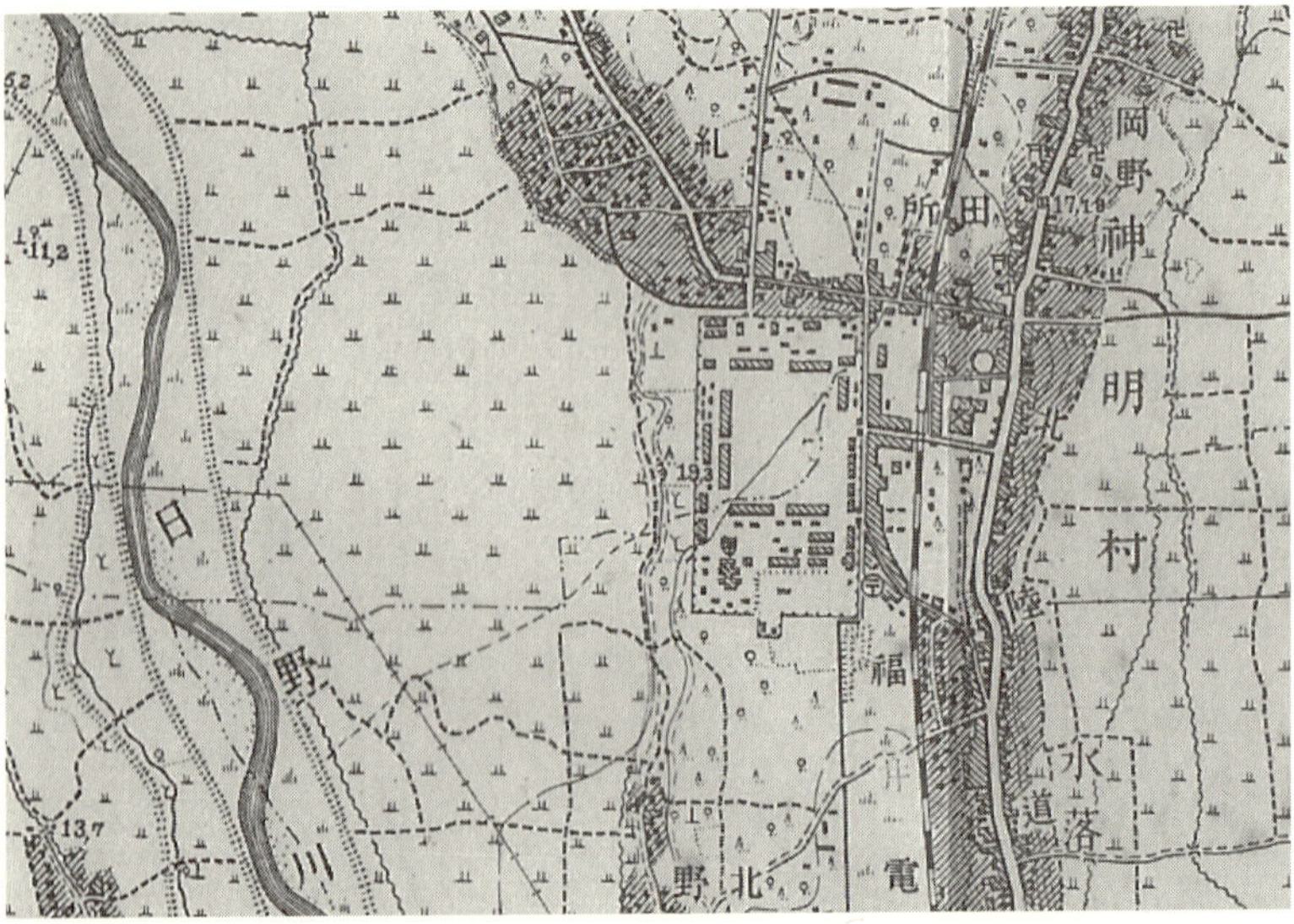

図4　1:25,000「鯖江」昭和５年修正×1.1

明という駅名も、大正一三年（一九二四）の開業時はその名も「兵営駅」で、それが昭和一四年に「防諜のための改称」で中央駅となり、昭和二一年に神明に変わっている。

さて余談かもしれないが、戦前に陸軍の航空部隊が置かれたことにより「空都」と呼ばれた東京都立川市の話。航空隊だけでなく航空工廠や関連工場関係の住民が激増したため昭和一〇年代の人口増加は著しく、同一五年には市制施行している。急激な都市化に対応すべく昭和一七年（一九四二）に町名改正が行なわれたのだが、当初は立川駅北口の飛行場側を羽衣町、市域東端あたりを曙《あけぼの》町（日の出の方角による）とする予定だったという。ところが軍部から「羽衣町など軟弱な名前では飛行機が墜落しそうだ」と横槍が入り、両者を入れ替えたらしい。この町名も「戦争に影響された町名」だろうか。

瓦礫でできた山――ベルリン大空襲の傷跡

一九八九年一一月九日にベルリンの壁が崩壊した。東西ベルリンの壁が横切っていたブランデンブルク門前の広場には大勢の人が押し寄せ、ハンマーをふるって壁を壊そうとする場面は繰り返し世界中のメディアで紹介された。翌年のドイツ統一式典ではベルリン・フィルがベートーヴェンの「第九」を演奏した。「Seid umschlungen, Millionen! ――抱き合え、幾百万の人々よ」の歌詞を心の底からの感動で聴いた人は数知れないだろう。その後二〇年が経過、まだ東西格差は埋まっていないが、よもや分断の日に戻ることはないはずだ。

一九四五年のベルリンはナチス・ドイツの首都であり、連合軍による空爆はそれは激しいものであった。焼夷弾で焼き尽くされた日本の多くの都市と違い、市街地の多くの石造りの建物はおびただしい量の瓦礫と化した。その大量の瓦礫――ベルリンの瓦礫はドイツの全都市の空襲瓦礫の一五パーセントに及ぶというが、これを片付けるのに活躍したのがTrümmerfrau「瓦礫女」である。戦争未亡人や、戦場から戻らぬ夫を待ち続ける妻たちら、瓦礫の山と化したベルリンの町をなんとか使えるものにするため、重い足取りで大小無数の瓦礫を拾っては台車に積み、少しずつ片付けていった。

図1　ドイツ・ブランデンブルク州測量局1:25,000地形図「ベルリン中部」1997年発行

図1の右に聳えている山は、Trümmerberg「瓦礫山」という名前が記されている通り、瓦礫でできた山だ。南北二つの頂があり、北峰は標高九〇・九メートル、南峰は八九・〇メートルで、こちらには三角点も置かれている。周囲の標高は約五五メートルであるから、比高では三五メートル以上。ビルなら一二階ほどの高さに達する。この山の瓦礫の量はウィキペディア・ドイツ語版によれば三〇〇万立方メートルという。

この山は図上で緑色に着色されているが、今は森になっている。植林は一九六七年に行なわれた。その南西の方向には Großer Bunkerberg「大貯蔵庫山」がある（Bunker は英語由来で、他に刑務所などの意味がある）。こちらも標高七八・二メートル。それにしても大量の瓦礫が出たものだ。日本も空襲の後でたくさんの瓦礫が出たが、これほどの山はどこにも出現していない。

日本の都市で瓦礫の処理について聞いたことがあるのは東京だけだが、東京駅八重洲口の前にあった外堀が瓦礫の捨て場とされ、その後ここに外堀通りが作られた。当時からコンクリートや石造りの建物が多かった丸の内一帯は、後にGHQ（連合軍総司令部）が入居した第一生命ビルをはじめ、最初から戦後の占領行政に使うため意図的に破壊しなかったらしいから、瓦礫になったのは木造住宅の多かった地域ばかり。やはりベルリンよりだいぶ少なかったのだろう。

図2は旧西ベルリン市の建築住宅局が一九八三年に発行した同じ二万五千分の一地形図である。同じ範囲の旧図なのだが、旧西ベルリン市の発行なので、この場所すなわち旧東ベルリン市部分には戦前の地形図がそのまま貼り付けられている。だから図1と比べてみると、「瓦礫山」はまったく見あたらない。記号がないので、おそらく畑だったのではないだろうか。もちろん大貯蔵庫山もない。こ

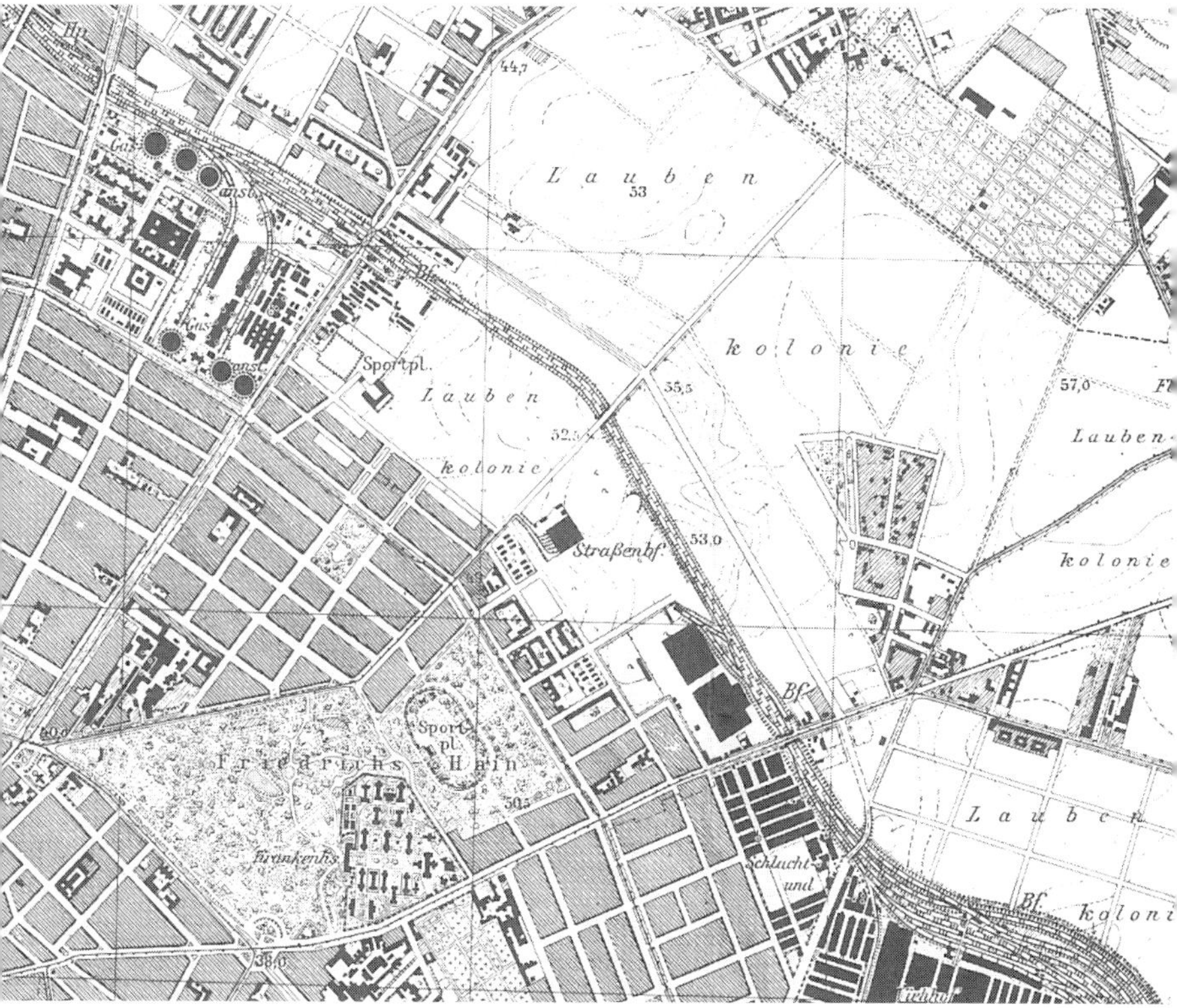

図2　ドイツ・ベルリン市（西）建築住宅局発行1:25,000地形図「ベルリン中部」1983年発行

ちらは庭園だったようで、その跡地に大貯蔵庫山は築かれたことがわかる。上野の不忍池も畑になってしまったというから、ベルリンでも庭園どころではなかったのだろう。

「大貯蔵庫山」の東側にある病院（Krankenhaus　略称 KrHs）は、建物こそ建て替えられたようだが、元の場所にあるから、病室からの眺めを今昔で比較してみると、昔は平坦だった庭園に、「築山」というにはあまりにも巨大な山が聳えるようになってしまった、ということだ。この築山はかつてのベルリン市民の生活の断片であり、また膨大な無念の集積であろう。表土の上に木々が植えられてはいても、少し掘れば累々たる瓦礫がいくらでも出てくるはずだ。他にもベルリンには最大規模のTeufelsberg（魔の山。瓦礫量一二〇〇万立方メートル！）をはじめ、合計八つもの山が存在する。

もっと遠くに運ぶ、または平たくすることもできただろうに、都心近くのこんな場所にこれほど大きな築山を残したのは、あの大戦を絶対に忘れてはならない、という市民の強い意志ではないだろうか。ちなみにドイツの各都市にこれらの瓦礫山は存在し、あちこちに「瓦礫女」への感謝の意を表わした記念碑や銅像が建てられているという。

植民地と領土を地図に見る

朝鮮の干拓地に記された日本の県名

韓国南西部に位置する全羅道《チョルラド》は四～七世紀の百済《くだら》にあたり、ここを出て日本へ渡った多くの帰化人（渡来人）が日本にさまざまな技術や文化をもたらしたことはよく知られている。全羅道は一八九六年（明治二九）には南北に分けられて全羅北道・全羅南道として今に至っているが、全羅北道の北西端、黄海に注ぐ錦江《クムガン》河口に位置する港湾都市が群山《クンサン》である。潮位の差が大きく、大潮での干満の差は七メートル以上にも及ぶというから、日本最大の有明海の五メートル内外と比べても圧倒的だ。

このため遠浅の黄海沿岸には広大な干潟が発達した。図1にもはっきり表われているが、原図で薄青く着色された河口部分の中で砂洲状に表現されているものが砂地、また「ー」印が並んでいるのが泥の干潟である。日本の有明海で近世から盛んに干拓が行なわれてきたように、ここでも戦前から干

図1　朝鮮総督府／陸地測量部発行1:50,000「群山」昭和6年修正×0.7

拓が進んでおり、一九九一年からは群山市の南側で韓国最大の干拓プロジェクトである新万金《セマングム》干拓事業が進められている。干拓地の面積はなんと四〇〇平方キロ、日本の諫早湾が「ミニ開発」に見えるほどの規模で、干潟の豊かな自然を破壊するとして反対運動もあったが、すでに全長三三キロという途方もない締切堤防が二〇〇六年に完成してしまい、造成工事は着々と進んでいるようだ。

群山の市街地の北側は錦江の河口部分にあたり、川幅は市街の前面でも一・二キロと大河の風格がある。今を去ること一三四八年前の六六三年（天智二）に倭と百済の遺臣たちが唐・新羅連合軍に破れたのは、この北岸一帯で行なわれた白村江《はくそんこう》の戦いである。

図では「龍塘渡」という渡船が対岸を結んでいるが、現在では少し上流側に錦江河口堰が建設され、鉄道と国道がその上を通っている。戦前の鉄道は図にあるように群山港駅から北西方向に伸びる破線で示された鉄道連絡船が対岸の長項桟橋までを一五分で結んでいた。一九四〇年（昭和一五）の時刻表によれば一日往復計一五便が運航されている。

言うまでもなく一九四五年までの朝鮮半島は日本領で、朝鮮総督府の管轄下にあった。もちろんこの地形図も「大日本帝国陸地測量部」の測量によるもので、地形図の欄外には「著作権所有者　朝鮮総督府　印刷兼発行者　陸地測量部」とある。

その干拓地を見ると「内地」の地名群が目に飛び込んでくる。干拓地の直線的な堤防際のかつての島の周囲には香川、山口、石川、新潟、加賀、大分という日本の県名と旧国名が集中している。さらに南から南西に広がる干拓地内には山形、福島、岩手、熊本、岡山、広島などがあり、東側の昔からの陸地にある七星洞《チルソンドン》、臨沙二里《イムサイリ》といった朝鮮語地名と好対照を成している。

その広々とした干拓地には「不二興業会社干拓地」の文字が縦に記されているが、立命館アジア太平洋大学准教授・轟博志氏の論文「朝鮮における日本人農業移民――不二農村の事例を中心として」(立命館言語文化研究一七巻一号)によれば、ここで不二興業が日本全国から農家を募集、三〇〇戸が移住したという。このあたりの土地は錦江本流に近く地味が肥えていたこと、それに群山には以前から日本人が多く住んでいたため、移住農民への利便性も高かったために選ばれたそうだ。集落はおよそ一〇戸単位で出身県別に集められ、それぞれの県名が地区名になった。開拓地に出身地の名を付けることは、北海道やアメリカ大陸、それにブラジルなどでよく見られる。

たまたま一九六四年に韓国国立地理院が発行した同地域の五万分の一を見る機会があったが、これと比較してみると、当然のことながら朝鮮語表記の地名の多くがそのままであるのに対し、日本の県名を付けた入植地の地名は変わっていた。小地名はハングル表記のみなので私には意味がわからないが、たとえば香川は「ミジャン」、大分は「ヘイ」、石川は「チャンジヨン」などと明らかに以前の漢字の読みとは違っ

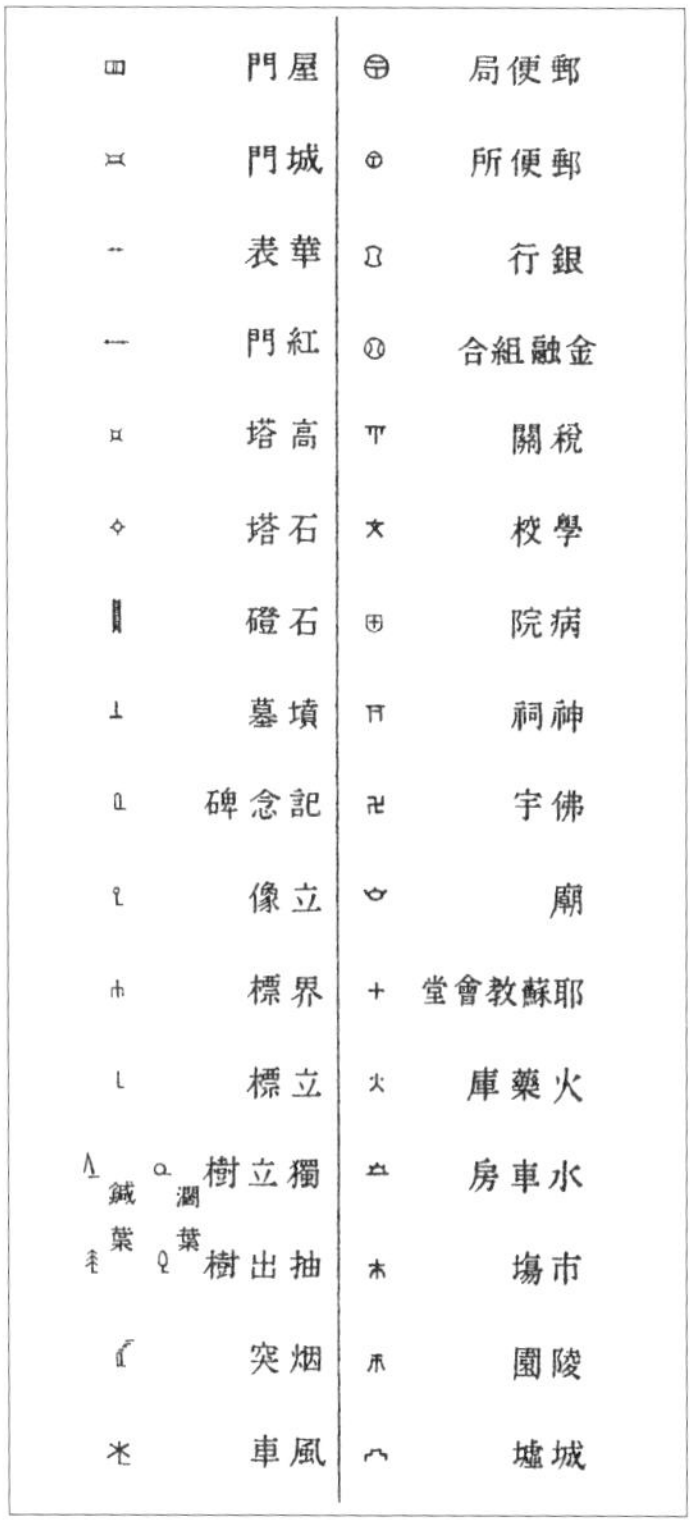

郵便局
郵便所
銀行
金融組合
税關
學校
病院
神祠
佛宇
廟
耶蘇教會堂
火藥庫
水車房
市場
陵園
城墟
屋門
城門
華表
紅門
高塔
石塔
石礎
墳墓
記念碑
立像
界標
立標
獨立樹
抽出樹
烟突
風車
濶葉
鍼葉

図2　朝鮮総督府／陸地測量部発行 1:50,000地形図の記号

ている。

地形図の記号は日本の陸地測量部が作ったものだけに大半が「内地」と同じものであるが、地域性を反映して朝鮮総督府管轄のエリアに独自の記号もある。たとえば城門や廟、市場であるが、群山の市街地を見ると群山駅の北西の線路際と群山港駅の前に市場の記号（図1参照）が見えるが、残念ながらその他の記号は見あたらない。神社の記号にしても、天皇を頂点とする国家神道が、朝鮮の伝統的な祖先祭祀を取り込んでいく昭和一〇年代より前なので、神社も大都市以外にはあまり行き渡っていなかったのだろう。

それでも前述の不二興業会社の入植地には神社の記号がある。加賀集落の北側、小高い丘にあるが、日本人が住み着けばまず最初に神社が建てられるというのは、今よりはるかに「お宮」が生活に密接だったこの時代、国策以前に自然なことだったのだろうが、干拓地とはいえ異文化をもつ人々が入り込んで勝手に宗教施設を作られた側としては、きわめて面白くないことだったことは想像に難くない。ひょっとしたら入植者の中には、はるか昔に目と鼻の先の白村江で百済人と一緒に戦った兵士の子孫が含まれていたかもしれないけれど。

台湾の農村を縦横に走る稠密な線路網

次ページの図1には軌道の記号が縦横に走っている。その中心が水上《みずかみ》駅だが、五方向に伸びた線路はその先でさらに枝分かれしており、その線路の密度たるや、おそらく東京都二三区内の電車路線網レベル以上のものがあるだろう。

図1は昭和二年（一九二七）測図の五万分の一地形図、「嘉義《かぎ》」の一部である。嘉義《チャイー》といえば台湾南部の主要都市であり、水上はその一〇キロほど南西にあたる。この二駅の中間付近には、地形図にも「北回帰線標」と記されている通り北回帰線（図の範囲外。およそ北緯二三度二六分）が通っており、今も巨大な石碑が立っている。これを境に北側が温帯、南側が熱帯とされていて、その線をまたいで「私はまさに温帯と熱帯をまたにかけている」とポーズをとるのだそうだ。

もちろん昭和二年当時の台湾は日本領で、台湾総督府の管轄下にあった。だから地形図の左下にも「著作権所有印刷兼発行者」として大日本帝国陸地測量部の文字がある。日本の「内地」と同じく、五万分の一地形図は東西一五分、南北一〇分に区切っているのだが、低緯度だから必然的に東西の幅が東京より六センチ以上も大きく、このため凡例（記号説明）は省略されている。

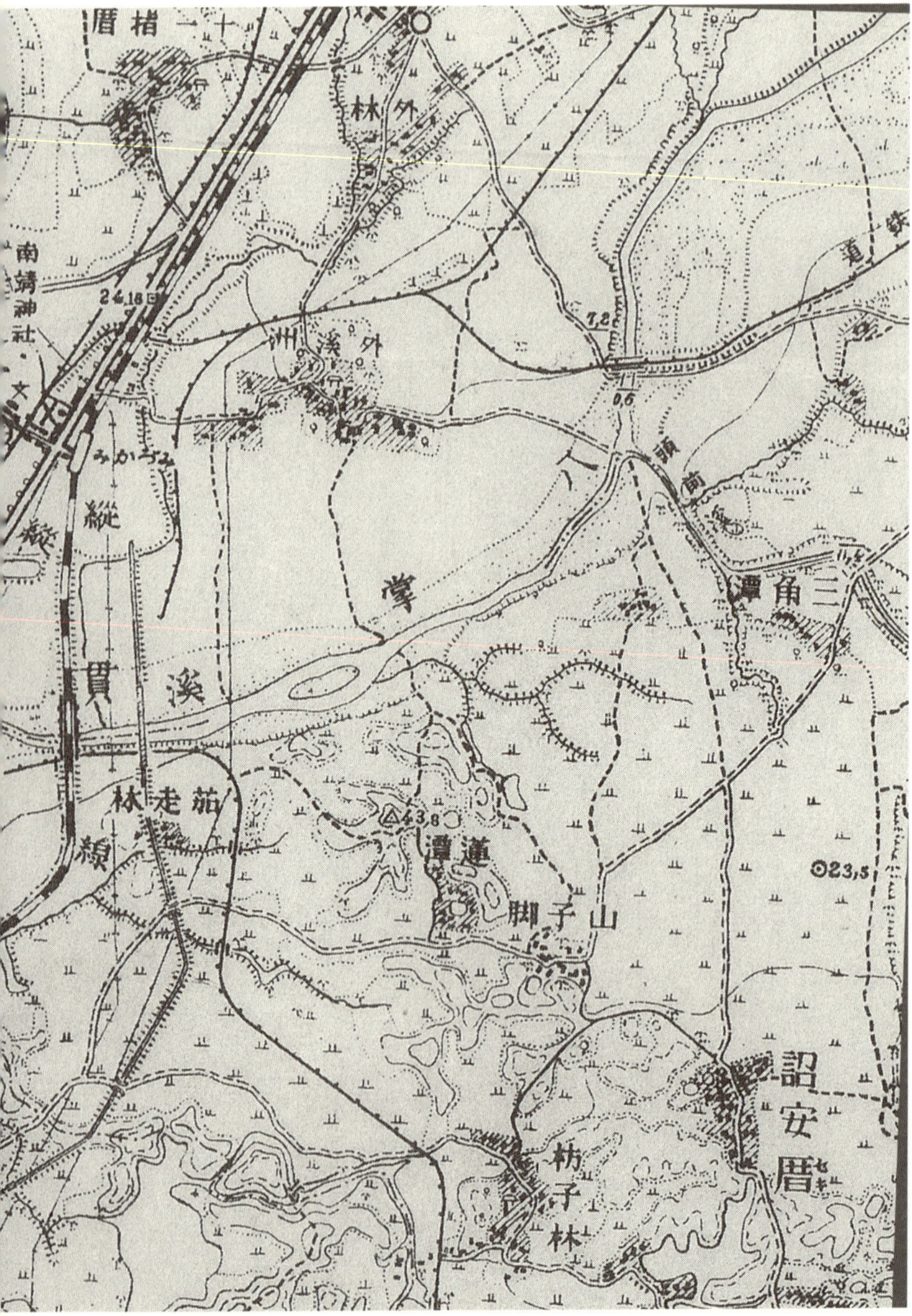
外林
外溪州
南靖神社・文
24.18
7.2
0.6
頭前溪
鉄道
三角潭
縦貫線
茄走林
蓮潭
△43.8
山子脚
⊙23.5
詔安厝
枋子林

図1　1:50,000地形図「嘉義」昭和2年測図×1.6

さて、水上駅前には「東洋製糖工場」の文字があり、その「製」の字の右には煙突の記号も見える。線路網はこの工場を目指して集まっており、これらがサトウキビを運搬するための線路であることを物語っている。台湾では清国の時代から砂糖の生産は行なわれていたが、近代的な製糖工場による製糖が広まったのは日清戦争後に日本が領有してからだ。熱帯の最北端にあたる水上では水田も多かったが、この当時はだいぶサトウキビ畑が多かったようで、水田記号は少なく、何も描かれていない「畑または空き地」が目立つ。

次ページの図2は昭和一〇年の全国の旅行案内（鉄道路線図）であるが、台湾西部の幹線鉄道・縦貫線からは青い線（濃く見える細線）で描かれた製糖会社の鉄道が高密度で敷かれており、線路の傍らに記された（新高）などの表記は、左下の凡例により新高《にいたか》製糖、台湾製糖、大日本製糖、塩水港《えんすいこう》製糖、帝国製糖、明治製糖、新興製糖という七つの主な製糖会社であることがわかる。

路線図を眺めていると、イギリスがインドで紅茶を、ポルトガルがブラジルでコーヒー豆やサトウキビを大規模に栽培したのと同様、自給自足的な米作地帯であった台湾に単一作物の大規模農業を大資本の力で推し進める、まさに「帝国主義」の教科書通りのことが行なわれていたことが実感できる。各地域はそれぞれ製糖工場をもつ製糖会社により分割され、地域のサトウキビ農家はその地域の決められた会社に納入、しかも製糖会社の決めた価格で納入することが義務づけられていたという。ついでながら図3は同じく嘉義付近の二〇万分の一である。

しかし飛ぶ鳥を落とす勢いだった大日本帝国も敗戦を迎え、麗しの島——イラ・フォルモサから退場していった。戦後は国民党政府率いる「中華民国」の台湾製糖（台糖）となり、網の目のような

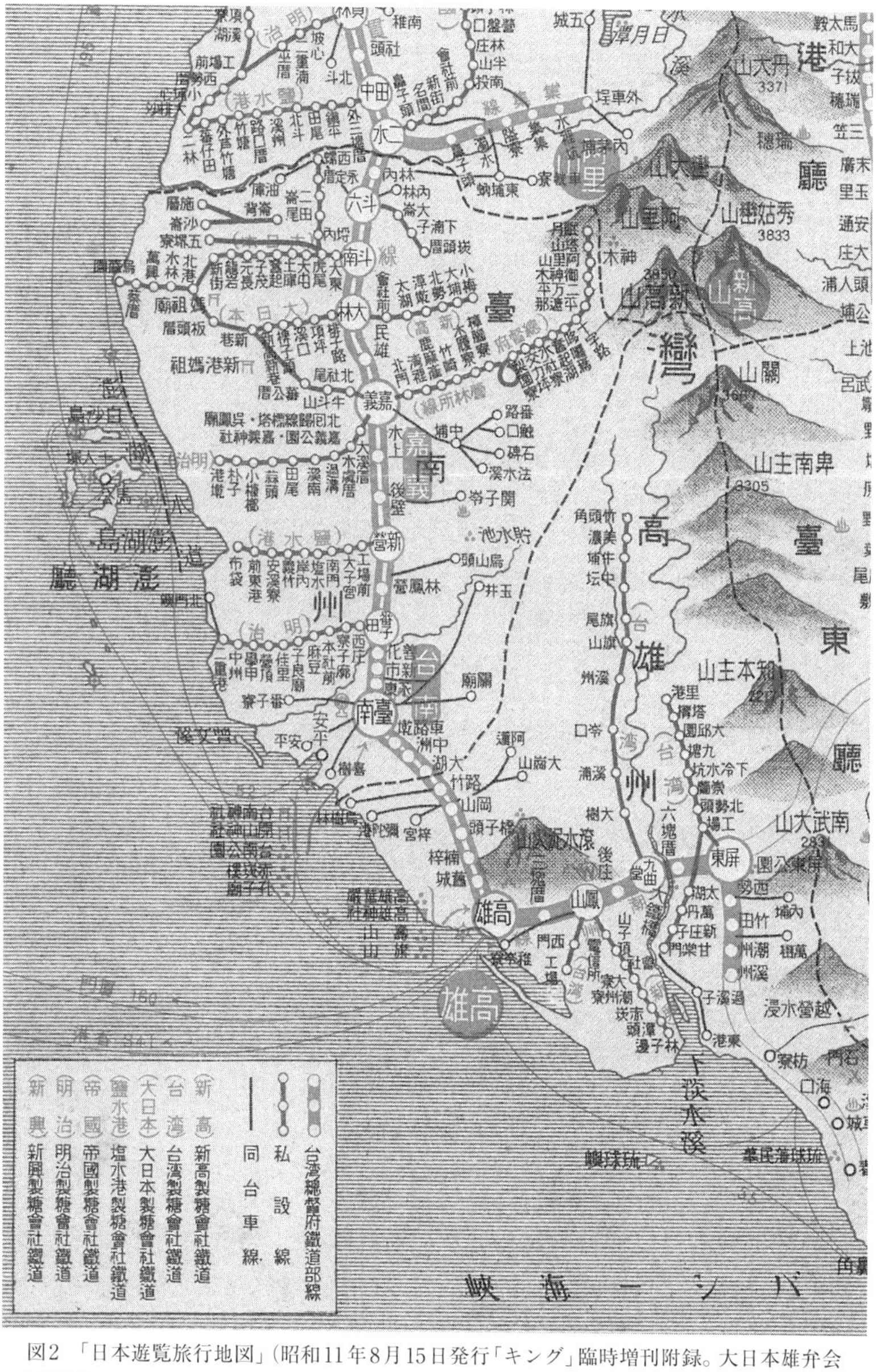

図2　「日本遊覧旅行地図」(昭和11年8月15日発行「キング」臨時増刊附録。大日本雄弁会講談社)

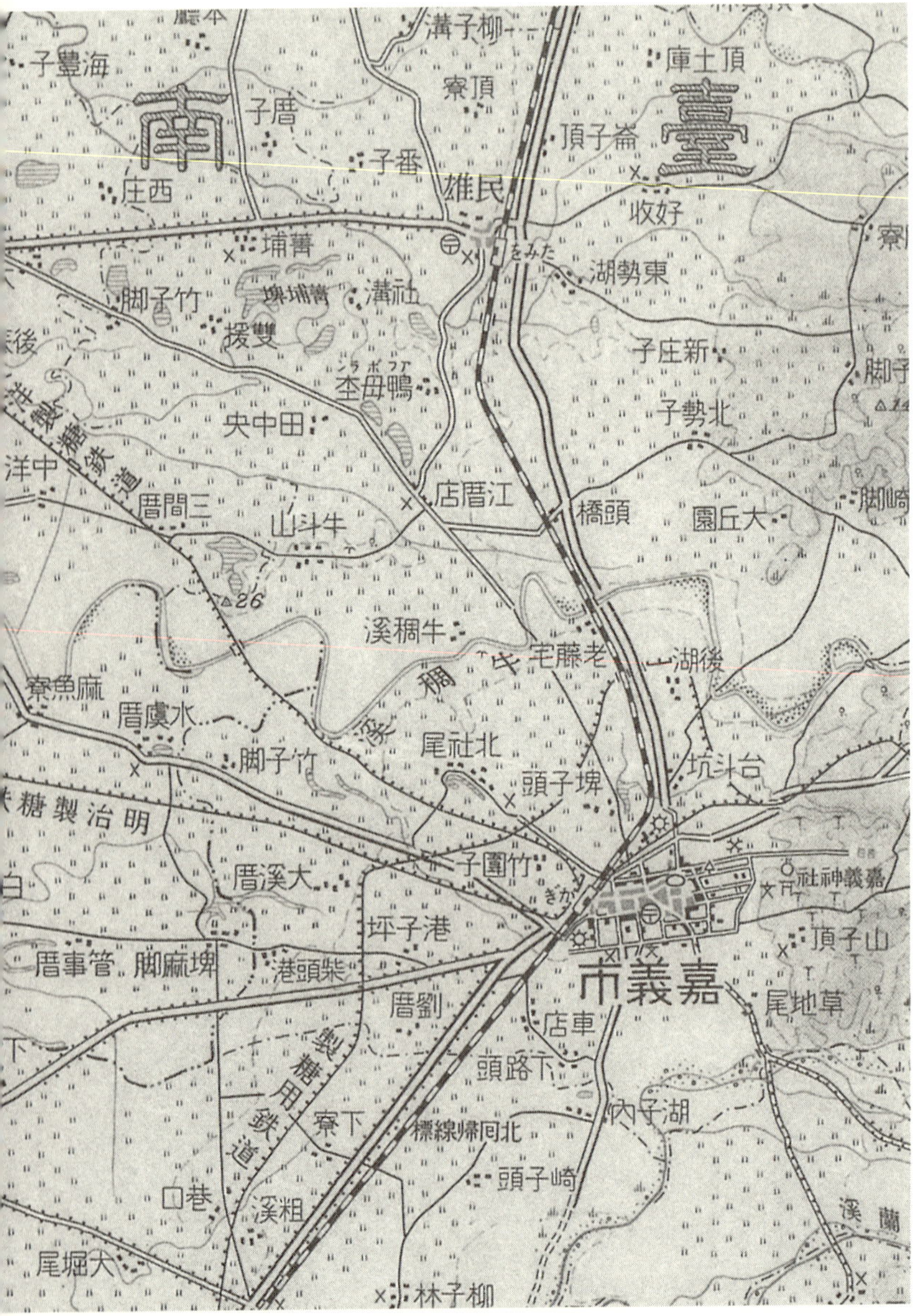

海豐子
柳子溝
頂土庫
南
臺
頂寮
厝子
崙子頂
番子
西庄
民雄
好收
菁埔
東勢湖
竹子脚
社溝
雙援
新庄子
鴨母坔
田中央
北勢子
中洋
三間厝
江厝店
牛斗山
頭橋
大丘園
牛稠溪
老藤宅
後湖
麻魚寮
水虞厝
北社尾
竹子脚
塊子頭
台斗坑
明治製糖鉄
竹園子
大溪厝
嘉義神社
港子坪
山子頂
管事厝
塊麻脚
柴頭港
嘉義市
劉厝
草地尾
車店
下路頭
湖子內
製糖用鉄道
下寮
北回帰線標
崎子頭
巷口
粗溪
蘭溪
大堀尾
柳子林

図3　1:200,000帝国図「嘉義」×1.9（発行年等切り取られているので不詳。昭和初期か）

線路も引き続き使われたが、最近では国際的な競争に苦戦し、衰退気味となっている。七〇年代までは小さな蒸気機関車が牽引するサトウキビ満載の列車が見られたというが、今では大半の路線が廃止され、保存鉄道として一部が残るのみとなっているそうだ。

台湾の地図に点在する「警官駐在所」

現在の台北の国際空港は西郊の桃園《タウユエン》市にある。都心から西へ直線距離で二五キロメートルほど離れているが、もちろん成田に比べれば半分程度である。次ページの図1はその桃園市から南へ約三〇キロほど行った山の中であるが、深い峡谷を成して曲流するのは淡水河《タンシュイ》の上流部だ。

淡水河といえば台北市の西側を滔々と流れる堂々たる大河で、河口の淡水あたりでは川幅が一・五キロほどもあって対岸が霞むほど。台湾の面積は九州と同じくらいだが、ちょうどまん中を北回帰線が通っており、これより南は熱帯である。全般的に降水量は多く、富士山を上回る高さの玉山《ユイ》（三九五〇メートル、戦前の新高山《にいたかやま》）をはじめとする広い山岳地帯から駆け下る急流が山を刻み、険しい地形を作った。図は日本が台湾を領有していた頃の二〇万分の一帝国図（地勢図）であり、測量や地図作りを日本の国土地理院の前身・大日本帝国陸地測量部が担当していたのは言うまでもない。

図1を一瞥するとバロン社、ソロ社、ブトノカン社、といった集落名と思われるカタカナの記載が目立つが、何よりも中央に大きな字で記された「蕃地」の文字が生々しい。蕃の字は「未開の異民族」を意味し、平たく言えば「未開人の住む所」だ。おそらく今の日本では「放送禁止用語」ではな

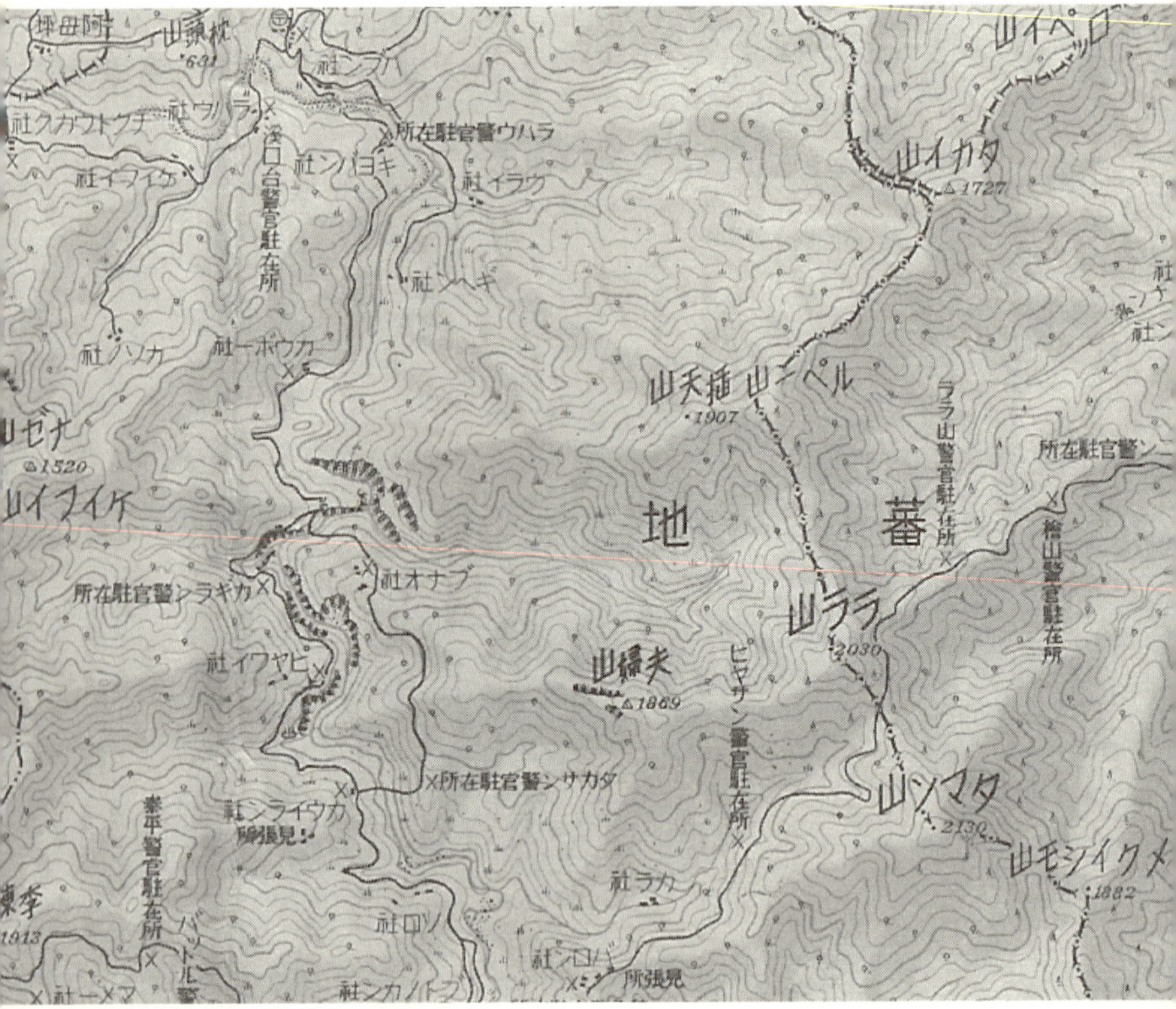

図1　1:200,000帝国図「台北」昭和9年製版×1.3　大日本帝国陸地測量部

いだろうか。この蕃地に住む人々を日本人は昭和一〇年（一九三五）から「高砂族《たかさご》」と呼ぶようになったが、一七世紀頃に対岸の中国・福建あたりの漢人が移住してくる以前からの先住民である。彼らはマレー・ポリネシア系の言語をもつ多くの部族に分かれているが、平地に住む部族から徐々に漢民族と同化させられた。これを「熟蕃《じゅくばん》」という。それに対して山の中で伝統的な生活習慣を守る人々を「生蕃《せいばん》」と区別していた。日清戦争以降に新たな台湾の支配者になった大日本帝国としては、「生蕃」を日本人として同化させることに力を入れた。どの国の植民地でも見られるように、おとなしく従えば保護するが、反抗すれば厳罰に処す、というやり方で、そのアメとムチは歴代台湾総督によって温度差はあれ、巧妙に使い分けられていた。

彼らの居住地は州には所属しているものの、漢人や「熟蕃」の住む行政区である街庄（町村）には属さない「蕃地」として線引きされていた。しかもそこには首長がいて役場があり、という一般の行政システムを導入せず、教育や行政事務のあれこれを、蕃地のあちこちに点々と派遣される警官（巡査）に一手に担わせたのである。彼らは子供たちにとって警官であると同時に、日本語で各教科を教える「蕃童《ばんどう》教育所の先生」でもあった。大日本帝国の植民地支配機構は、このように極端に人手を省いた簡易行政システムを用いて、どんなに山奥でも「天皇の万世一系」を説き、「忠良なる帝国臣民」を育てていったのである。

この図の狭い範囲内にもララ山警官駐在所、ピヤサン警官駐在所、タカサン警官駐在所、泰平警官駐在所などの文字が見えるが、これらがその拠点である。同じ×印の地図記号ではあっても、その意味するところは日本国内での警察署や駐在所とは異なっていた。

そんな政策が軌道に乗ってきたかに見えた昭和五年（一九三〇）に起こった「霧社事件*」は総督府に大きな衝撃を与え、蕃地政策の見直しを迫るものとなった。事件の背景には原住民の文化を尊重しない「生活指導」があり、ある警察官がマヘボ社のリーダーを侮辱したことをきっかけに「蜂起」に膨れ上がり、多くの日本人が殺害されたものだ。もちろん総督府は直ちに陸軍部隊を派遣、タイヤル族は必死の抵抗もむなしく、日本人犠牲者の数倍に上る人数が殺害された。

有名な原住民弾圧事件であるが、常に「駐在所」周辺が緊迫していたかといえば、そうでもないらしい。酒井充子さんが現地の人たちへの聞き取りをもとに構成した著作『台湾人生』（二〇一〇年、文藝春秋刊）では、パイワン族の原住民であるタリグ・プジャズヤンさんによる次の言葉を書き留めている。

「日本人の警察は、原住民と同じような生活をして、原住民を嫌わないで、原住民風な身なりをして暮らしていた。そこまでやったんですよ。だから、親しまれたんですね。でも、原住民と警察の関係が良くないところもあった。霧社がそうだったんですね」

五万分の一地形図だともっと迫力があるが、これほどの山の奥にぽつんと一軒ある駐在所に日本人巡査が赴任して、日本風の生活を固守することなど到底不可能だろう。そうなると、どうしても「蕃地」の住民の助けを借りなければならないこともあるだろう。そうすれば普通は仲良くなる。戦前の警官はみんなオイコラと威張っていた、などという紋切り型の理解では歴史はわからない。かといって「台湾人はみんな親日的」などと無邪気に思い込むのはもっと愚かであるが。

二つの図は、図2のモノクロが明治三〇年（一八九七）輯製《しゅうせい》、図3は図1と同じ図だから昭和九年

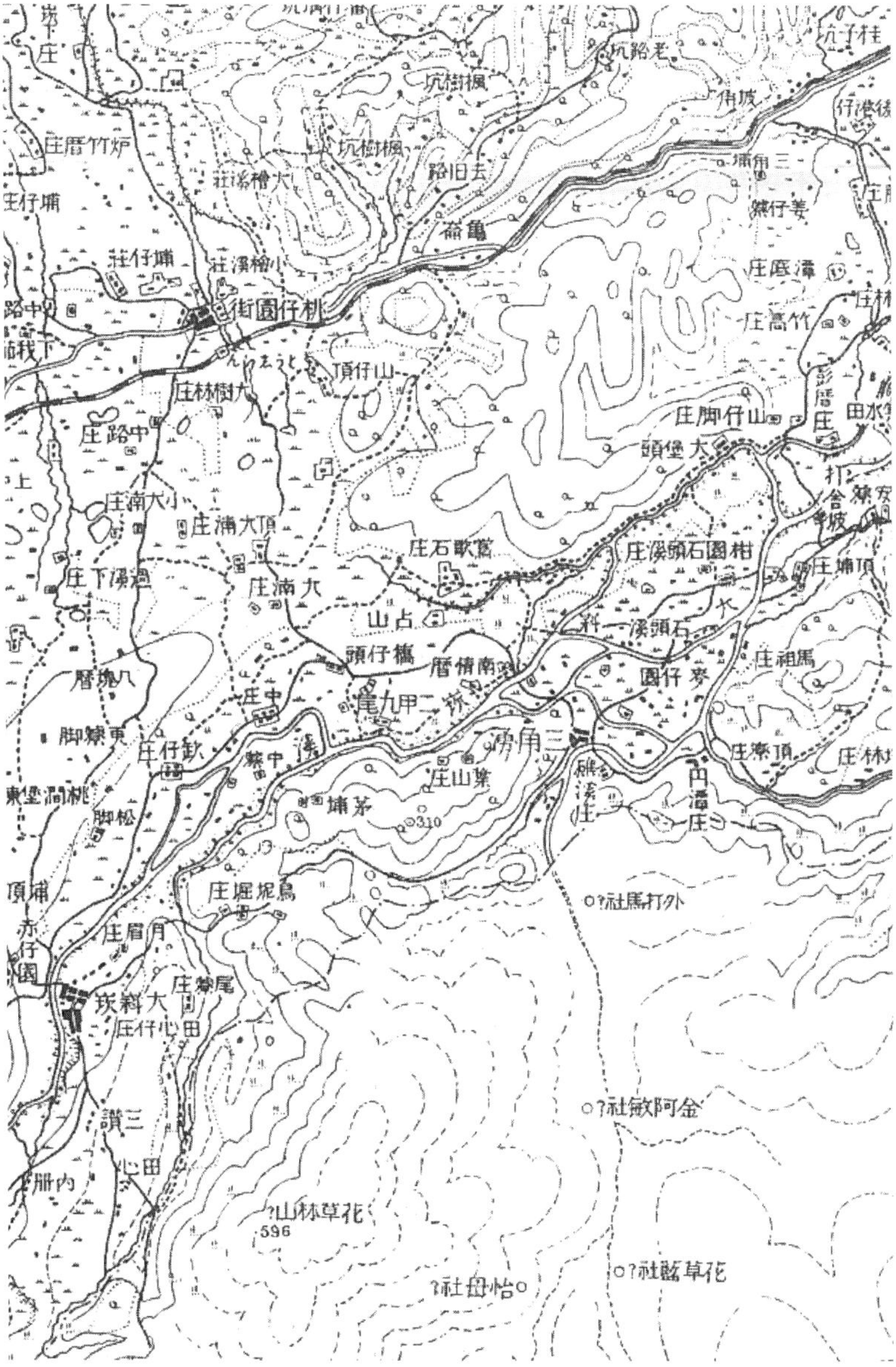

図2　台湾仮製1:200,000「台北」明治30年輯製×1.4

図3　1:200,000帝国図「台北」昭和9年製版×1.4

（一九三四）製版である。現在の桃園国際空港の南、桃園から淡水河の南に位置する三峡にかけての同じ地域だが、よく見比べると地名が変わっている。桃園は図２では桃仔園《とうしえん》、三峡も三角湧《さんかくゆう》といった。

実はこの地名変更、大正九年（一九二〇）に台湾総督府令第四七・四八号によって台湾全土で一斉に実施された「上からの改称」で、日本人にとって難しい現地固有の漢字表記を簡単なものに改めたものだ。もともとは原住民固有の言語から成る地名の音に漢字を当てたものが多かったのだが、これらを難解だとして、要するに日本人が読みやすく、呼びやすい地名に変えてしまったのである。これほど大規模に地名を同時改称したのは、世界的に見ても珍しいのではないだろうか。

この時の改称で最も有名なのが打狗から高雄への改称だろう。打狗はもともと「竹林」を意味するマカタウ族の「タアカウ」という地名で、これに漢人が「打狗」の字を当てたものだが、犬を叩く意味をもつ用字は地名としてふさわしくない、ということから、タカオにいかにも日本語らしい「高雄」を当てた。台湾第二の大都市であるが、「高雄」の地名表記は今も現地読みでカオシュンと呼ばれながら続いている。

北回帰線のすぐ近くには打猫（台湾語読みでターニャオ、北京語でターミャオ）という地名もあったが、これも猫を叩くのではなく「民雄（たみお）」とされた。こちらも現在ミンションと呼ばれているので、途中に日本語が介在していることを知らなければ、なぜこの改称なのか理解できない。

台湾を貫く縦貫線の駅名だけでも、この大正九年一〇月一日に改称された駅は非常に多く、水返《すいへん》脚《きゃく》→汐止《しおどめ》、錫口《しゃくこう》→松山《まつやま》、田中央《でんちゅうおう》→田中《たなか》、湾裡《わんり》→善化《ぜんか》、阿公店《あこうてん》→岡山《おかやま》など三〇か所以上に及んでいる。

これらの地名は現在、そのまま台湾語読みで使われているものもあれば、元に戻ったものもある。ちなみに冒頭にご紹介した原住民の言語をカタカナ地名にしたものを現在の地図で調べてみると、バロン社は巴陵、ソロ社は蘇楽、ブトノカン社は武道能敢、ララ山は拉拉山であった。少なくとも原住民の付けた地名の「音」は保たれているようだ。

＊「原住民」の用語について。日本では差別的語感もあり、一般に「先住民」と表現しますが、台湾で「先住民」といえば「以前は住んでいたが今はいない」というニュアンスがあり、公式に「原住民」が用いられていますので、本書でもそれに従いました。

「王道楽土・満洲国」の地図

少女たちを誘った「夢の土地」の地図

先日古書店で「学習日満地図」を見つけた。昭和七年（一九三二）一二月に発売された『少女倶楽部』の附録であるが、裏面は昭和八年新年号の広告になっていて、「第一特別附録」として「飾り羽子板」が大々的に紹介されている。本文には前畑秀子の寄稿記事。「世界的水泳選手が、特に少女倶楽部のために書いて下さいました」とあるが、まさにこの年に開催されたロサンゼルス・オリンピックで銀メダルを獲得したばかりの時期だ。「前畑ガンバレ」の実況中継アナウンスが有名になったのは四年後のベルリン・オリンピック（昭和一一年）で、この時が念願の金メダルだった。

「学習日満地図」が附録になったのはまさに満洲国が誕生した年であり、次ページの図1には満洲国に加え、南樺太から朝鮮・台湾を含む大日本帝国の版図が掲載されている。欄外は日満の資源を比

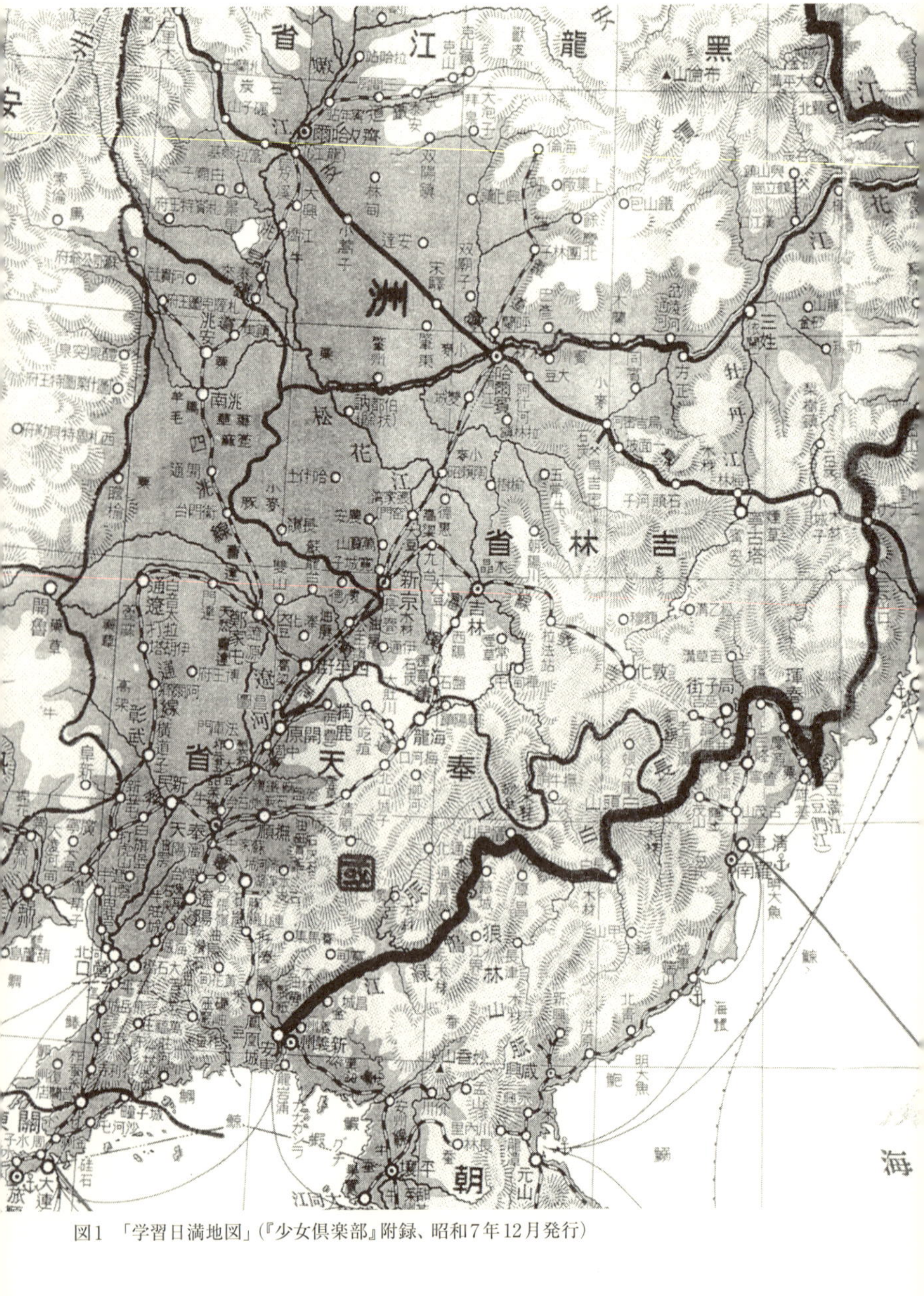

図1　「学習日満地図」（『少女倶楽部』附録、昭和7年12月発行）

較するグラフが取り巻いており、たとえば「日満鉄産比較」では、生産量こそ日本が一二七万トン、満洲八三万トンと日本が勝っているが、埋蔵量は日本が二億トンに対して満洲は一五億トンと驚異的な差を示している。

他にも石炭や林業、大豆や小麦などの農産物、牧畜などのデータが並び、愛国少女たちの大陸への夢をかき立てる内容だ。製図者名は記されていないが、精緻で丁寧な表現は一目見て当時の一流地図製作者の手によるものとわかる。図中には地名の間を縫うようにして「木材」「牛」「馬」「小麦」「石炭」「砂金」などが赤字で細かく入れられており、資源大国・満洲を印象づける内容だ。

欄外には「少女倶楽部のやうなよい雑誌が、日本中にひろまることが、やがて日本中の少女を立派にすることと思ひます」と文部大臣夫人の言葉が印刷されているが、その人こそ鳩山薫（薫子）さん、鳩山由紀夫前首相の祖母にあたる人である（のちに共立女子学園理事長）。こうして立派になった少女たちのうち何パーセントかは夢の大地・満洲へ渡って開拓農民の嫁となったことだろう。しかしそれが終戦直前に急転直下の地獄となり、命からがらそこを脱出することになるなど、後世のわれわれだけが知っていることだ。

満鉄付属地の計画街路

満洲国が出現する以前から、日本の会社である満鉄こと南満洲鉄道も、ロシアに倣って「付属地」を経営していた。付属地とは一八九六年の露清密約によってロシアが清国に認めさせたもので、本来は「鉄道の建設に必要な土地の管理権を行使する」はずだった。しかし徐々に拡大解釈されて、鉱山経営や都市計画を行なうようになり、事実上の租界となっていく。

満鉄付属地は主要駅の周囲に指定されたエリアであり、内務省の若い官僚たちは、日本国内でなかなか進捗しない都市計画への夢をそこで思う存分実現させた。その代表が満洲国の首都となる新京（現長春）であるが、大連から満鉄連京線（現中国国鉄瀋大線）で三〇七キロ北上した鞍山にも、付属地には一見してわかる整然たる計画都市が建設されている（図2参照）。直交座標に四五度の対角線道路を加えた独特の街路で、駅の西側区画には大連や新京でおなじみの円形広場（英国ではサーカスと称する）も配されている。よく見ると一点鎖線（日本の地形図では町村界の記号）が新市街を取り囲んでいるが、これが付属地界だ。

それにしても「付属」というには実に広い。ちなみに全満洲の付属地の面積を合計すると一九三平方キロ、現在の八王子市や利尻島の面積にほぼ相当する。付属地の住民は税金を納める代わりに満鉄に「公費」を支払い、これが道路や小学校、消防などの行政支出に充てられていた。鞍山市街の南側、中学校と高等女学校の南に位置する小さな山には神社の記号も見える。要するに「日本」がここへ引っ越してきたようなものである。

鞍山という地名は市の南方に聳える、まさに馬に載せる鞍そっくりな「鞍山」（東鞍山・西鞍山＝三二九メートル）に由来するが、大規模な鉄鉱山が満鉄の東側に何か所かあり、鉄鉱石の塊のような山がニョキニョキと屹立しているため、古くから製鉄が盛んだった。ところで市街の北、満鉄線路の西側には広大な空き地に大きめの建物が散在している。この空白は怪しいが、実はここに鞍山の大製鉄

図2　満洲1:50,000「鞍山」昭和11年測量（同13年発行）×1.2

所があった。もちろん付属地の中である。「空き地」と見せているのは、昭和一二年の軍機保護法改正に伴う「改描」、つまり軍事施設または重要な工場・鉄道港湾施設などを別のものに描き変える方針に従ったための表現だ。

さて、製鉄所と市街地の間に位置する八卦溝村《パーコアコウツン》は「飛び地」である付属地の中の、さらに飛び地のように付属地外になっている。おそらく横長の家屋が密集していることから、中国人労働者のための鉱山住宅だったのではないだろうか。

満洲国は日・満・漢・鮮（朝鮮）・蒙（蒙古）の「五族共和」に基づく「王道楽土」を高らかに謳っていたが、そもそも基本図である地形図は日本の陸軍の組織（外局）である「大日本帝国陸地測量部」が、しかも満洲国建国以前から発行していた。凡例も日本語だ。立派なスローガンを掲げても、地形図にはどうしても改描しきれない「本質」が滲み出てしまう。

「大東亜共栄圏」の地図記号

次ページの図1は雑誌『キング』昭和一六年（一九四一）正月号の附録として作製されたものだ。この種の地図は古書市場でもダブつき気味に出回っており、おおむね数百円から、高くても二〇〇〇円せずに購入できる。雑誌の附録だけでなく各地図出版社がこぞって出したので当時は大量に出回っていたはずだ。ものによっては四隅に画鋲の痕が付いていたり、かなり日焼けしたものもあるから、きっと「帝国の勝利」を信じる家庭に貼られていたのだろう。

「大東亜共栄圏」というのは昭和一五年（一九四〇）に当時の外務大臣・松岡洋右《ようすけ》が国策要綱についての談話で使ってから一般に用いられるようになったという。松岡といえば、国際連盟を脱退する際に「席を蹴って」会議場を後にして英雄視された人だ。ただ、勝手に「英雄」にしたのは例によってマスコミであり、本人は首相に向けて、潔癖すぎる対応で連盟を脱退することのないよう意見具申までしているのだが。

「大東亜共栄圏」の大義名分は、「アジア諸地域を欧州の植民地から解放し、相互協力によって緊密な経済圏・防衛圏を建設しよう」とする、表向きは立派で結構なものだったけれど、あくまで「日本

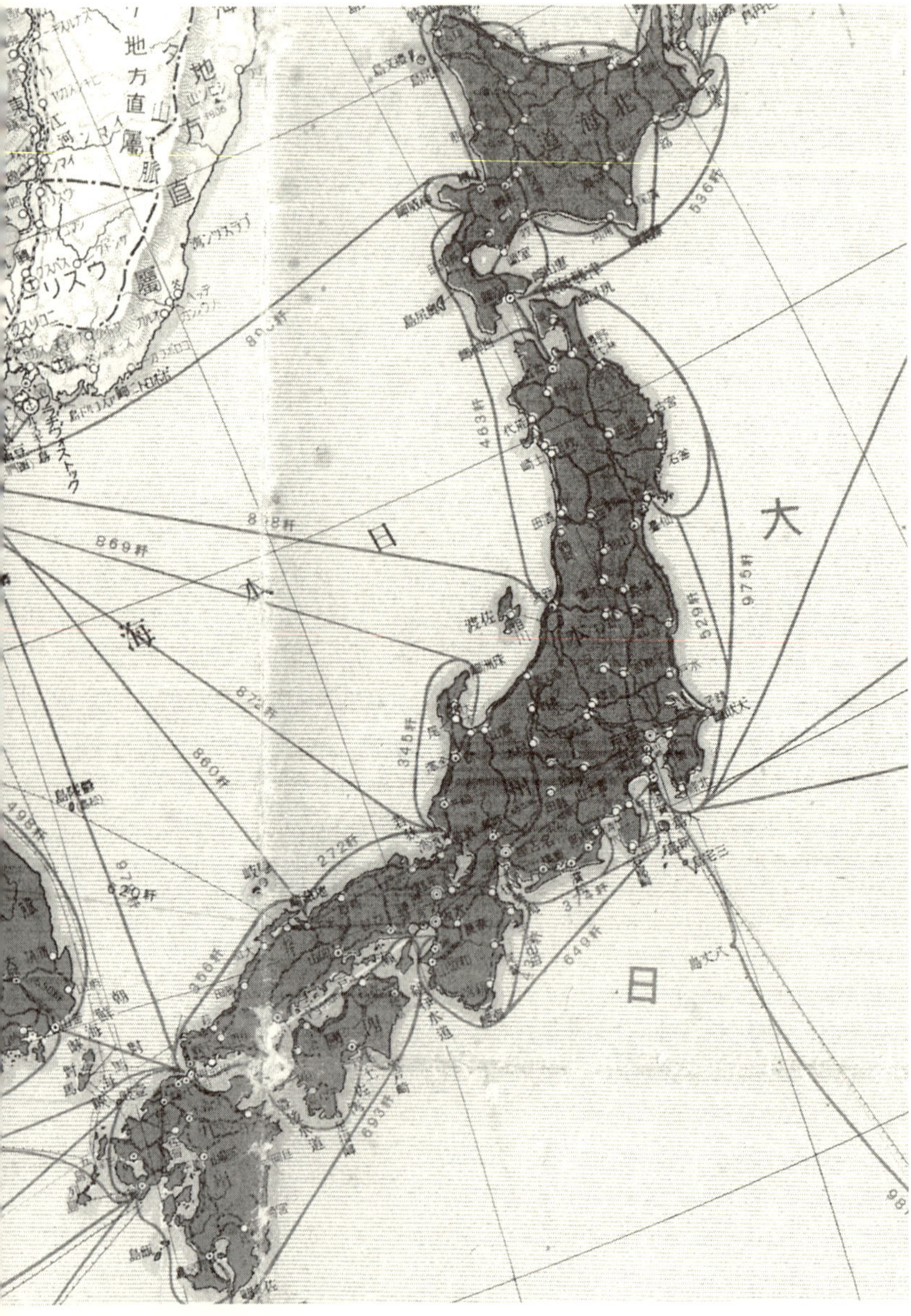

日
本
海
869粁
860粁

図1 「大東亜共栄圏並にその附近地図」（『キング』昭和16年1月号附録）大日本雄弁会講談社発行

を盟主とする」体制で、日本の植民地や属国、言いなりになる国で固めて日本が最大限の利益を得ようとするものであった。

「満洲国」はその体制の象徴で、ここでは国務院の大臣（部長）クラスは満洲人ではあっても、実質的には関東軍の意を受けた日本人官僚が取り仕切っていたのだが、当時「大東亜共栄圏」を支持した「忠良なる臣民たち」は、あくまで善意に解釈していたのだろう。「満洲国」の地形図ももちろん大日本帝国陸地測量部（国土地理院の前身）が作製していたが、やはり「王道楽土」や「五族協和」を謳う建前上、それなりに現地の歴史や文化に根ざす記号が用いられた。

「満洲国」はさすがに「五族」（日本・満洲・漢・朝鮮・蒙古）で構成されているだけあり、地域によって民族と生活形態が異なっているので、それを反映させられるだけの記号が用意された。

たとえば図2の左上から二番目の「亭《ちん》」は中国式の庭園や寺院などに設けられた四阿《あずまや》で、ちょっと休憩して庭を眺めるときなどに用いられる。日本の公園にもよく見られるが、四阿という文字は四方に棟（阿）を下ろした建物といった意味である。右列には神社仏閣の次に「祠廟」があるが、これは聖人君子を祀った祠《ほこら》または廟《びょう》で、中国では孔子廟や関帝廟が代表的だ。さらにその下には西教堂つまりキリスト教会の記号もあり（これは戦前の日本の地形図にも存在した。戦後に廃止）、いろいろな宗教施設に対応できるようにしてある（昭和一七年図式には回教寺院の記号もあった）。

中列の囲壁（圍壁）記号は国内の地形図でも石や煉瓦塀から板塀、生け垣まで、かつては細かく分類していたが、ここには国内の図式にないものとして囲壁記号の最下段に「長城及穹窿」の記号がある。長城は「万里の長城」のようなもので、穹窿《きゆうりゆう》はトンネルのように上部が半円形をした出入口で

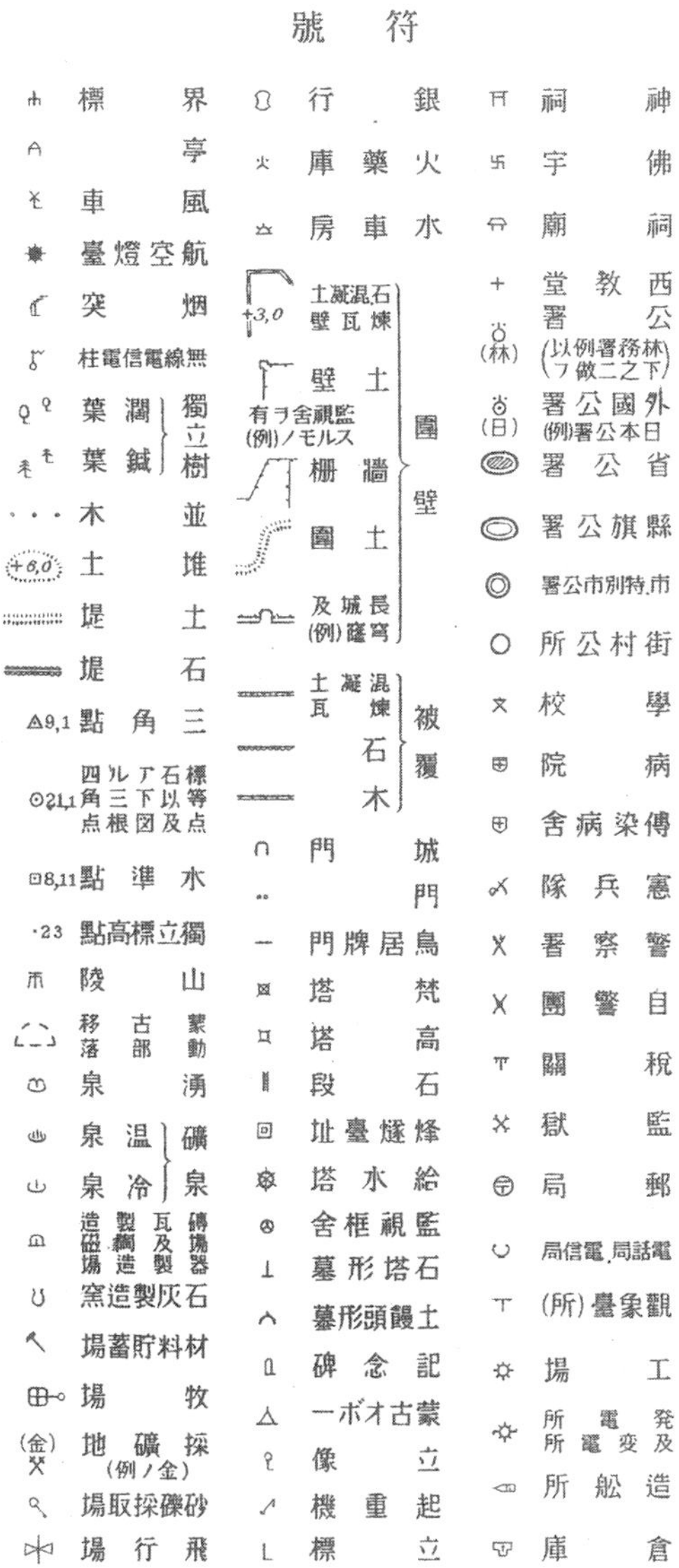

図2　1:50,000「鞍山」昭和11年測量より「符号」欄

ある。城壁に囲まれた都市の多い中国にはよく見られたものだ。その下の方には半円形単独で「城門」という記号もある。

右列の「省公署」は満洲国における奉天省や吉林省など各省の役所（日本の道府県庁記号の楕円を斜線でグレーにしてある）、また「県旗公署」はその下に設置された県と旗の役所であるが、県は主に漢人が居住する地域、旗《き》（ホショー）はモンゴル人の居住地域に設けられた。中国の内モンゴル自治区には現在でも正式な行政区画として「旗」（ジュンガル旗、オトク前旗など）が用いられている。

左の列の中ほどにある円を半分にした破線で表わされた記号は「蒙古移動部落」とある。これはモンゴルの遊牧民の伝統的な移動家屋・ゲル（木骨にフェルトを被せたもの）による集落で、移動するために破線で示したのだろう。測量時にはそこにあったけれど、常時あるとは限りません、という意味合いである。中段の二重四角形で表わされた「烽燧臺址」はノロシ台の跡だ。古代中国やモンゴルなどで一定間隔にこれを置き、火を焚いて都から地方へこの烽燧台伝いに次から次へ情報を伝えていくもので、その伝達速度は時速一〇〇キロを超えたという。墓地も日本の墓地にあたる「石塔形墓」と、中国や朝鮮の「土饅頭形墓」に記号が分かれている。そういえば、ドイツの戦前の地形図では十字架記号を並べた「キリスト教墓地」とL字型を並べた「それ以外の墓地」に分けていた。

中段の土饅頭の二つ下には「蒙古オボー」という記号があるが、これは墓地ではなく道標と道祖神を兼ねたような存在で、峠や山頂などに置かれている。ここに来た旅人は道中安全を祈念してぐるぐると時計回りに三周回る。ケルン状の石積みのまん中に棒が立ててあり、そこにチベット仏教の経文や曼荼羅的な絵が印刷された布が巻き付けられていることが多い。

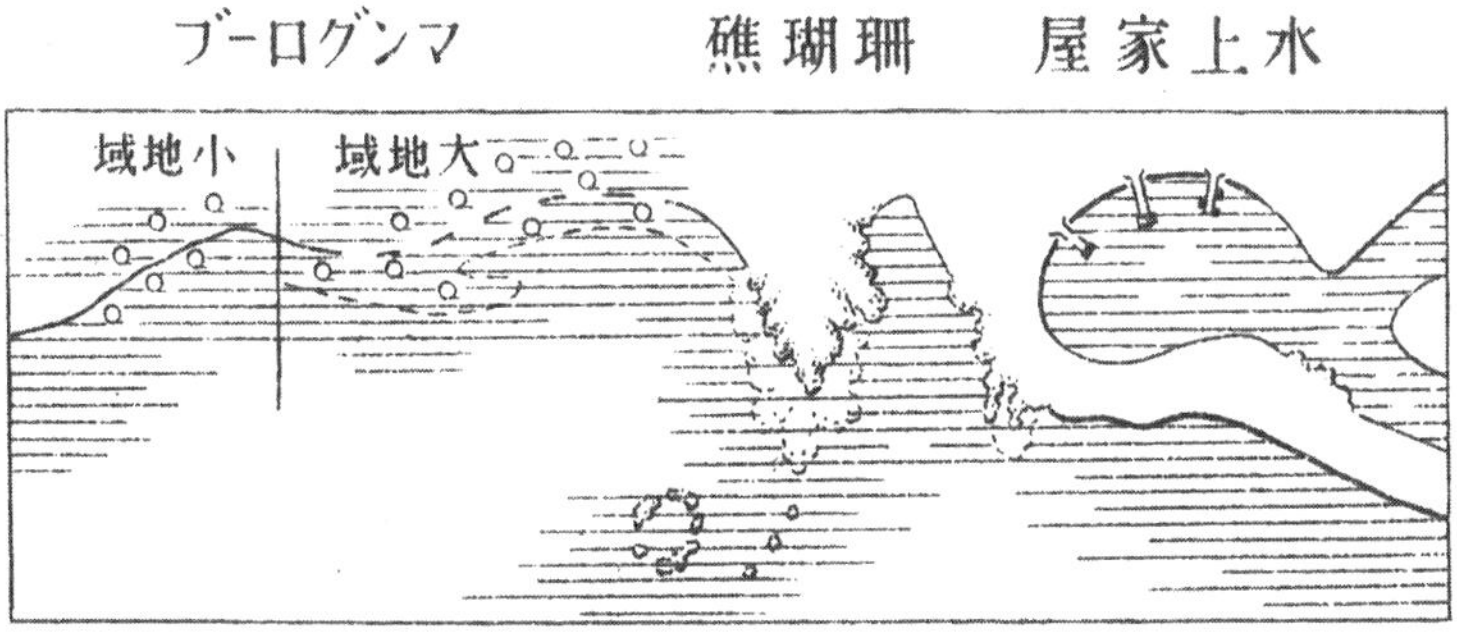

図3　昭和17年制定「五万分一（十万分一）地形図基本図式」（大日本帝国陸地測量部）

「大東亜共栄圏」は当然ながら熱帯地方もその領域に含めていたので、それなりの記号が作られた。図3は大日本帝国陸地測量部が部内で用いたもので、記号を描く際の線の太さから記号各部の寸法までを事細かに定めた小冊子。この図はそのごく一部で、マングローブ、珊瑚礁、水上家屋の三つの熱帯用の記号だ。水上家屋については陸地と仮橋や板橋で繋がれているもの、複数の家屋が固まっているものなど三パターンが示されている。しかし実際に昭和一七年図式が制定された時期以降は、地形図を作っている場合ではないほど戦況が悪化していたため、この図式が用いられた図は非常に少なかった。

「大東亜共栄圏」どころか、「大日本帝国」そのものが崩壊したのは、その図式制定からわずか三年後のことである。

戦前の地図帳で世界を観察する

「支那の主要鉄道」図が語る列強の中国支配

『最近世界地図』を入手した。三省堂が昭和四年（一九二九）に発行したものだが、奥付のページに万年筆で「浦和中学校二学年丁組」、それに個人名が書かれていたので旧制中学用の地図帳と思われる。この頃に旧制中学二年生ということは大正四年（一九一五）頃の生まれだから、ご存命なら九五歳ということになる。浦和中学校は現在の埼玉県立浦和高等学校の前身だ。

昭和四年といえばちょうど一〇月にアメリカの株暴落を機に大恐慌の時代に突入した時代であるが、この生徒の家庭にはどんな影響があっただろうか。生糸が暴落して農村の疲弊が深刻になった時期だが、小学校を出て旧制中学校へ進学できるのは一割程度だったというから、いわゆる「上流家庭」でそれほどの打撃はなかったのかもしれない。

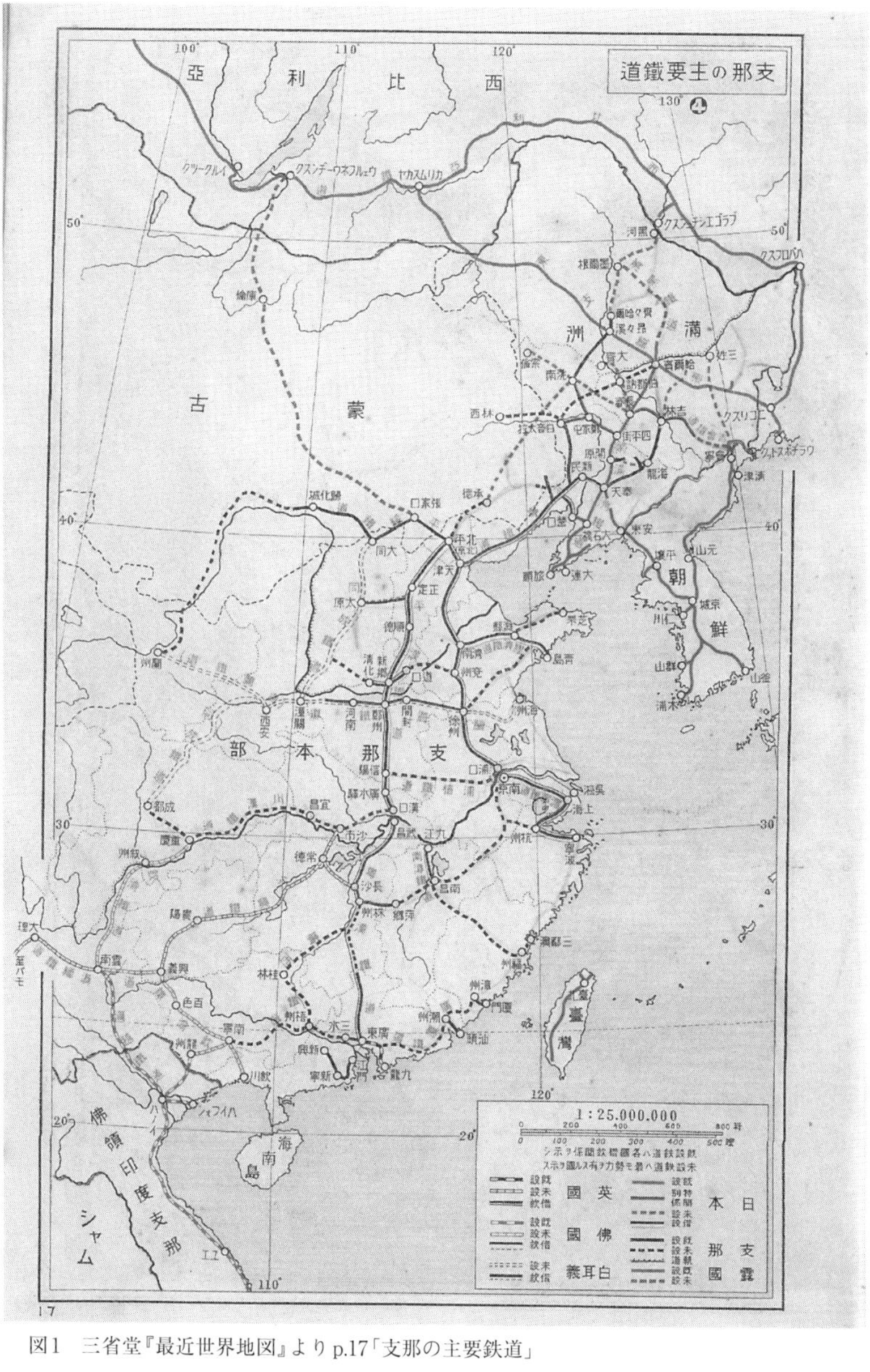

図1　三省堂『最近世界地図』より p.17「支那の主要鉄道」

当時の地図帳は世界と日本が分冊になっていた。この『最近世界地図』は世界の地形や気候など概説的なページの後に地域図が続くが、冒頭が「満洲及東部内蒙古」である。まさに日本が南満洲鉄道を区域内に敷設し、植民地化へと支配を強めていた地域だ。最も重要な地域ということだろうか。もちろん朝鮮半島や南樺太（サハリン）などは、すでに「国内」の地図帳の方に載っている。簡略な市街図も哈爾浜《ハルビン》、長春、奉天、安東という主要都市があるが、このうち長春はこの地図帳の刊行から三年後の昭和七年（一九三二）に「満洲国」が建国された際、新たな首都「新京」と改められた。

列強の中国支配を如実に物語るのがこの地図（図1）だろう。「満洲」にはロシアが敷設した東支鉄道（東清鉄道）がオリーブ色で示され、日露戦争の後でロシアから日本に譲渡された南満洲鉄道（大連〜長春ほか）は赤い太線で描かれているが、「日本の鉄道」を示す赤い太線は朝鮮国境の安東から鴨緑江を越えて平壌、京城（現ソウル）、釜山まで続き、釜関連絡船で下関へとつながっている。

黒い太線は中国が建設したものとなっているが、凡例からわかるように、これらは列強からの借款により行なわれた。借款供与国が日本なら赤い細線、イギリスなら黒い細線が添えられている。南北の幹線にあたる平漢鉄道（現在の京広線）などは日英双方の借款である。なお平漢とは北平（北京）から長江（揚子江）北岸の漢口を結ぶことを意味するが、起点と終点の都市名から一字ずつ採るのは現在に至るまで中国の鉄道路線の命名の基本だ。ついでながら北平は辛亥革命以降、南京が首都であることを明確にするために国民党政府が一九二七年に改称したものである（北京に戻ったのは一九四九年に中華人民共和国が成立した時）。

南側の現ヴェトナムとの間にはフランスが敷設した鉄道が見えるが、仏領印度支那（インドシナ）

のハノイから北上して雲南に至る経路で、これは後の日中戦争で蔣介石を応援する「援蔣ルート」として日本がその切断に躍起になった、いわゆる中越鉄道である。凡例に載っている顔ぶれとしてはもう一か国、白耳義《ベルギー》もこの中に加わっているが、この図によれば徐州・鄭州などを結ぶ朧海鉄道の借款供与までは行なったが、自前で建設した路線はないらしい。

いずれにせよ、列強の面々が「いかに中国を食い物にするか」に熱心だったかを露骨に示している図である。そんなわけで、満洲事変あたりから厳しさを増していく日本の対中政策への外国の批判は、「中国を侵略するな」ではなく、「日本ばかり中国からうまい汁を吸うのはズルい」という性格を常に持っていた。

ちなみに、表題の「支那」は現在でもしばしば問題になる。従来日本では公式文書でも「支那」を用いてきたが、中国で国民党政府が中国を代表する政権として認められるようになると（日本が正式に認めるのは昭和五年）、日本の外務省も「支那共和国」などから「中華民国」という正式名称への切り替えを行なった。それでも民間にはあまり浸透しなかったようで、その後も「支那事変」などの用語が引き続き使われていく。今も「支那という用語の正統性」を語る意見もあるが、民族的な蔑視を背景に使われてきた呼び名をあえて使おうとする姿勢には、単なる悪意しか感じられない。

インドに点在する「東インド会社」の都市

次の図2は印度（インド）および西南アジアが載っているページ。独立国は国名を赤で示してお

図2　三省堂『最近世界地図』より p.38「印度及西南亜細亜」

り、支那〔中華民国〕やネパール、ブータン、アフガニスタンは赤で独立国の扱いだが、「印度」は黒い太字であるように、まだ英国領であった。さらに注目すべきなのは、一部の都市が赤線（国境）で囲まれていることである。

たとえばベンガル湾奥のカルカッタ（現コルカタ）の北にシャンデルナゴル〔仏〕、東海岸を下がるとヤナオン〔仏〕、ポンヂシェリ〔仏〕、カリカル〔仏〕、西海岸を北上するとマエ〔仏〕、ゴア〔葡〕、ダマン〔葡〕が点在しているが、これらの都市はいずれもフランスやポルトガルの植民地であることを示している。これらは一六〜一八世紀に欧州各国がインド貿易の拠点として建設した港湾都市で、各国の東インド会社の拠点となった。ここに掲載されたのは主な都市だけで、本来はこの数倍にもなる都市がフランス、ポルトガルのみならず、他にもオランダ、デンマークなどによって植民地支配されていた。

このうちシャンデルナゴルはガンジス川水系のフーグリ川に面した河港都市で、フランス東インド会社が一六八八年に商館を建設している。ガンジス・デルタの一帯はジュート（黄麻）の大産地で、この港町が本国への輸出拠点だった。当時はムガール帝国も弱体化しており、ベンガル藩王も土地租借料を払えば欧州商館の設置を認める方針だったという。シャンデルナゴルというのはフランス流の読み方で、今ではチャンダナガルと呼ばれている。これらの「植民地都市」は一部がインドの独立後も残ったが、おおむね一九五〇〜六〇年代に返還されている。

第一次世界大戦後の独仏国境

図3はヨーロッパ、独仏国境付近である。北にはドイツのルール地方、南端にはスイス（端西）のバーゼルが見えるが、第一次世界大戦後のヴェルサイユ条約（一九一九年）によりドイツからフランスへ割譲されたのは図の左下に見えるアルザス、ロレーヌ（ドイツ語ではエルザス、ロートリンゲン）の各地方である。太い線はそれ以前の旧国境だ。ドイツには過大な賠償金が課せられ、これが結果的にナチスの躍進を促してしまったことは、すでにしばしば指摘されている。ライン地方の非武装化も命じられ、その範囲が図上に示されたライン川東側の点々を含んだ薄い線だ。小さな字で読みにくいが、この線に沿って「軍備禁止地帯」と記されている。

割譲されたアルザスはもともとドイツ語（アルザス語）を話す人が住んでおり、ドイツの前身である神聖ローマ帝国の一部を成していた。その中心都市であるストラスブール（ドイツ語読みでシュトラスブルク）をはじめ、アルザスではどの地名もことごとくドイツ語風なのは、この時代までの蓄積だ。もちろんフランス国民たる現在の住民はフランス流に発音しているけれど。

「エルザス人」の住む地域の大半がフランスに併合されたのは一六四八年、ルイ一四世の治世下のことである（ストラスブール市は一六八一年）。これが二〇〇年以上続く。一八七〇〜七一年の普仏戦争ではプロイセン（普）が勝ってふたたびドイツ領になるが、第一次世界大戦でまたフランス領に戻った状態がこの地図帳だ。その後は周知の通りナチス・ドイツ時代の一九四〇年にドイツに占領され、これが一九四五年のドイツの敗戦とともにフランス領になって現在に至っている。

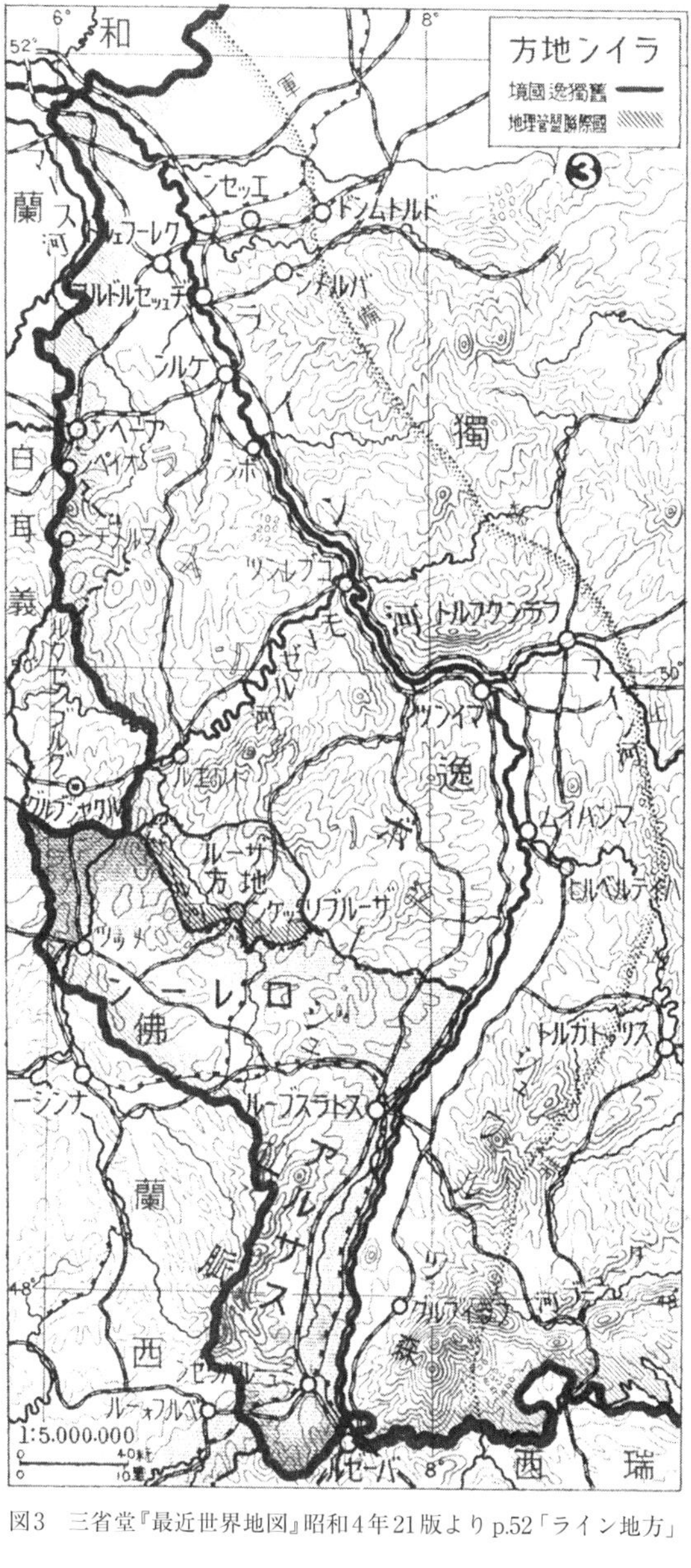

図3　三省堂『最近世界地図』昭和4年21版よりp.52「ライン地方」

ストラスブールからヴォージュ山脈（ドイツ名フォゲーゼン）に向かう列車に乗った際に印象的だったのは、車窓から見た古い駅舎の壁に刻まれた駅名だった。リュッツェルハウゼンLÜTZELHAUSENの最後のNの字にセメントのようなものが塗り込めてあったのである。つまりフランス領となった今、正式な地名はLutzelhouse（どのように読むのだろうか）であり、最後のNはなく、その他も少し違う。ナチス・ドイツからの解放を喜んだ住民の誰かがNの字にセメントを塗り込んだのだろうか。アルザスの主な鉄道は普仏戦争から第一次世界大戦までの間に敷設されたものが多いが、年季の入ったこの駅舎は、ずいぶんと目まぐるしい近現代史をじっと見てきたことになる。

琉球政府の地図に見る尖閣諸島

中国の漁船が尖閣諸島近海で「違法操業」していた。これを取り締まろうとした海上保安庁の巡視船に漁船が体当たりしたため、その船長を「公務執行妨害」の容疑で逮捕した。それから日中関係は目に見えてぎくしゃくしている。挙げ句の果ては希少金属（レアアース）の輸出が事実上一時ストップするなど影響が広がった。それにしても、大半の日本人・中国人ともにこんな島々を普段は何も気にかけていないのに、こういう時だけ「臨時愛国者」となり、マスコミもそれに火をつけて売り上げを伸ばそうと目論む。「戦争の時代」というテーマでここを取り上げるのも躊躇するところがあるが、戦争はいつもそんな理由で始められたりする。今となってはそう簡単に干戈《かんか》を交えることはあるまいが、「戦争の時代」とは実に密接な「領土」をじっくりと観察してみよう。

ちなみに尖閣諸島とは、最大の面積を持つ魚釣島（三・八〇平方キロ）をはじめ、すぐ近くで隣り合う北小島・南小島、魚釣島から二五キロほど北東に離れた久場島《くばじま》（別名・黄尾嶼＝こうびしょ）、さらに東に離れた大正島（赤尾嶼＝せきびしょ）、その他の岩礁から成り、面積は全部合わせても五・四八平方キロに過ぎない。これは日本最小の市である埼玉県蕨《わらび》市（五・一平方キロ）と同程度である。

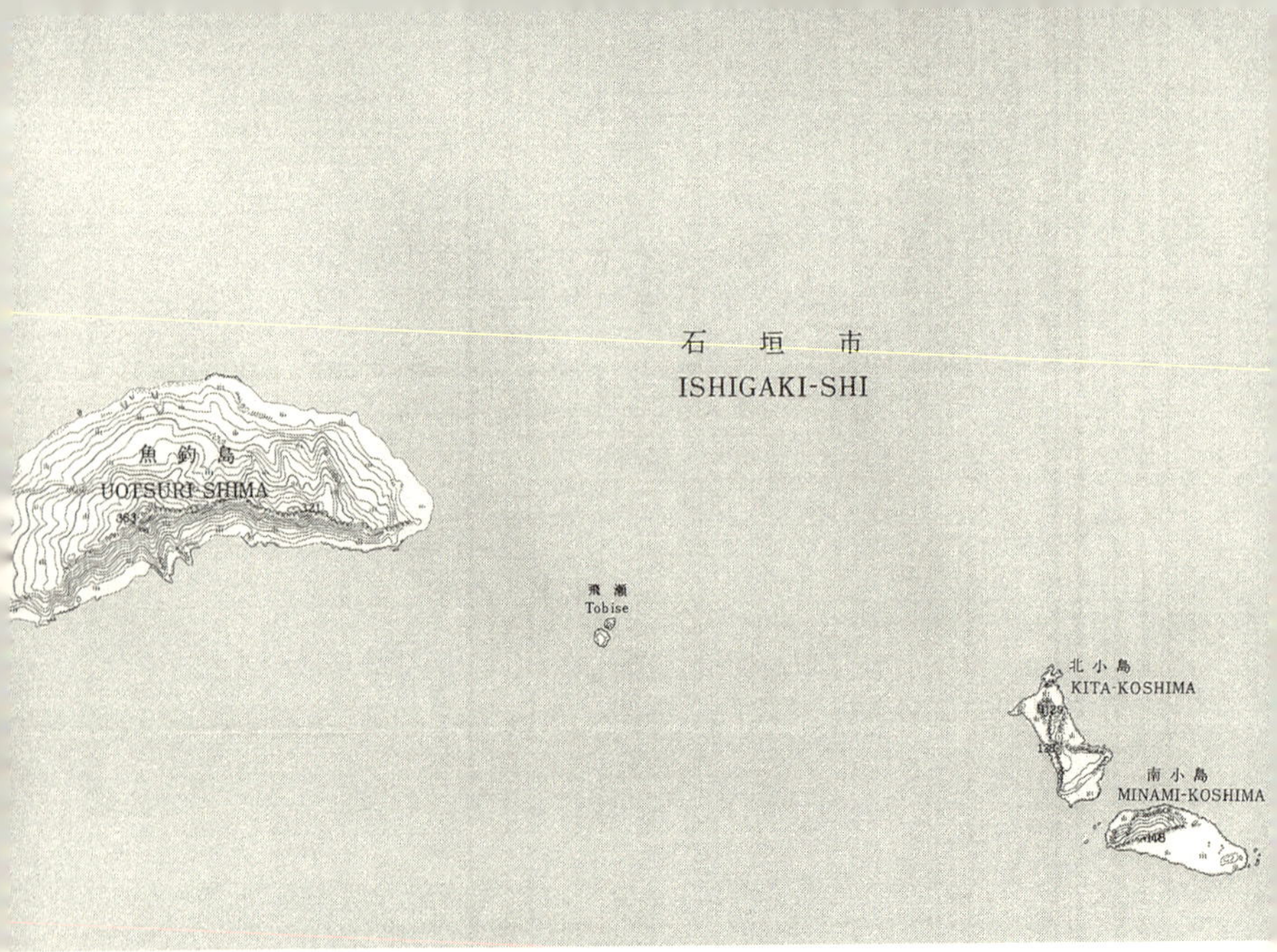

図1　1:50,000「魚釣島」昭和37年応急修正（昭和41年発行）× 0.7

尖閣という名は、峨々たる岩山が屹立し、切り立った海食崖で囲まれた地形を表わしたものという。

この図1は国土地理院が沖縄返還の六年も前に発行したものだが、言うまでもなく当時沖縄県はアメリカの施政下に置かれていた。地図の欄外には「この図は旧琉球政府刊行の地形図を応急的に複製したものである。」という注釈が入っているが、昭和四一年一月に国土地理院は沖縄県全土の地形図を一気に発行した（本土では販売されていなかったようだ）。「魚釣島」「石垣市」、それに「飛瀬」などがローマ字併記となっているのは、米軍の施政下であることを改めて認識させられる。

少し厄介なのがこの島の位置だ。沖縄県の島々は南北の大東島を除き、沖縄本島から八重山の与那国島まで大半が琉球列島の弧の上にあるが、尖閣諸島は東シナ海大陸棚の東縁に乗っかっている。もともとは航海の重要な目標として認識されていたが長い間無人島で、琉球王国時代の清朝側の文書には「釣魚台」「黄尾嶼」「赤尾嶼」などの名で載っている。

人が最初に住んだのは明治一七年（一八八四）頃から始まった日本の羽毛採取業者によるもので、これにより島を繁殖地としていたアホウドリ、クロアシアホウドリなどが姿を消してしまったという。鰹節の製造も盛んで、最盛期には二〇〇人単位が住み着いた。そういえば小笠原の鳥島でも同じように羽毛採取のために集落ができ、こちらは島の大噴火により島民が全滅という悲劇を被っている。

尖閣諸島の帰属は、世界各地の離島の多くがそうであったように近世までは明確でなかったが、日本はアジアでは早期に「近代国家」に脱皮すべく、領土確定を意識的に進めるようになった。日清戦争が終わった明治二八年（一八九五）には、尖閣諸島が沖縄県に正式に編入されている。地籍上では現在、魚釣島が石垣市登野城《とのしろ》二三九二番地で、北小島は同二三九一番地、久場島（黄尾嶼）は二三九三番地、大正島（赤尾嶼）が二三九四番地となっている。所有者はもと島民の子孫だそうだ。登野城は石垣本島の字名である。

次ページの図2は昭和九年（一九三四）の製版、参謀本部版の地図で、周辺は要塞地帯であったため欄外には「部外秘」と記されている。同じ理由で島の地形表現はすべて省略されており、山地または森林を表示する薄い緑で着色されているのみ。植生記号はすべて「荒地」扱いだから、図1の琉球政府の地形図と同じだ。ちなみに現在は広葉樹林と「やし科樹林」の記号が大半を占めている。無人島に戻ってすでに久しく、長い年月の間に「ハゲ山」状態から緑が回復したのだろう。魚釣島の右上

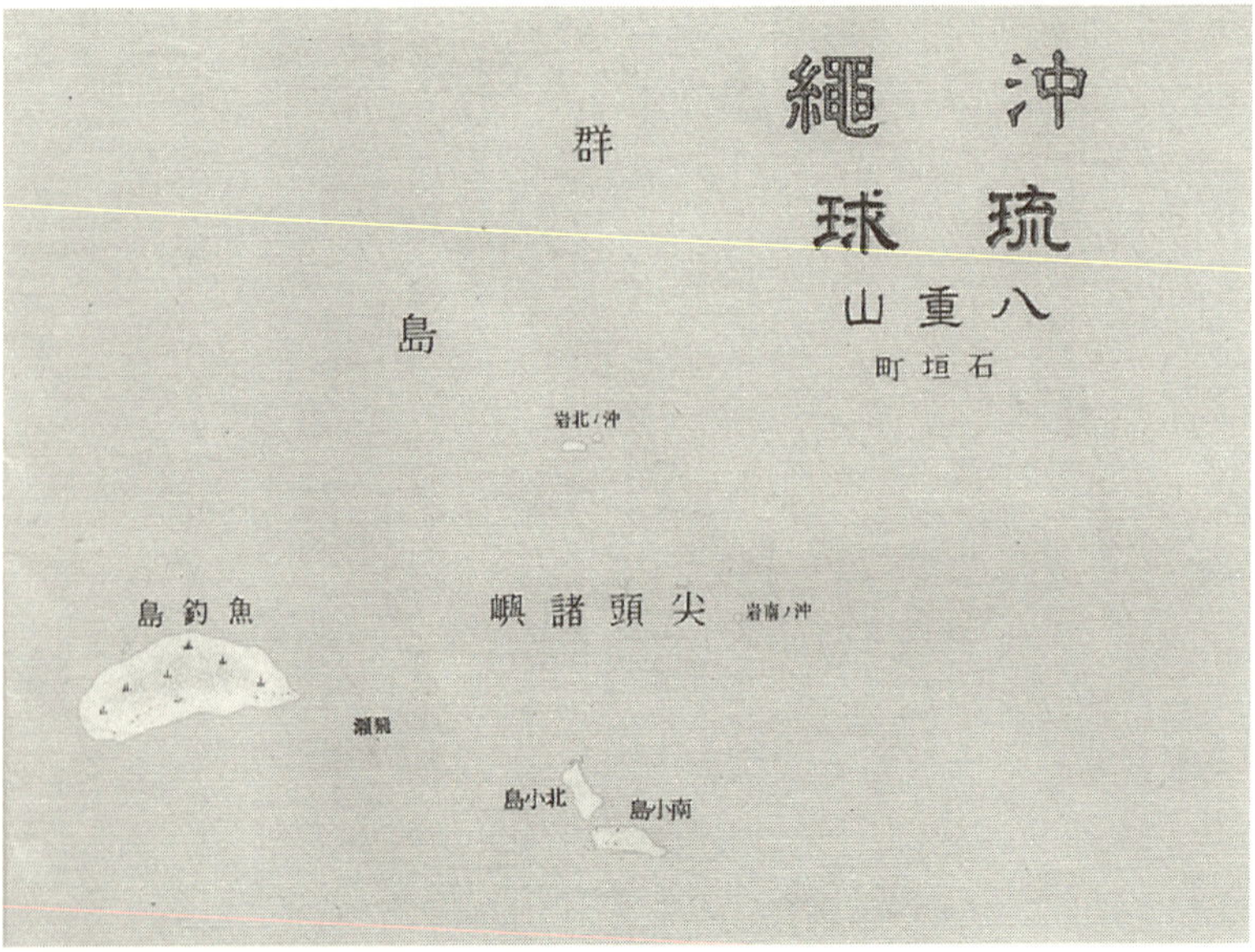

図2　1:200,000帝国図「尖閣群島」昭和9年製版

には当時の地図の表記方法に従って県名（沖縄）、旧国名（琉球。本土では武蔵・摂津などにあたる書体）、そして郡名（八重山）、そして町村名（石垣町）と順に記されている。

昨年台湾で購入した道路地図帳でも確かめてみた。一〇万分の一『全台灣道路地圖』（上河文化編著、二〇〇七年発行）の八ページを見ると、宜蘭《イーラン》市付近に挿入図として「釣魚台列島」が掲載されている（「釣魚台列嶼」とする地図もある）。等高線もかなり高い精度と思われるものが入っており、三つのピークの標高数値が詳しく記されていた。所属県名も近くの海にしっかり「宜蘭縣」と記載されている（郷・鎮＝町村名はなし）。ちなみに中華人民共和国発行の地図では大陸側の呼称である「釣魚島」が簡体字で記され、こちらも最近の地図では石垣島との間にわざわざ「国境線」を描き入れるものが増えているという。

昭和四〇年代にこの一帯で石油や天然ガスの埋蔵が確実視されて以来、それまでさして問題とされなかった諸島ににわかに緊張が高まり始めている。双方が「我が国固有の領土」と言い張っている限り話は進展しないだろうが、もともと無人島だった島である。もう少し知恵を出し合って穏便に解決できないのか。

台湾の二万五千分の一地形図でももちろんこのエリアの図が作られており、それが先ほどの地図帳の基本図になっているわけだが、同じ島の領有を主張する隣国どうしが独自に地形図を作る地域は、もちろんここだけではない。日本の国土地理院と韓国の国立地理院による「竹島」(韓国名・独島)、ロシアと日本が重複して地形図を発行している北方領土(ロシア名・クリル諸島)などを含め、世界には同じ地域に複数国の地形図が競合する地域はいくらでもあり、しばしば別の地名を主張し合っている。

北方領土の地図を両側から見る

ロシアのメドベージェフ大統領が平成二二年（二〇一〇）一一月一日に国後島《くなしり》を訪れた。ソ連時代でさえ元首クラスは来なかった北方領土になぜ今か、と大騒ぎである。大統領はベトナムの公式訪問の帰途にわざわざサハリン州都ユジノサハリンスクで小型機に乗り換えて国後に降り立っており、もちろん「ついでに立ち寄った」わけではない。国後島は千島列島に所属しているが、あちら側ではクリル諸島と呼んでいる。国後島の呼び名はオストロフ・クナシル（クナシル島）。

大統領の真意がどこにあるかは別として、北方領土の略史をちょっと復習しておこう。もちろん島々は長らくアイヌなどの先住民が暮らす土地であった。千島に関する条約としてはまず江戸幕府とロシア帝国との間に定められた日露和親条約がある。これにより択捉島《えとろふ》と得撫島《ウルップ》との間の択捉海峡（現在のロシア名ではフリザ海峡）を国境とした。一方でサハリン（樺太）については両国民の混住地とされ、この時点で所属は明確化されていない。しかしその後にロシアがサハリン開発に力を入れたこともあり、明治八年（一八七五）に千島・樺太交換条約が締結される。日本が樺太における全権益を放棄する代わりに、得撫島以北の全千島、一八島（属島を含む）を日本領と明確に定めたのだ。

その後は日露戦争に勝った日本が北緯五〇度以南のサハリン（南樺太）を日本領としたが、太平洋戦争末期の昭和二〇年（一九四五）八月一〇日にソ連が「駆け込み参戦」を決行し、それを受けた極東ソ連軍は、ポツダム宣言受諾後にもかかわらず南樺太や千島の各地に侵攻した。択捉島に進駐したのは八月も終わろうとする二八日のことであった。

こうして千島に住む日本人は強制退去させられ、それ以来ロシアが長らく占拠した状態なのは周知の通りである。サンフランシスコ講和条約で放棄した「千島列島」を日本政府は得撫島以北としているが、ソ連・ロシア政府は一貫して国後・択捉・色丹・歯舞を含む「全千島」と解釈しており、これを根拠にロシア人は北方領土の各所に現在も住み、それぞれロシア語の地名を付けている。

次ページの図1は国土地理院発行の二〇万分の一地勢図で、地名もすべて漢字表記になっている。大岬の付け根には古釜布《ふるかまつぷ》の集落があり、それが所属するのは国後郡の泊村であることが明記されている。細道ばかりだが周辺に通じる道路も描かれており、古釜布の中心には郵便局もあり、西海岸つまりオホーツク海側に回れば砂洲が海を隔ててできたと思われるラグーンのニキショロ湖、その北側にはイカバノチ漁場などの文字も見える。その右側の山の中に見える町村界の西側は留夜別《るよべつ》村だ。ちなみに昭和一一年発行の『大日本市町村案内』によれば、古釜布のある泊村の昭和一〇年の人口は五六四四人（九五〇戸）、村内に三か所ある郵便局の中に「古釜布郵便局」の名も記されている。一方、留夜別村は四九九戸二九〇三人とある。

図2はロシアの民間地図会社が作製した「サハリン州地図帳」である。図1とまったく同じ場所だが、載っている地名はことごとく違う。たとえば古釜布はユジノクリリスクという地名（南クリル町

図1　1:200,000「知床岬」平成10年修正

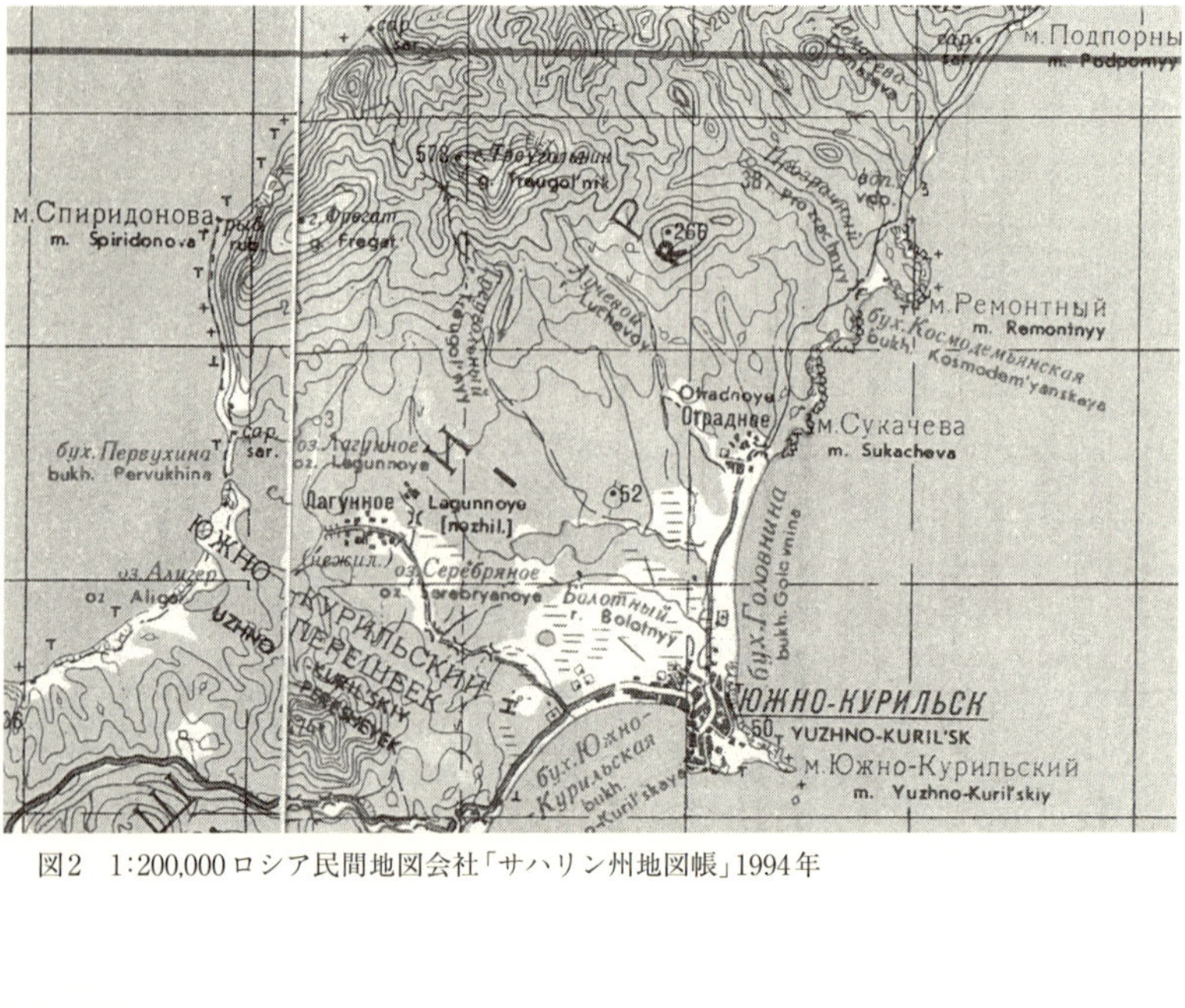

図2　1:200,000ロシア民間地図会社「サハリン州地図帳」1994年

の意）で、古釜布よりずっと大きな町に描かれており、その西側にある古釜布沼はセレブリヤノエ湖、ニキショロ湖はラグノエ湖。おそらくラグーン（潟湖）から来ているのだろう。

次ページの図3は択捉島中央の南側に開いた単冠湾《ひとかっぷ》。この湾の名は昭和一六年一二月、真珠湾攻撃に出撃する大艦隊が集結した地点として有名だ。この作戦は厳重な機密扱いで準備されたので、湾を埋め尽くすかのような艦船の群れを見てしまった島民も、もちろん誰にも口外することができなかったという。その湾の北、オホーツク海側の留別《るべつ》湾に面した村役場のある集落が留別村で、前出の『大日本市町村案内』によれば四四三戸二五五四人。同書の「地誌」欄にはルべツとは道路のある川の意味と解説がある。もちろんアイヌ語地名だ。他にも学校、郵便局などが集まっている。

図4は同じロシア側の地図。単冠湾はカサトカ湾、北側の留別湾もクイビシェフ湾とまったく異なる。クイビシェフはロシア本土の都市の名にもあったが（一九九〇年にサマーラと改称されている）、革命家でありソ連の上級政治委員であったヴァレリヤン・クイビシェフから来ているようだ。さらに留別の村はピオネールという名に変わっている。ピオネールは英語のパイオニアだから開拓者。旧ソ連だけでなく東欧各国や中国、北朝鮮などの社会主義国（旧社会主義国も含む）では長い歴史を持つ地名をいとも簡単に抽象概念や「英雄」の名に置き換えてしまうことが無数に行なわれ、それが今も数多く残っている。国後島と択捉島の間の国後水道はエカテリーナ海峡だが、これはロシア帝国の女帝エカテリーナ（エカチェリーナ）にちなむ。

しかし「日本人だったらそんな乱暴なことはしない」と思っている方には、たとえば戦前に日本の「関東州」の港湾都市だった大連に児玉町などという町名があるのを知れば、侵略者が同じような発

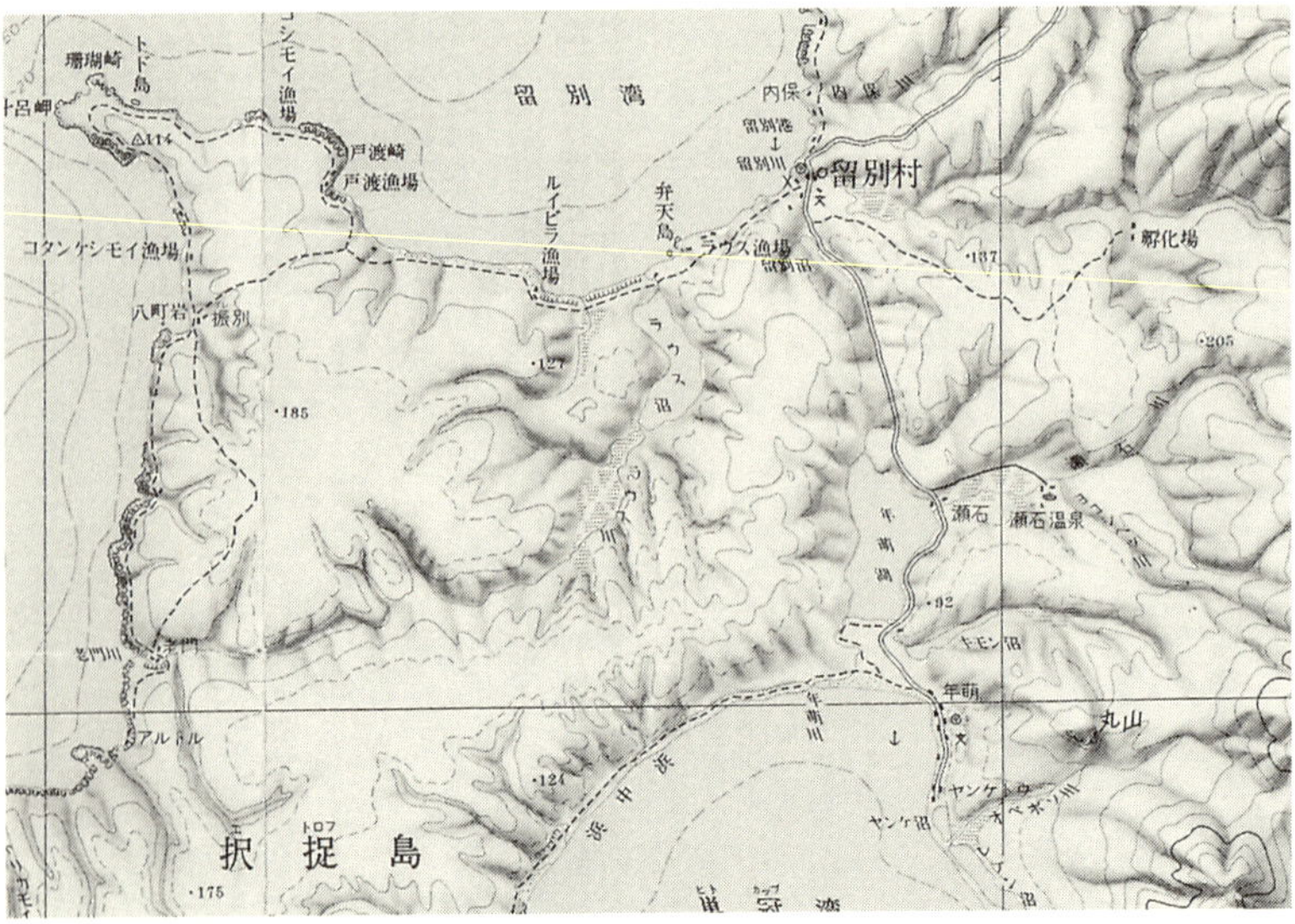

図3　1:200,000「紗那」昭和46年発行×0.8

図4　1:200,000ロシア民間地図会社「サハリン州地図帳」1994年×0.8

想をすることが理解できるだろう。言うまでもなく日露戦争の「英雄」である児玉源太郎陸軍大将にちなむ町名だが、中華人民共和国の現在は団結街に変わった。しかもそこがかつてロシア人街であり、日本人観光客が多く訪れるというから、なかなか複雑である。

単冠湾に戻るが、この地峡部の中央には、日本の地図にはない幹線道路らしい道路も見える。これが地図の範囲外のブレヴェスニク空港まで続いているが、現在ここからサハリン州都のユジノサハリンスク（日本時代は豊原市）まで定期便がある。戦前には帝国海軍の天寧《てんねい》飛行場であった。

二か所の地図を見ると、つくづく地名が変わってしまったことが実感できるが、島名の国後がクナシル、択捉がイトゥルプと元のアイヌ語に準拠した地名として共通なのをはじめ、爺々岳《ちやちや》が「チャチャ火山」、単冠《ひとかつぷ》山もシトカップ山と基本的に変わっていないものもある。

いずれにせよ、日本の国土地理院としてはこのエリアを大々的に測量することもできず、かといって「固有の領土」と主張する以上は地形図を出さざるを得ない。仕方なく大正一一年（一九二二）に仮製図として測量して以来、修正もされていない図を引っ張り出し、衛星画像による海岸線などの修正を施して販売しているのが実情だ。それを編集した二〇万分の一地勢図にも、もちろん大正時代の学校や役場などがそのまま「冷凍保存」されている。ここではまだ冷戦が続いているのだ。

＊本稿を書き上げた直後の平成二二年（二〇一〇）一二月一日、国土地理院は国後島南部と歯舞諸島の二万五千分の一地形図一三面を発売した。すべて地球観測衛星から得られたデータに基づくもので、等高線も建物・道路も入っている。ただし欄外には「（この図は）北方領土問題に関する我が国の立場にいかなる影響も与えるものではない」と但し書きが記されているが。

ポーランドを引き裂く「獨蘇新国境」

「欧州情勢は複雑怪奇」という名文句(?)を残して平沼騏一郎が昭和一四年(一九三九)八月二八日に内閣総辞職をしてちょうど八週間後に発行されたのが一三〇〜一三一ページの地図(図1)である。共産主義の拡大を懸念し、ソ連を仮想敵とすることで利害が一致したドイツと日本は一九三六年(昭和一一)に「日独防共協定」を締結した。にもかかわらずドイツは一九三九年八月二三日に突如ソ連と「独ソ不可侵条約」を結んでしまう。これは世界中に衝撃を与えたが、苦戦していたノモンハン戦争の最中であった日本にとって、共通の敵であるはずのソ連とドイツが談合したことは驚天動地の出来事だっただろう。不可侵条約締結の翌二四日からノモンハンのソ連軍は大々的な反撃を開始、結局は日本軍・満洲国軍の大敗に終わる。

ドイツは一九三九年(昭和一四)九月一日にポーランドに侵攻、ソ連軍も同一七日から侵攻を開始、結局は独ソ両国によりポーランドは分割されて消滅した。そんな激動の日々にあって「欧州情勢」は当時の日本国民にとって大いなる関心事であり、読売新聞社もそれに応えてこのような「最新欧羅巴現勢図」を作ったのだろう。図1の欄外には日独伊英米仏など主要国の軍備——兵員、戦車、高射砲、戦艦数などが一覧できる表を掲げている。

両大国に挟まれたポーランドが、つい先月にどのように分割されたかを生々しく語る「獨蘇（独ソ）新国境」が赤い破線で記されているが（「ポーランド」の「ー」の右側を通る）、その新国境の上にはブレストリトフスクという地名が見える。ブク川に面したこの町は現在ベラルーシに所属している国境の町（ブレスト）だが、一八世紀末にポーランド・リトアニア連合からロシア領となり、この図の出る直前まではポーランドだった。一九一五年（大正四）には第一次世界大戦でドイツが占領したが一九一八年にブレスト・リトフスク条約によりロシアとの休戦が成立、翌年には復活、ポーランドの領土となった。大国の狭間にあって翻弄される典型がこのポーランドで、この一九三九年九月に、近代に入って二度目の「国の消滅」を経験したのである。

図が発行された時にはすでに予備役陸軍大将・阿部信行が首相をつとめていたが、四か月ほどで海軍大将の米内光政内閣に変わっている。その米内内閣もわずか半年で第二次近衛内閣に引き継がれた。当時は日中戦争も膠着状態が続き、翌年にはそれをめぐってアメリカから対日石油禁輸が発動されるなど、その後の情勢はますます緊迫の度を深めていき、ついには一九四一年（昭和一六）一二月八日の真珠湾に突き進む。

一三二ページの図2は戦後一九五五年（昭和三〇）発行の高校の地図帳であるが、ポーランドが復活を果たし、ほぼ現国境になっている。しかし独ソ両国が手を引いて戦前の状態に戻した、というわけではなく、戦勝国のソ連は国境をブレストリトフスクまで西進させている。要するにドイツとポーランドを「山分け」した際の獲り分をちゃっかりと確保したのである。

バルチック海
東プロイセン
ポーランド
ワルシャワ
ガリシア
スロヴァキア

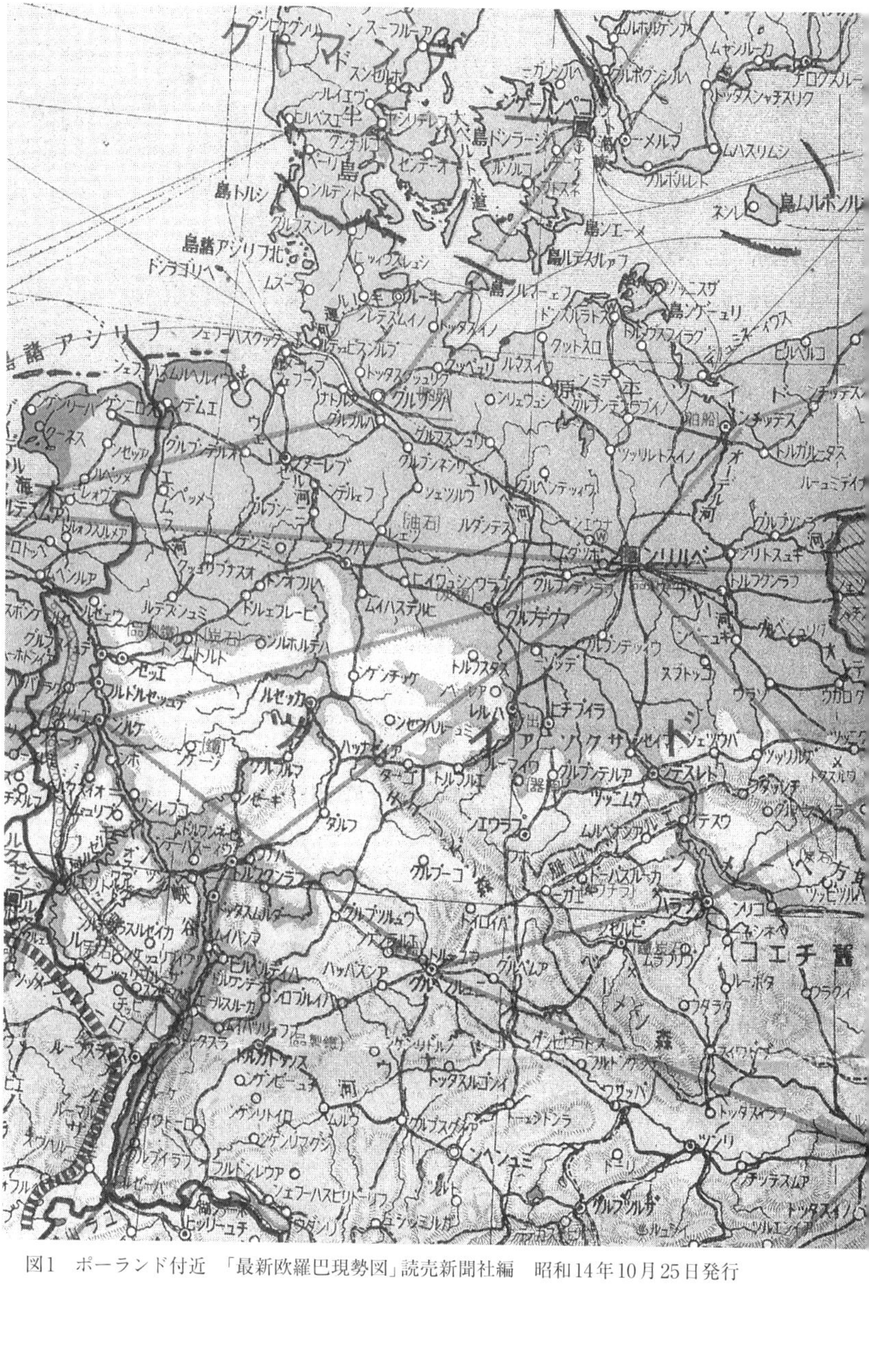

図1　ポーランド付近　「最新欧羅巴現勢図」読売新聞社編　昭和14年10月25日発行

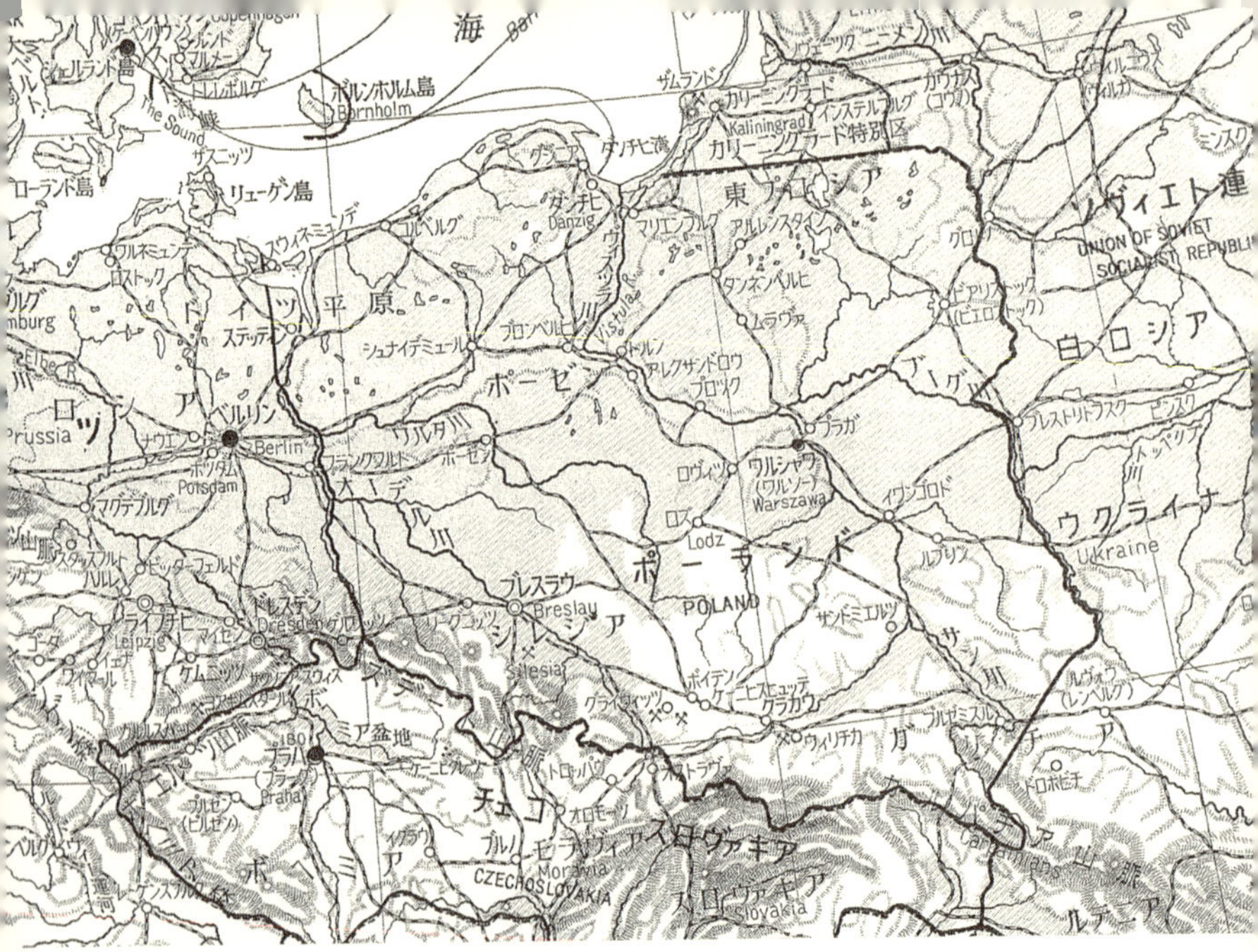

図2　戦後のポーランド　田中啓爾『高等地図』日本書院　昭和30年発行

おまけにドイツ領だった東プロイセン（東プロシア）の南半分はポーランドに「与える」とともにその北半をソ連領とした。ドイツ騎士団以来の歴史あるケーニヒスベルクの町はソ連のロシア共和国飛び地として編入させられ、一九四六年にはソ連最高会議幹部会議長の名を記念してカリーニングラードと名前も変えさせられた。

そんなわけで旧ポーランドのほぼ東半分はソ連領に組み込まれてしまったが、その代償として旧ドイツ領東部のうち東プロイセンとシュレジエン（ポーランド名シロンスク）がポーランド領とされた。ソ連の大きな影響下で行なわれた一連の戦後処理でドイツ・ポーランド国境はオーデル・ナイセ線（オーデル川とその支流・ナイセ川）と決定されたため、ドイツの町としての伝統あるシュテッティン（シュチェチン）、ブレスラウ（ヴロツワフ）などの都市（いずれもカッコ内はポーランド名。以上図2ではシュレジエン／シロンスクがシレジア、シュテッティン／シュチェチンがステッティンとされるなど一部表記が異なる）を含む広大な地域に先祖代々住んできたドイツ人の大半は、身の回り品のみをトランクに詰め、貨車に詰め込まれて追放されたのである。

厳密に言えばポーランド語の習得を条件にポーランド国籍を取得することも可能だったが、大半のドイツ人はそれを嫌って西を目指した。連合軍側の資料によれば、これらドイツ人の追放・移住者は合計で一六五〇万人にのぼるという。大局的に見れば「ナチス・ドイツが行なったことへの報い」だろうが、一夜にして財産も土地も奪われた東プロイセン、シュレジエン住民ひとりひとりの悲劇は、丁寧に語り継がれるべきものではないだろうか。ついでながら、作曲家ブラームスの「大学祝典序曲」（一八八〇年）はドイツのいくつかの学生歌を素材とする作品で知られるが、この曲はシュレジエンのブレスラウ大学から名誉博士号を授与された返礼として作曲されたものだ。

この図でドイツはひとつだが、一九四九年（昭和二四）にはすでに英米仏占領区域からなるドイツ連邦共和国（西独）とソ連占領地区のドイツ民主共和国（東独）が並立していた。おそらく当時の文部省がまだ東西両ドイツの表記を認めていなかったからだろうが、社会主義の東独から資本主義の西独へ脱出する住民の流れは止まらず、結局はこの図の六年後の一九六一年（昭和三六）には、東西ドイツおよび東西ベルリンの間に長大な壁が築かれた。この分断状態はその後二八年にわたって続く。一九三九年の地図上に引かれた「赤い破線」は、実に重い爪痕をもたらしたものである。

東ドイツの「偉人通り」はその後……

昔のオリンピックでは、特に体操などの種目でよく東独（ドイツ民主共和国）の国歌が流れたものである。「廃墟からの復活」というタイトルが付いているが、これは旧ソ連国歌と並んでなかなか感動的な名曲だった。その国も東西統一で消滅してすでに二〇年以上が経過した今、シュタージと呼ばれて恐れられた国家秘密警察が国民の動向を大がかりに監視し、「英雄」として恵まれた生活を送ったとされたスポーツ選手も、国家を挙げてのドーピング漬けでいかに苦しめられていたかが、最近になって次々と明らかになってきている。

ドイツ統一前に各州の測量局から地形図を直接取り寄せていた私は、東独が消滅した時にザクセンやブランデンブルクなど新しい州の測量局へカタログを請求し、地形図をさっそく注文したものだ。新しい州とはいえ、東独時代の「県」を廃止して昔の州を復活させたものである。もちろん新州の測量局としても一から作り直すわけにはいかず、暫定的に東独時代の図を送ってきたのだが、それが「秘密書類扱い」で、その注意書きの上に「秘密解除！」のゴム印が紺色で捺されていたのが生々しかった。

その東独の秘密地形図については拙著『世界の地図を旅しよう』（白水社）で書いたので長々と解

説しないが、とにかく道路なら車線数や舗装材質（建設中なら完成年）、橋梁は長さや幅員はもちろん材質から耐荷重量まで、川は流速から底質（川底が砂か土か等）、山林は樹種と平均の樹高と幹の太さ、樹間の間隔に至るまで、これ以上詳しい国土のプロフィールがあるだろうか、というほどまで数字と略号でそれらを詳細に表現した地形図であった。これらの地形図はもちろん一般人の手に入るものではなく、ふつうの市民用には工場や操車場などを省略し、または地形なども意図的に「いい加減」に描き直したものが供給されていたのである。

次ページ図1のズール（Suhl）という標高四〇〇メートル台の山間の小都市はドイツ中部のテューリンゲン山地（テューリンゲン森）の南側斜面に位置し、現在はテューリンゲン州に属している。東独時代はその最南端に近く、旧西独バイエルン州と「国境」を接していた。ズールは中世から鉄砲の産地として知られた町で、宗教改革後に各地で多発した戦争には、ここで造られた銃器が大いに活躍したという。今も市庁舎前には「鉄砲鍛冶の像」（記念碑）が置かれている。

その歴史はナチス時代に引き継がれ、第二次世界大戦下でもここの銃器工場で多数の銃が生産された。市の人口も一九三三年（昭和八）の一万五四七七人が六年後に二万五五三〇人と急増しているのは、ナチ時代にここで銃器の増産に力が入れられた証拠であろう。しかしその後この都市に迫った連合軍は、あえて銃器工場を破壊しなかった。もちろんその後に活用するためである。

第二次世界大戦の戦後処理を話し合ったヤルタ会談によりドイツ東部はソ連が占領することとなり、以後この町は東欧・ワルシャワ条約機構の銃器生産の要としての地位を占めるようになった。ソ連で膨大な犠牲者を出したドイツとの「大祖国戦争」（一九四一〜四五年の独ソ戦）の中にあって、ズ

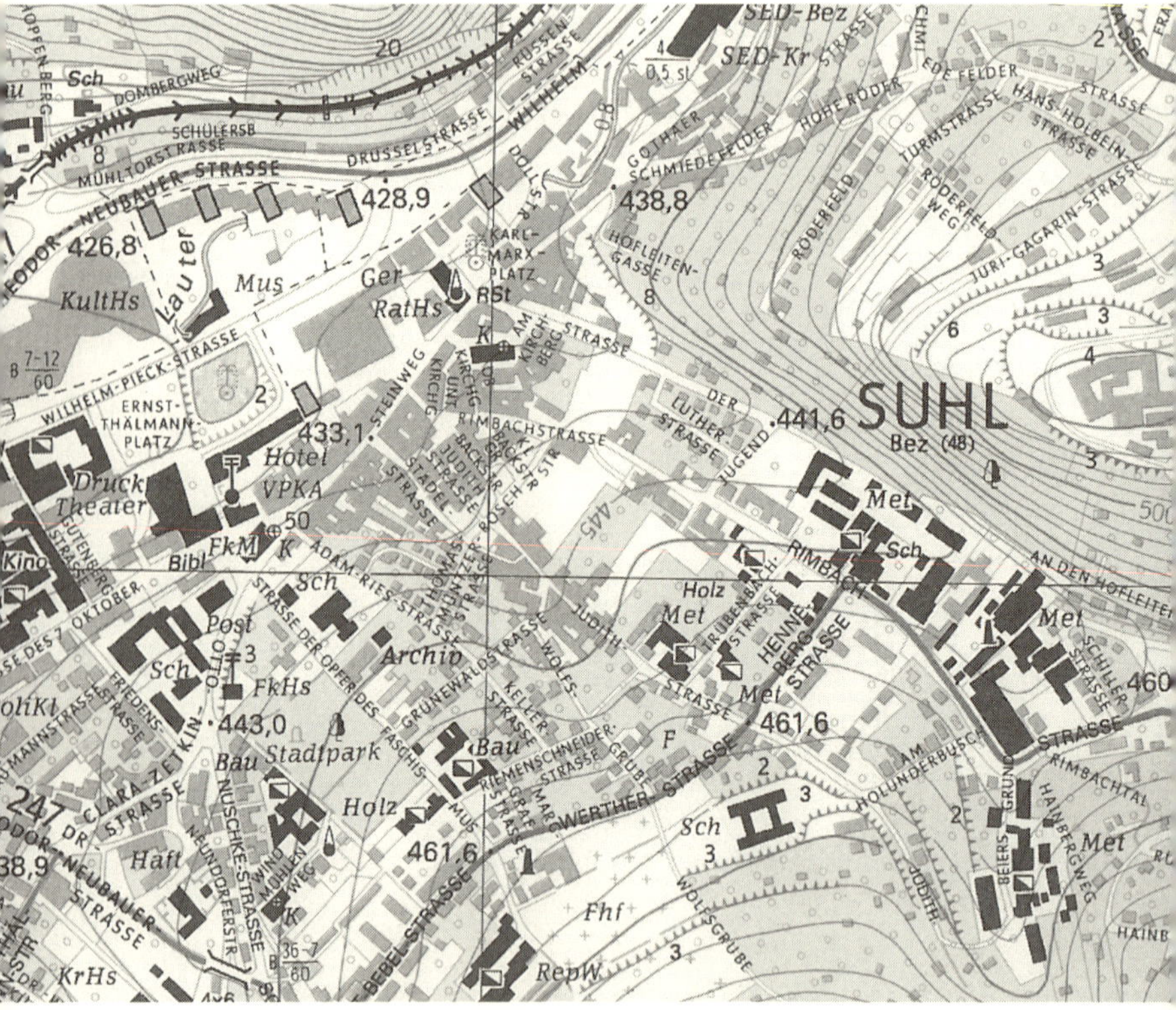

図1　1:10,000地形図「ズール」1986年版（ドイツ民主共和国国防省軍事地図局発行）

ール製の機関銃の威力を思い知ったカラシニコフ軍曹が開発した有名な「カラシニコフ」の工場もここに設けられ、「西への備え」の一端を担う拠点都市となったのである。

この地形図に載っている通り名を観察すると興味深い。まず気付くのは東独や社会主義にとって功績のあった人の名前が並んでいることだ。左上のKultHs（Kulturhaus＝文化会館。線路の南側、グレーに見える大きな建物）の南側にあるヴィルヘルム・ピーク通り（WILHELM-PIECK-STRASSE）であるが、これはドイツ民主共和国の初代大統領（任期一九四九〜六〇）の名前。その後は国家評議会議長が元首となったため、最初で最後の東独の大統領となった。ちなみに東独の国家評議会議長を、ベルリンの壁が崩壊する一九八九年まで一三年つとめたのがエーリヒ・ホーネッカーである。

その南側には黒い建物のPolikl（Poliklinik＝外来診療病院）とKino（映画館）、そしてMet（Metallindustrie＝金属工業）があるが、このMetは市内各所に大規模なものが分布しているから、銃器工場ではないだろうか。その南側が「一〇月七日通り」（STRASSE DES 7. OKTOBER）である。これは建国記念日にあたり、一九四九年（昭和二四）のこの日にドイツ民主共和国が発足した。右下のSch（Schule＝学校）の東から南側はクララ・ツェトキン通り（CLARA-ZETKIN-STRASSE）である。クララ・ツェトキン（一八五七〜一九三三）は若くしてドイツ社会主義労働者党（後にドイツ社会民主党）に入り、早くから女性解放運動にかかわり、ナチ党が政権を掌握して共産党が非合法化された際にソ連に亡命、その地で亡くなっている。

その学校の東側、もうひとつの学校の西側に沿った通りはSTRASSE DER OPFER DES FASCHISMUS、ずいぶんと直接的だが「ファシズムの犠牲者通り」という。かつては通り沿いにシナゴーグ（ユダヤ教会）のあるホーエンローエ通りであったが、戦後このように改称された。北の方へ目を移すと前述の鉄砲鍛冶の像がある。RatHs（Rathaus＝市庁舎）の東側に噴水記号のある広場がカール・マルクス広場である。この名の広場は東欧から中国に至るまでの社会主義国の多くに存在する。

さて、他にも東独の首相の名を冠したオットー・ヌシュケ通り（OTTO-NUSCHKE-STRASSE）、ワイマール期のドイツ共産党党首であったエルンスト・テールマン通り（ERNST-THÄLMANN-STRASSE）などが存在したのだが、今の地図で調べてみると、たとえば初代大統領のピーク通りはフリードリヒ・ケーニヒ通りと改称されているし、建国記念日通りも駅通り（BAHNHOFSTRASSE）に、クララ・ツェトキン通りもシュロイジンガー通りと、軒並み改められている。これらの新しい通り名は、他の都市の例などから想像すると戦前の旧称を復活させたものと思われるが、やはり「東独」の四一年間があまり幸福な時代ではなかった証拠、ということだろう。

東独崩壊直前のこの「秘密地形図」を見ていると、冷戦に直面していた頃の都市の姿が浮かび上がってくるが、東側の山の斜面に鉄筋コンクリートの団地が並ぶ風景は、道路の曲線の形など、まるで東京郊外の丘陵に開かれた団地のようだ。これらの集合住宅が、特に一九七〇年代に大幅に増加する人口を支えたのである。政治学者の原武史氏と作家の重松清氏との対談で構成された『団地の時代』（新潮選書）で、日本の団地とソ連の団地の類似性が指摘されているが、その大きな影響下にあった東ドイツの団地の姿を地形図で見れば納得できる。集会所（Halle）や学校が団地の中に配置された雰囲気も似ている。日本と違って通り名が付いているが、団地の周囲はレーニン環状道路（LENINRING）、カール・マルクス通り（KARL-MARX-STRASSE）が弧を描いて取り囲んでいる。か

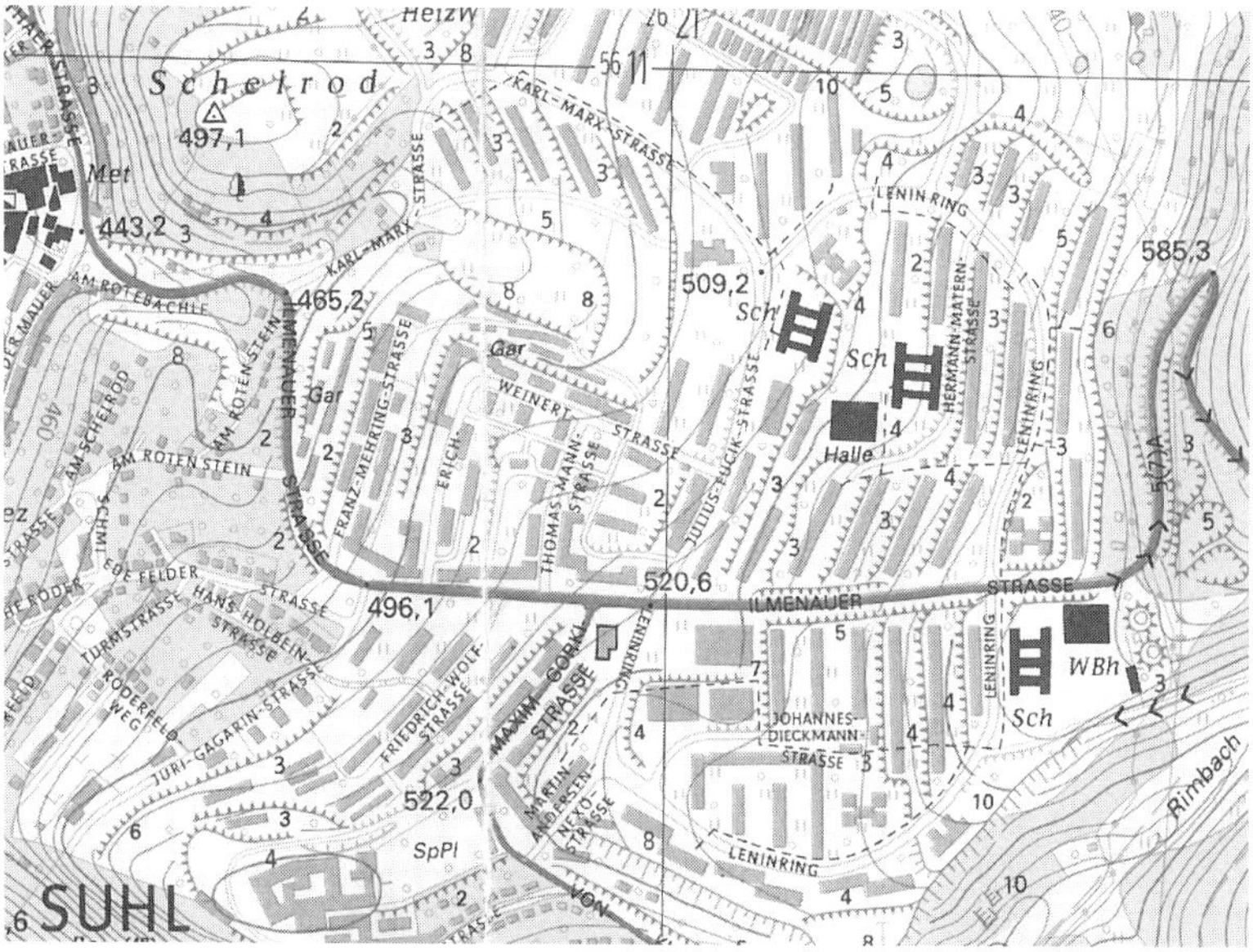

図2　日本の団地を思わせるズール市郊外の団地。前図に同じ×0.8

の宇宙飛行士の名を付けたユーリ・ガガーリン通りもあった。

　現在の名前を調べてみたら、ガガーリン通りとマルクス通りは生き残っているけれど、レーニン環状道路の方は抹消されていた。消えるべくして消えたのかもしれないが、レーニン環状道路の現在の名がAM HIMMELREICH（天国にて）とは、あまりに反動が大きすぎる。それだけレーニンの名に辛い思い出を持った人が多い、ということだろうか。

　冷戦体制の一端を支えたこの町も時代の急激な変化にさらされて、今はなかなか厳しい状況のようだ。ちなみに市の人口はピークの一九八八年（昭和六三）に五万六三四五人を記録したが、ドイツの東西統一以後は激減に転じ、二〇〇七年の人口は四万一〇一五人にまで落ち込んでいる。

地図が隠したもの

秘匿される地図

描かれなかった等高線

五万分の一や二万五千分の一などの地形図には等高線が不可欠だ。日本では五万分の一に二〇メートル間隔、二万五千分の一には一〇メートル間隔の等高線が描かれている。国土地理院をはじめ、世界の地形図の大半は等高線を茶色で印刷しているので、急斜面が多い部分では濃い茶色に見え、緩斜面は薄くなる。そんなわけで、どんな地域の地形図でも慣れれば一見しただけで地形が手に取るようにわかるはずだ。

ところが、時と場合によって意図的に等高線を描かない地図も出現する。図1はその一例で、昭和一〇年改版とあるから日中戦争以前の発行であるが、「等高線の総本山」たる国土地理院の前身、陸軍陸地測量部が作った五万分の一である。場所は横須賀市を中心とするエリアだが、地形図ではなく「交通図」で図名は「三浦半島」。そこまで書けば等高線が描かれていない理由がわかるかもしれない。三浦半島はその全域が東京湾要塞地帯に含まれていたからだ。敵に詳細な地形を知られてはいけない軍事上重要な地域とされていたのである。

陸地測量部ではもちろん明治期から三浦半島を測量し、地形図を作成してきたが、一般には入手で

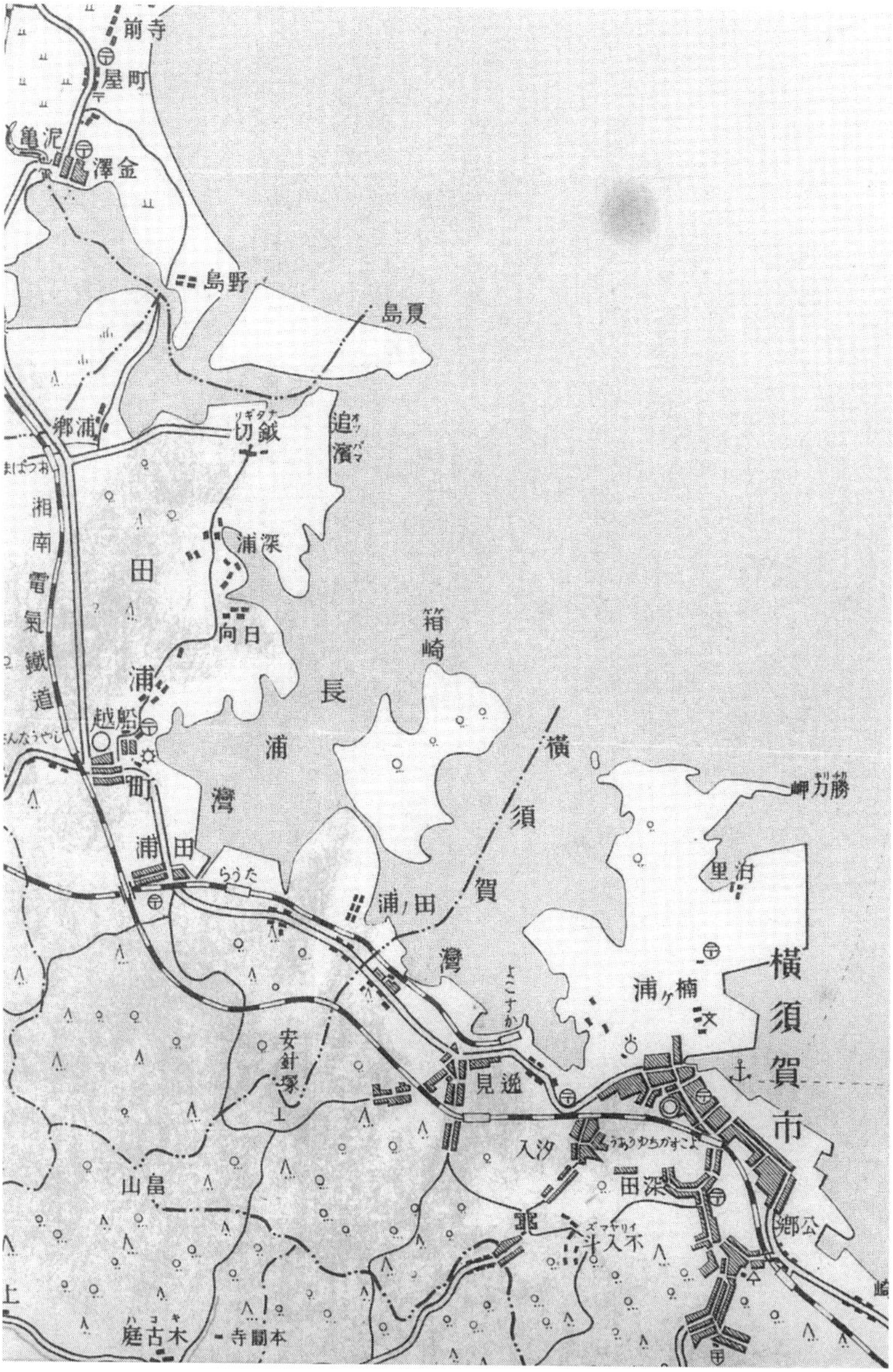

図1　地形図の代わりに刊行された1:50,000交通図「三浦半島」昭和10年改版×1.3

きなかった。私は戦前の五万分の一地形図を何千枚か持っているが、戦前の横須賀の描かれた本物の地形図は一枚もない。当時でも入手できたのは軍などごく一部の政府関係者だったから部数もきわめて少なく、今も古書市場に出てこないからだ。「大正一〇年修正」の地形図を古書店で発見した時は一瞬驚いたが、紙質からすぐ復刻版であることがわかった。

この「交通図」は、地形図が発行されていない地域の不便を緩和するため、最小限の交通網だけを描いた略図で、地形の起伏情報は薄い茶色で山地がぼんやりと着色されているだけで、詳細は一切わからない。徹底しているのは、地形の手がかりとなる鉄道や道路のトンネルさえまったく描かれていないことで、もちろん東京湾口を守る海軍の横須賀鎮守府や軍艦を製造する横須賀海軍工廠、その他の軍事施設は一切隠されており、わずかに千葉県の大貫へ向かう旅客船の発着する位置に、普通の港の記号が素っ気なく印刷されているのみだ。もちろん海軍工廠の従業員は三万人を超え、彼らとその家族の住宅が平地だけでは足りずに山の中腹まで及んでいることは、もちろん市民なら誰でも知っていることであったが、少なくとも地図上では「何もない」ことになっていた。横須賀線や京浜急行（当時は湘南電気鉄道）にも、どこにトンネルがあるかは乗客の誰もが知っていたが、要塞地帯を通る際には海側の鎧戸を閉じるよう厳命され、知らないことになっていた。鉄道旅行案内書でもこのようなエリアでは「この先は要塞地帯だから詳述を避ける」などとぼかしている。もし民間の地図会社が横須賀あたりの地図を作ろうとすれば、必ず東京湾要塞司令部の許可を受けることが必要だった。もちろん高台で写真撮影やスケッチをするなど言語道断である。

しかしそれほど秘密厳守で地形を隠蔽したにもかかわらず米軍はすでに戦争中から正確な日本の地

形図を作成しており、全国各地の都市や軍事施設・工場などを正確に、しかも効果的に空襲した。もちろん多くの住民を殺傷するというのも主目的である。かくして昭和二〇年（一九四五）八月一五日、日本は敗戦を迎えた。間もなく追浜にあった海軍航空隊の飛行場も汐入の海軍工廠も、横須賀通信隊も水雷学校も、芥川龍之介が英語を教えていた海軍機関学校も、すべての軍事施設は米軍によって接収された。

図2はその米軍の日本での地図作製を担当した米国極東陸軍地図局（AMS）による同じく五万分の一地形図である。図名はYOKOSUKA、地名もローマ字表記で、申し訳程度に漢字表記が赤字で添えられている。

アメリカ本土とそっくりな地形図図式が用いられており、一キロごとのグリッドが入り、樹木で覆われた所は緑色の網が掛けられ、道路は赤く着色された。その車線の数も記されている。鉄道も軌間（線路の幅）が横須賀線なら三フィート六インチ（一〇六七ミリ）、京浜急行は四フィート八インチ二分の一（一四三五ミリ）などと明示され、それに電化・非電化の別が書かれているところも特徴的だ。海の部分は海図を流用して水深も書かれているが、標高がメートルであるのに対して、こちらは当時の海図の国際標準であるファゾム（fathom ＝約一・八三メートル）で表示されている。

それまで隠し続けていた海軍施設はすべて白日の下に曝され、軍艦を造るためのドックや石油タンク、倉庫や埠頭の数々、それらを結ぶ専用線も改めて詳細に描かれた。占領されたというのはこういうことか、と実感できる地図である。ただしこの図は昭和三二年編集だからすでに占領下ではないが。

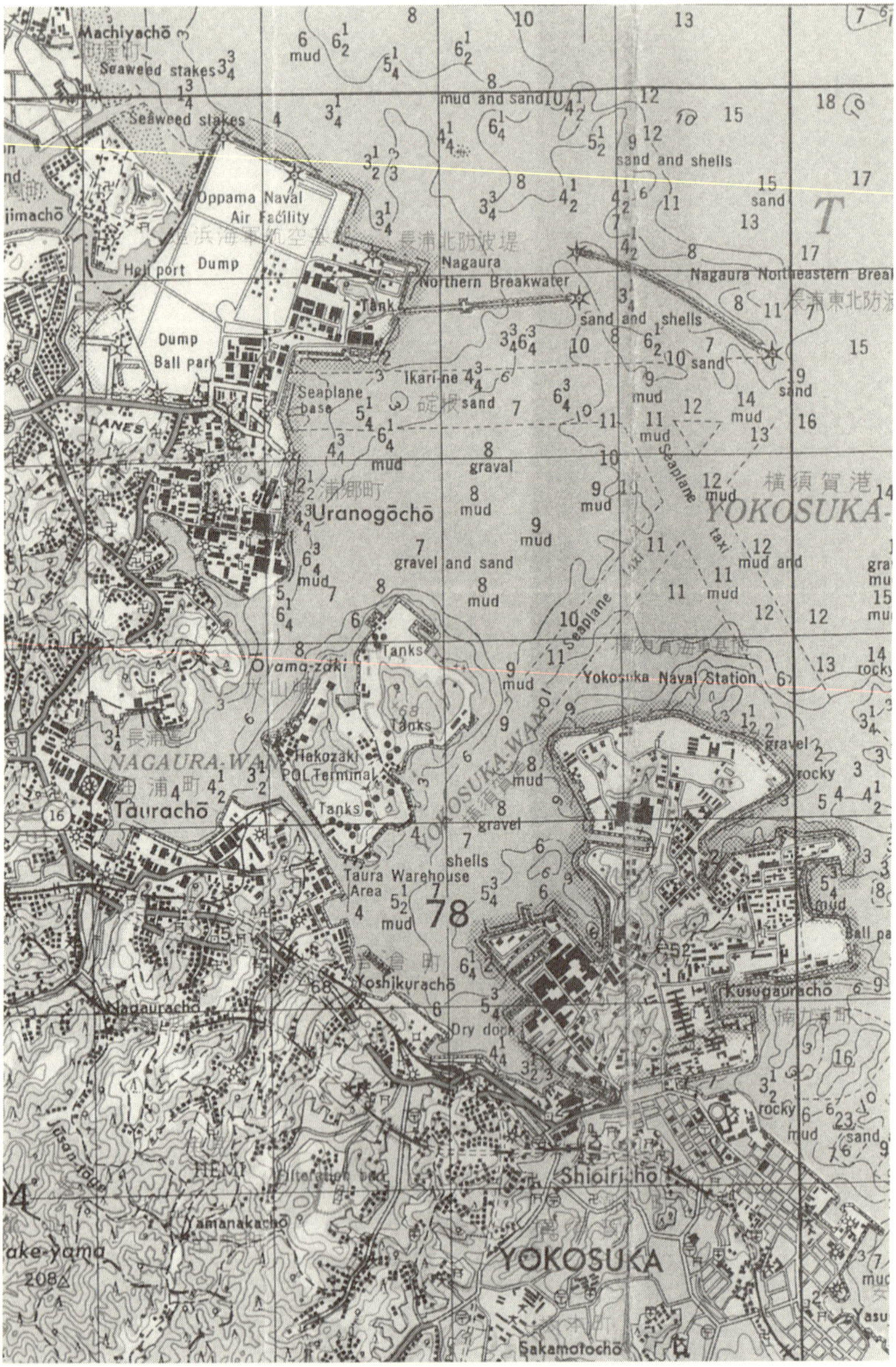

図2　1:50,000「YOKOSUKA」米国極東陸軍地図局（AMS）1957年編集

地図の欄外に印刷された用語説明欄（Glossary）も興味深い。daibutsu—statue of buddha（仏陀の像）、gawa—river, stream（川）、wan—bay（湾）、yama—mountain, hill（山）など、スンナリ理解できるものが多いが、地名用語として「kuzure（崩）—cliff」「ne（根）—rock, reef, shoal（浅瀬）」「ura（浦）—inlet, seacoast（入江・海岸）」など、地名学的な専門知識を必要とするものもあり、このあたりは日米の学者たちが意見交換をしたのかもしれない。

毒ガスは地形図の空白で作られた

古書店でいつものように地形図を漁っていたら、上のフチが真っ赤に塗られたものを見つけた。印刷されたというより、ハケのようなもので赤インクを着けたようにも思われる。

図1は本書のカバーに採用した五万分の一地形図「三津《みつ》」で、現在の東広島市安芸津《あきつ》町三津とその周辺が収められているのだが、右上端には「軍事極秘（戦地ニ限リ極秘）」とものものしく印刷されていて強烈だ。

次の行には「五万分一地形図　広島三号　呉要塞近傍二号（共十五面）」とある。「広島三号」は五万分の一地形図の整理番号だが、軍事極秘の理由は「呉要塞近傍」だ。つまり重要な軍港であり、海軍の司令部たる鎮守府が置かれている呉市に近く、敵に地形その他を知悉《ちしつ》されると困るのである。

「マル秘」という言葉は最近でも口語でよく使われ、今でも会社その他の組織で用いられているが、戦前の地形図の場合、秘密の度合いに応じて「秘」「極秘」「軍事極秘」「軍事機密」の四段階に分けられていた。その区分の詳細は資料を入手していないのでわからないが、ただの「秘」などは、なぜ軍事施設もなく一見普通に見える地域を秘匿するのか理解に苦しむ所もある。

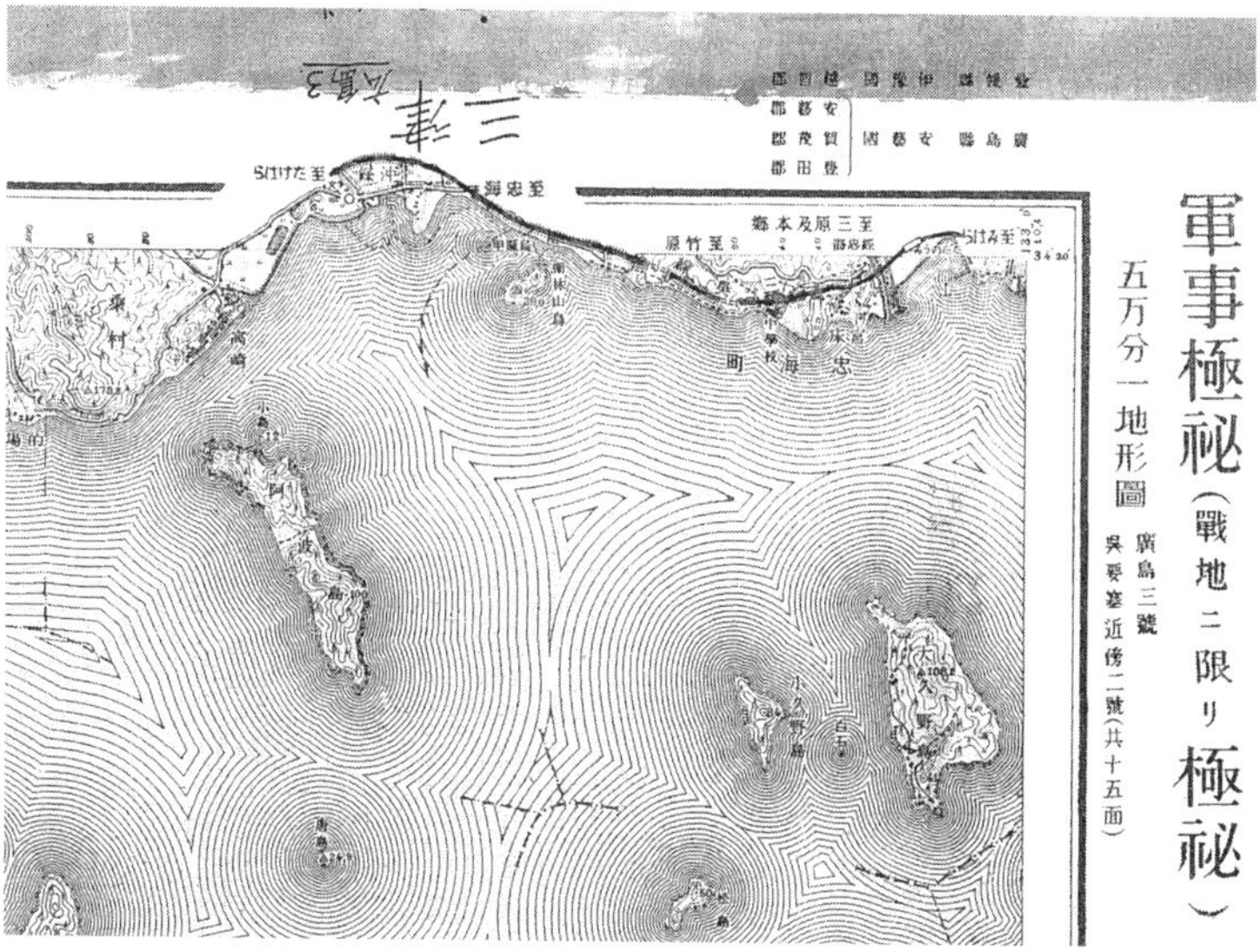

図1　1:50,000地形図「三津」昭和7年鉄道補入（軍事極秘・参謀本部版）

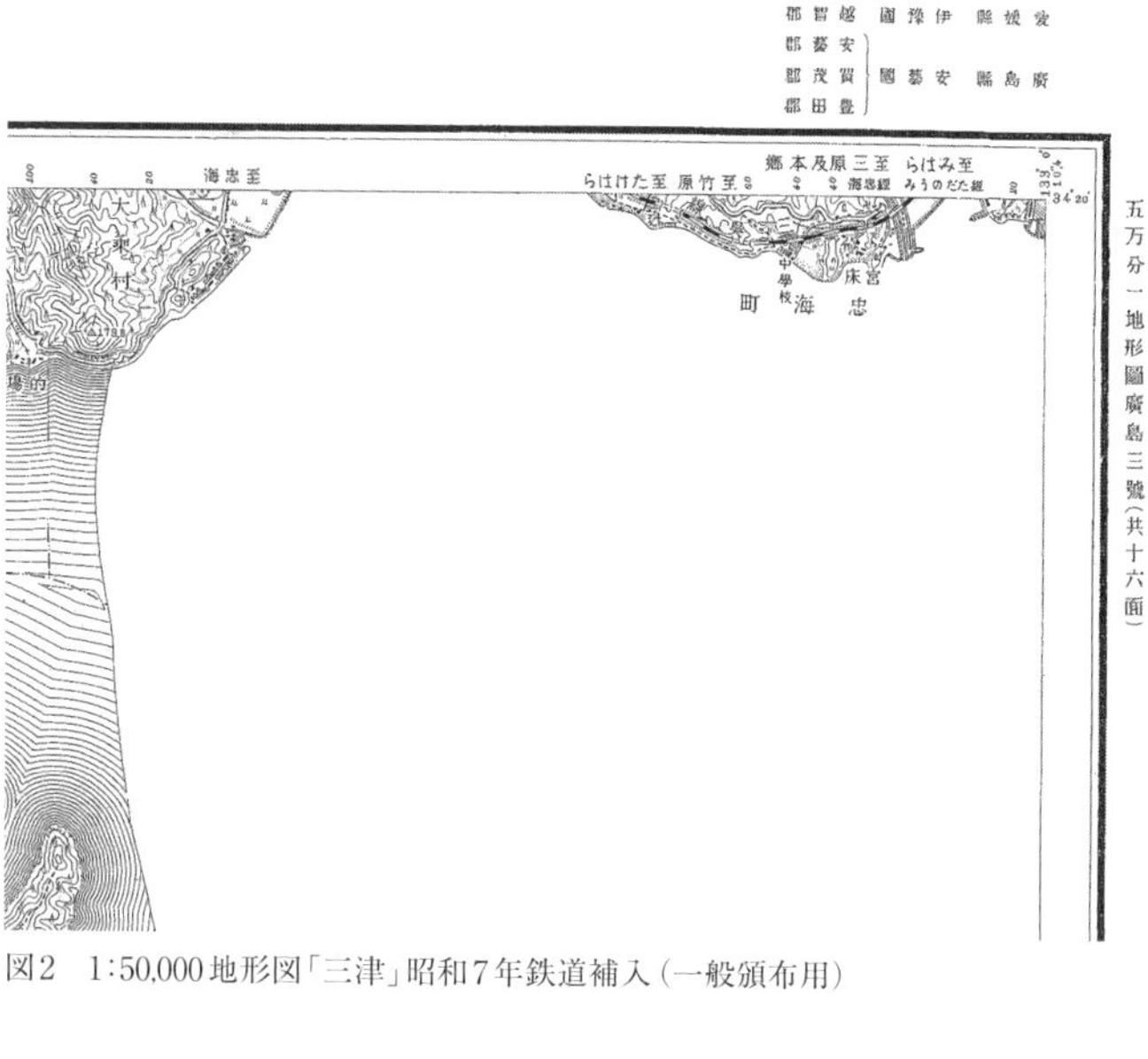

図2　1:50,000地形図「三津」昭和7年鉄道補入（一般頒布用）

これに対して、さすがに「軍事極秘」と「軍事機密」は軍にとって防衛上重要な意味を持つ地域が対象だ。実は古書店で見つけた赤い縁の地形図は束になって売られており、その大半が対馬の図だった。日本海の西の出入口にあたる対馬海峡に面した地域であるが、ここに限らず宗谷海峡、津軽海峡、豊予《ほうよ》海峡（愛媛県と大分県）、紀淡《きたん》海峡（和歌山県と淡路島）など、海峡部分は軒並み「軍事極秘」である。他には鎮守府（または要港部）の所在地など軍事上重要な地域で、大湊、東京湾、舞鶴、長崎・佐世保、それに沖縄方面などがこれにあたる。

そもそも戦前に一般向けに発行された「地形図一覧図」にはこれらの地域の地形図は図名さえも掲載されておらず、代替の図として軍事施設や地形など細部を大幅に省略した「交通図」（一四二ページ参照）が申し訳程度に発行されているだけであった。

日中戦争が始まった昭和一二年（一九三七）には軍機保護法が改正され、さらに秘図のエリアは拡大されていく。手元にある山口県の五万分の一「宇部」は「秘」表示のない昭和初期の図と、内容がまったく同一にもかかわらず「軍事極秘」の印刷が加えられ、縁が赤く塗られている二種類があり、年を経るに従って地理情報の秘匿範囲が広がったことがわかる。

図1の赤い縁の「三津」は昭和七年鉄道補入版だが、同じく「昭和七年鉄道補入」の図2では図の北東部分が空白になっている。これが何を意味するかといえば、図2は隠したい部分を空白にして一般に頒布したものであり、図1は一般人が入手できなかった軍事極秘の地形図ということだ。

「軍事極秘」はかなり秘密度のレベルが高いため、図の裏面には識別番号が捺印されていて、この図の場合、「軍事極秘天第壹六八六号」と赤インクで捺されていた。つまり地形図の所持者が一枚一枚特定されているのだ。だから紛失した場合など厳罰が待っていたようで、だからこそ戦場の混乱の中で紛失した場合に過度な責任を負わせられないため「戦地ニ限リ極秘」と、秘密のランクを一段落とす旨の但し書きがある。

参考までに軍機保護法（昭和一二年改正）では「軍事上ノ秘密」を「作戦、用兵、動員、出師《すいし》ソノ他軍事上秘密ヲ要スル事項又ハ図書物ヲ謂フ」（その範囲は陸海軍大臣が定める）とし、これを他に漏らした者への処罰は、その第三条に「業務ニ因リ軍事上ノ秘密ヲ知得シ又ハ領有シタル者之ヲ他人ニ漏泄シタルトキハ無期又ハ三年以上ノ懲役ニ処ス」とあるように、非常に厳しかったのである。

この図で一般人の視界から抹消させられたエリアのまん中にある大久野島には、昭和四年（一九二九）から化学兵器製造施設、いわゆる毒ガス工場が設置され、イペリットやルイサイト、催涙ガスなどが大量に生産された。もちろん敗戦によって生産は停止したのであるが、半世紀以上も経った中国で、日本軍が戦時中に地中に埋めたこれらの物質が何らかの事情で地上に掘り起こされ、知らずに触れた現地の人が健康被害を受ける事件があった。土壌汚染も心配だ。

後世にまで深刻な影響を及ぼす大いなる負の遺産が、この地図の空白の裏側で作られていたことを忘れてはならないだろう。

「禁断の地」を地図はどう表現したか——要塞地帯の民間地図

線内ハ要塞地帯デアリマスカラ許可ナク撮影、模写、録取、測量等ハ出来マセン犯シタルモノハ法律ニ依ツテ処罰セラレマス

こんな注意が赤字で印刷された地図は昭和一四年（一九三九）発行の「安房全図」（図1）で、その「線内」とは図上に印刷された赤線の西側（海側）を指す。モノクロで見にくいが、館山市街の右、「舘野村」の表記のすぐ右を通る線。この線は安房（千葉県最南端の旧安房国）の東京湾岸から内陸へ数キロの範囲全体をカバーしており、内房線、当時の房総西線でいえば鋸山のすぐ南に位置する保田《ほた》駅から館山駅までのすべてがその範囲だ。もちろん、そのような区域の地図を出版するには許可が必要で、この図の右上欄外にも「昭和十四年地乙第一五三号東京湾要塞司令部許可済　被許可者　由良保三」と発行者に許可が与えられた旨記載されている。

昭和一一年（一九三六）発行の鉄道旅行案内『旅窓に学ぶ』（東日本編、ダイヤモンド社刊）は各路線ごとの詳しい車窓風景の記述のある、当時としては画期的なガイドであったが、房総東線（現外房

図1 「安房全図」千葉観光社 昭和14年発行

線）から時計回りに半島を一周する記述の中で、房総西線の千倉駅を過ぎたところで、こんなふうに断っている。

「汽車は次の駅九重から東京湾要塞地帯となる。勿論写真や測量めいたことは厳禁されてゐるので、唯のんきに車窓からの景観を書く」

やはり同じく要塞地帯の下関が近づく山陽本線（同書西日本編、昭和一三年発行）では、「小月《おづき》を出ると左に塩田が見え、遙かに暖地樹林の密生に有名な満珠《まんじゅ》、干珠《かんじゅ》の二島を見て稍《やや》北方へ折れ、田圃の間となるこゝから下関要塞地帯となり、車窓前にはその注意建札が大く立ち、改めてカメラやスケッチの厳禁を告示して居る」などとあるから、要塞地帯への入口にさしかかった車窓からは全国的にそんな告知看板が見られたのだろうか。そういえば要塞地帯に入ると車掌が回って来て鎧戸を閉めさせられた、という話をどこかで読んだことがある。

以前にも書いたが要塞地帯の地形図は一般には入手できず、全国の図名を掲載した「地図一覧図」でもそこだけは空白になっていた。また一部が要塞地帯にかかる地域では半分が空白になっているなど、図上からは要塞の張りつめた空気が伝わってくる。

とはいえ要塞地帯にも都市はあり、市民の日常生活が営まれているのは当然のことで、「安房全図」よりはるかに大きな縮尺で、詳しい市街地図も発行されていた。もちろん要塞司令部からの許可を得るため、描いてはいけないものを描かなかったのは当然であるが。

次は広島県呉市の市街図である（図2）。呉といえば紀伊半島から瀬戸内、四国から九州東海岸ま

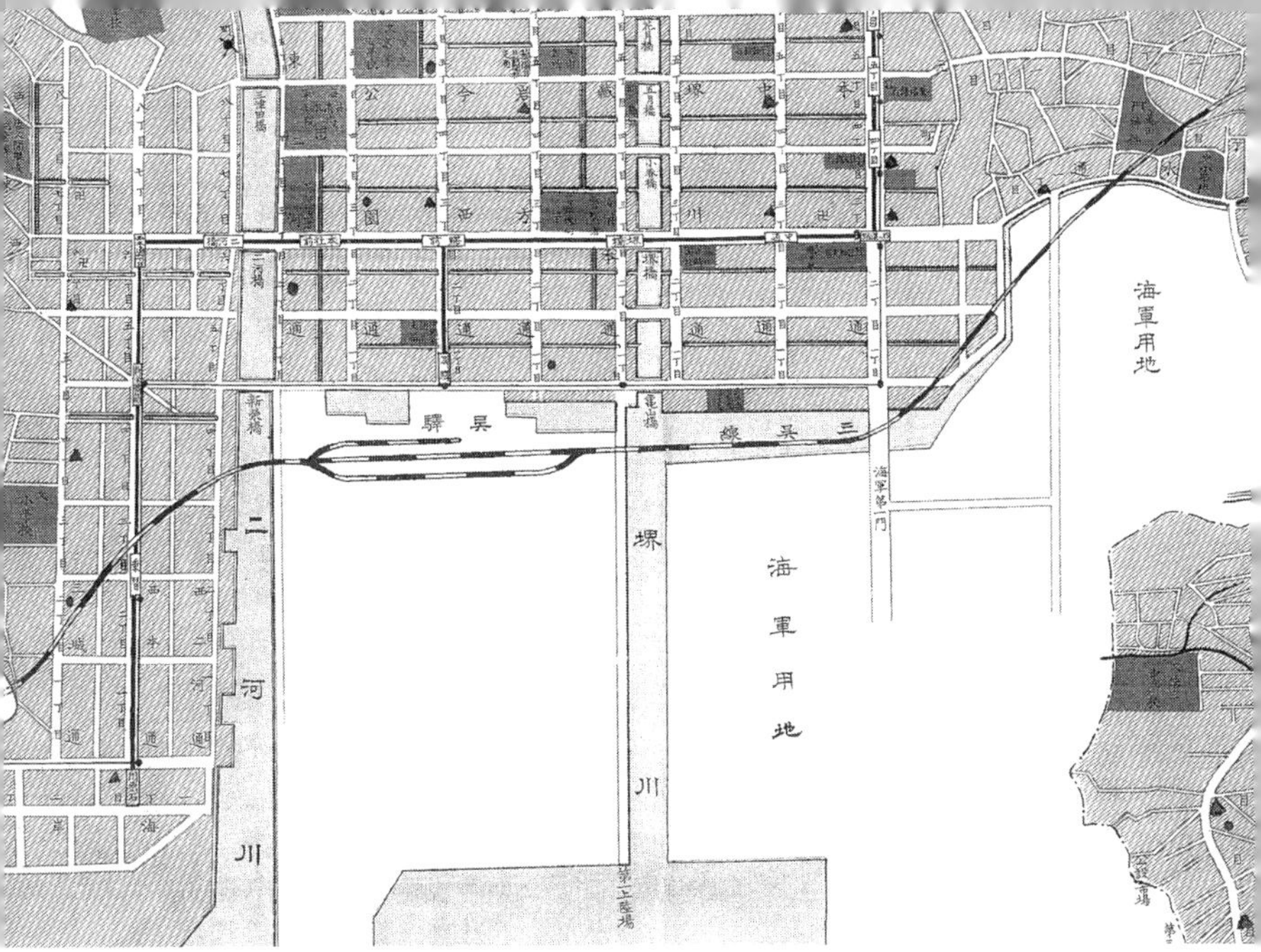

図2　「最新呉市街全図」高橋久　昭和10年発行

でを守備範囲とする呉鎮守府の置かれた重要な軍港都市で、海兵団や水雷団などの部隊の他に、巨大なドックを有する呉海軍工廠を擁していた。かの戦艦大和もここで隠密に建造されたものだが、市街図にはもちろんそれらのドックや埠頭、工廠などの様子はまったく描かれず、ただ白地に「海軍用地」と記されているのみだ。念が入っているのは、山に囲まれた地形にもかかわらず、等高線が一本も描かれず、山地はただ緑色のベタが広がっていることであるが、この措置は呉に限らず要塞地帯はどこも同様であった。

それでも裏面の市の紹介欄には「呉海軍工廠沿革の概要」を相当なスペースで紹介してあり、「其の施設は広汎にして内容の充実せること独り東洋方面にその比を見ざるのみならず世界屈指の大工場なり抑《そもそ》も造船、造器、造兵の計画と製作の手練とは皆是工業の精華

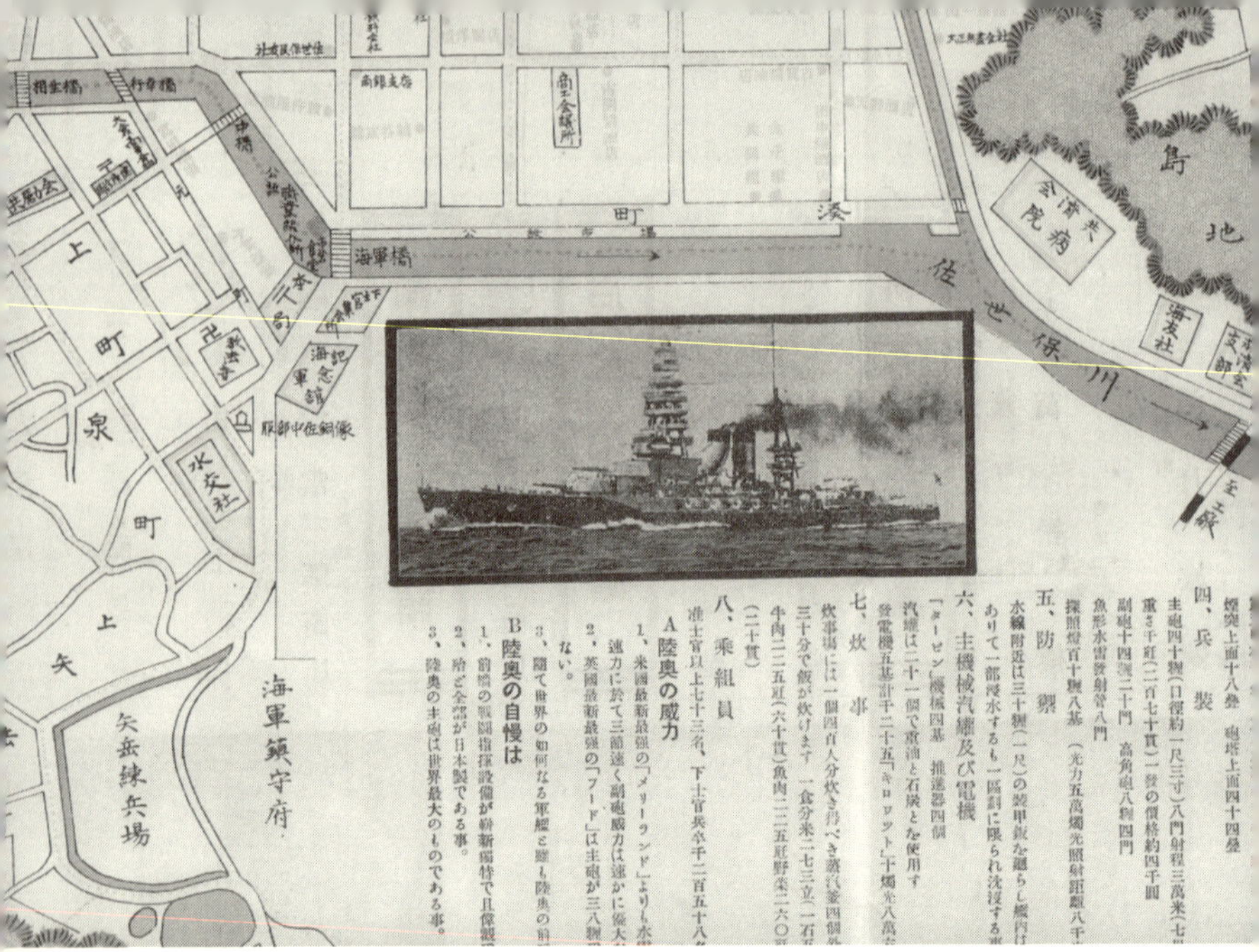

図3　「佐世保市街交通図」帝国交通通信社　昭和6年発行

と称すべきものなるに（以下略）」などと進水式の写真などとともに「市の誇り」を前面に出して紹介している。

上の図3も鎮守府の街、長崎県佐世保市の市街図である。明治初期までは入江の寒村に過ぎなかったが、明治一九年（一八八六）に鎮守府が置かれてから人口が激増、同三五年（一九〇二）に佐世保村は「町」を通り越し、「二階級特進」で市になった。市街図ではやはり軍港部分が隠されており、ただ「海軍鎮守府」とあるのみである。

その入口前に位置する水交社（海軍将校の親睦・研究施設）の傍らには「服部中佐銅像」とあるが、これはネット検索してみると佐世保の絵葉書に必ず掲載されるほどの有名な銅像だったらしい。服部雄吉は日清戦争で砲術長として活躍、後に明治三三年（一九〇〇）の義和団事件に出征した際に三八歳で戦死している。

図上では「空白」とした呉市街図と違い、隠されたスペースを利用して当時の最新鋭・大型戦艦「陸奥《むつ》」の案内を写真付きで載せている。いわく「欧州大戦の実験から造り出された我海軍独特の計画に成る世界七大戦艦の一にしてワシントン会議の重要なる論点となつた問題の艦であります」。「陸奥の威力」として、「米国最新最強のメリーランドよりも水雷発射管が六門多く且《かつ》速力に於て三節速く副砲威力は速かに優大《ママ》なり」「英国最新最強のフードは主砲が三八糎《センチ》で到底我陸奥の敵ではない」「随《したがつ》て世界の如何なる軍艦と雖《いえど》も陸奥の前では雌伏せざるを得ず」など、帝国海軍自慢の艦であることが縷々述べられている。

ワシントン会議とは大正一〇年（一九二一）のワシントン軍縮会議で「未完成艦は廃棄」と決まった際に日本側では「陸奥」を完成艦と強引に主張、なんとか保有が認められたいわくつきの巨大艦である。しかし昭和一八年に原因不明の爆沈事故を起こし、広島湾に沈んでしまった。国民の「自慢の種」だったがゆえに衝撃は大きく、当局は沈没をひた隠しにした。このあたりは吉村昭氏の小説『陸奥爆沈』（新潮文庫）に詳しい。

いずれにせよ、地図の出た後に戦艦大和（呉海軍工廠）・武蔵（三菱重工長崎造船所）という「大艦巨砲主義の権化」のようなマンモス艦を建造してアメリカを迎え撃った帝国海軍も周知の通りの破滅を迎えた。佐世保市も大空襲で市街は灰燼に帰し、戦前に二九万を誇った人口も一四万に半減、平成の大合併で周囲の町村を編入した今でもなお二六・四万人（平成二二年三月末）と、戦前のレベルに達していない。かつて隠されていた部分には今、米国海軍第七艦隊が駐留している。

徐々に霞んでいった要塞地帯の地図

戦艦大和が造られた軍港都市・呉の地図表現

図1は広島県呉市付近の二〇万分の一帝国図である。現在の「地勢図」の前身にあたるもので、明治のこの時期からすでに多色刷りだった。等高線に加えてレリーフ（地形の陰影）が入っているため、広範囲の地形をつかむのに最適な図である。呉市は明治二三年（一八九〇）に鎮守府が置かれて以来の軍港都市で知られるが、その通り「呉市」の文字の下には二重丸に錨が入った「鎮守府」の記号が置かれ、その下には山形の下に錨の「軍港」を意味する記号が「呉軍港」の文字の右に見える。

この一帯はさすが軍港に選ばれるだけあって、入り組んだ海岸線をもつ岬と島が軍港をしっかりと守っており、見るからに艦艇を安全に碇泊させるのに格好の地形だ。呉市の西側に浮かぶのは江田島《えたじま》で、ここには明治九年（一八七六）から海軍将校の養成機関である海軍兵学校が終戦まで置かれていた。

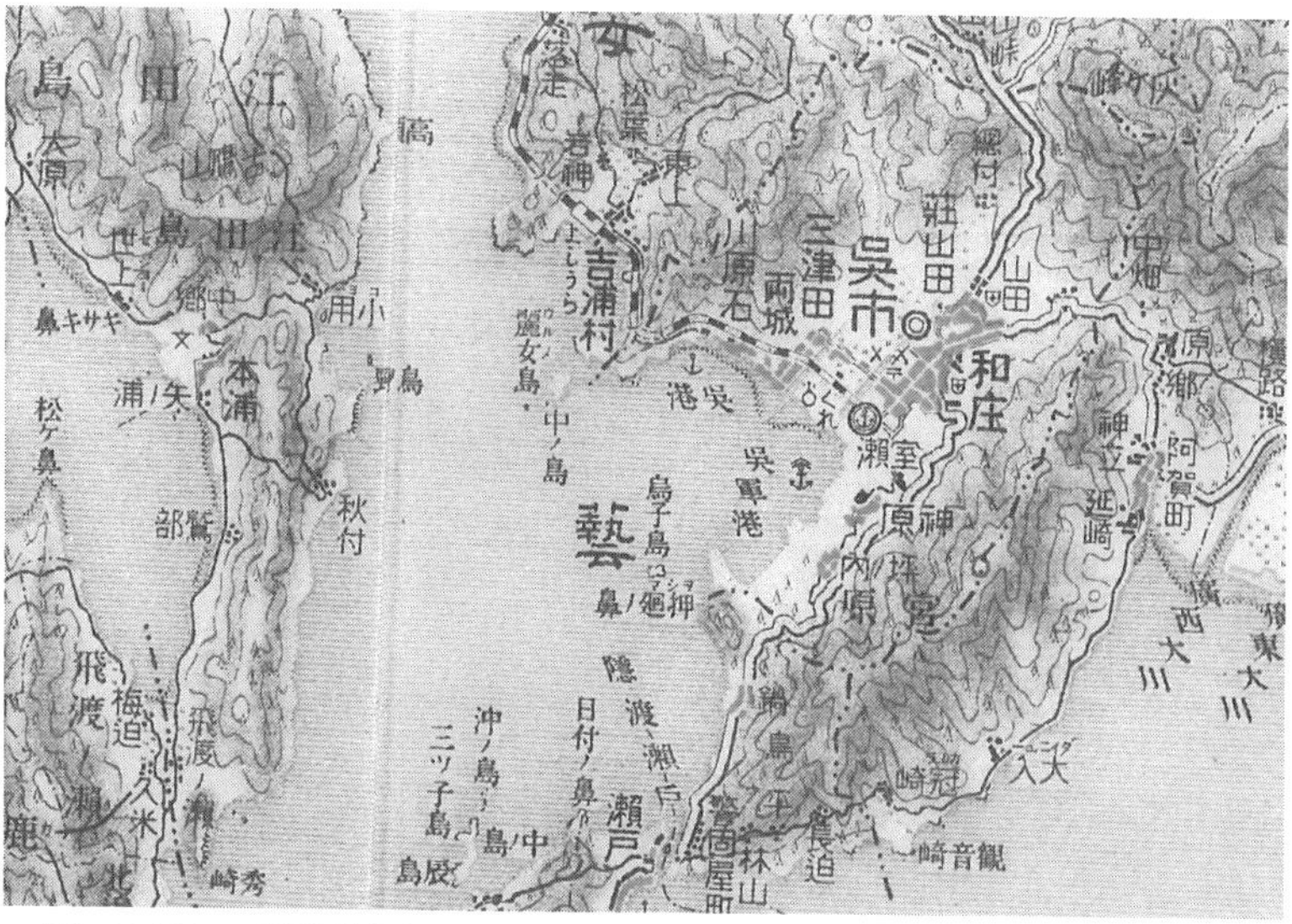

図1　1:200,000帝国図「広島」明治41年製版×1.4

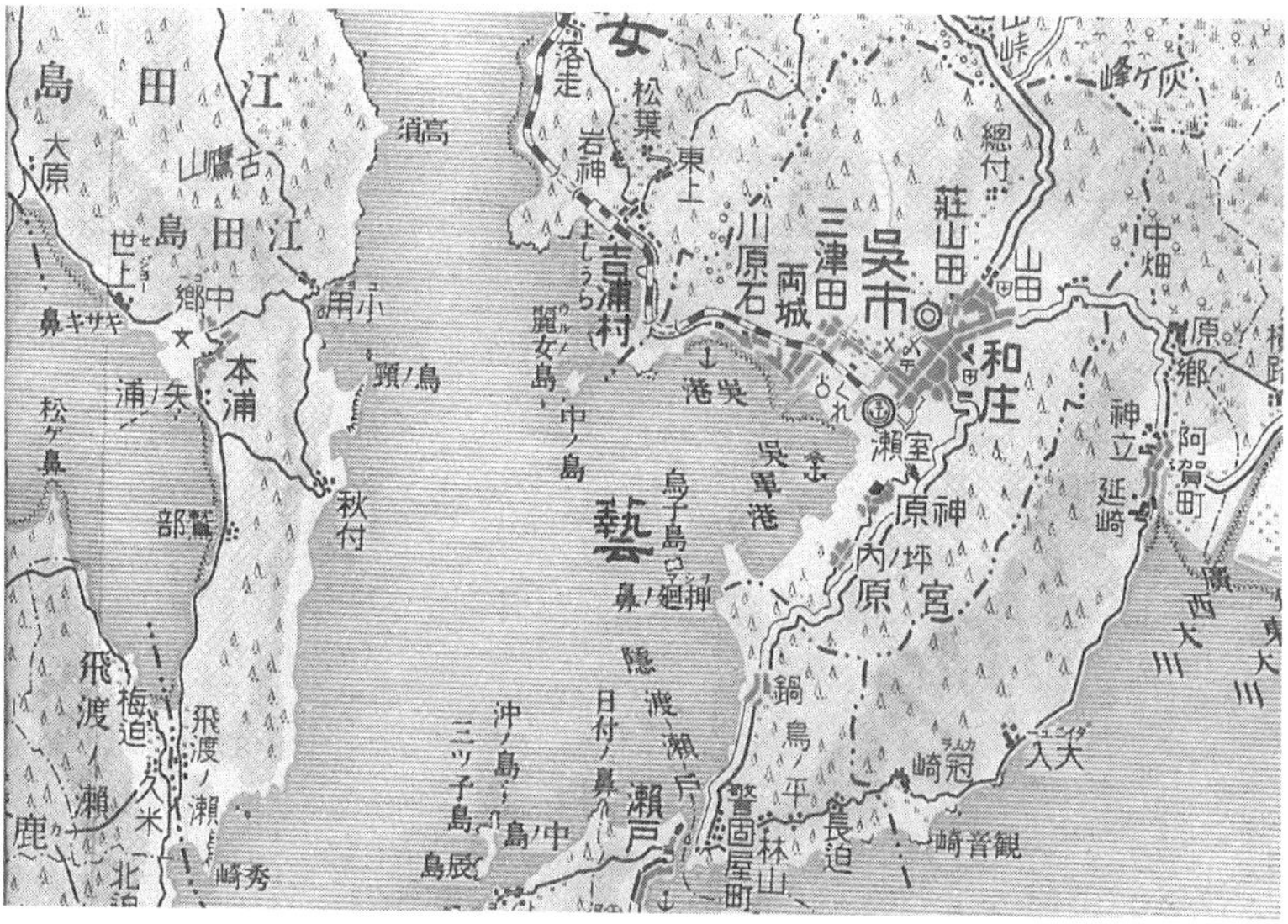

図2　1:200,000帝国図「広島」昭和5年鉄道補入×1.4

下の図2は「昭和五年鉄道補入」版であるが、地名や鉄道などの状況は前の図とほぼ同じだ。ただし等高線が入っていない。戦前の地形図にあっては、皇居やその他皇族の邸宅では何も描かず空白としたことは後に述べるが、全国各地に存在した軍事上重要な区域である「要塞地帯」も、五万分の一程度以上の縮尺では空白とされた。それでも二〇万分の一帝国図は縮尺が小さいため「影響なし」と判断されたようで、表現を少しぼかして刊行されていたのである。

地形図を空白にする制度は日清戦争が始まった明治二七年（一八九四）から始まったのだが、要するに、全部ありのままに描かれた秘密図（極秘・軍事極秘・軍事機密などを含む）は軍や政府などのごく一部の人にしか閲覧や所持を許されず、その他の多くの一般人は空白のある地形図を与えられたということである。図の全域が要塞地帯であれば、図そのものが刊行されなかった。「横須賀」「呉」「舞鶴」などがそれで、これは左の図3、昭和七年（一九三二）時点の陸地測量部の地形図一覧図を見ればわかるが、ここには「海田市」「広島」の南側にあたる四面の図名が表示されていない。海岸線も破線表示だが、この付近が「要塞地帯」だ。このように地形図が一般に刊行されなかった要塞地帯はこの広島湾の他に、宗谷海峡付近、津軽海峡付近、東京湾口（三浦半島および房総半島南部など）、若狭湾付近、紀淡海峡付近（和歌山・淡路島）、豊予海峡（佐田岬半島・佐賀関付近）、関門海峡付近、長崎県西海岸（長崎・佐世保付近）、沖縄本島、宮古・石垣・西表各島付近など、かなり多かった。いずれも重要な船舶の交通路もしくは海軍基地の存在する海域に面した所である。

要塞地帯の地形省略は学校の地図帳のような小縮尺の地図にも適用されている。一六二〜一六三ページの図4は細かい線で地形を表現するケバ式が用いられているが、要塞地帯を示す赤い点々のエリ

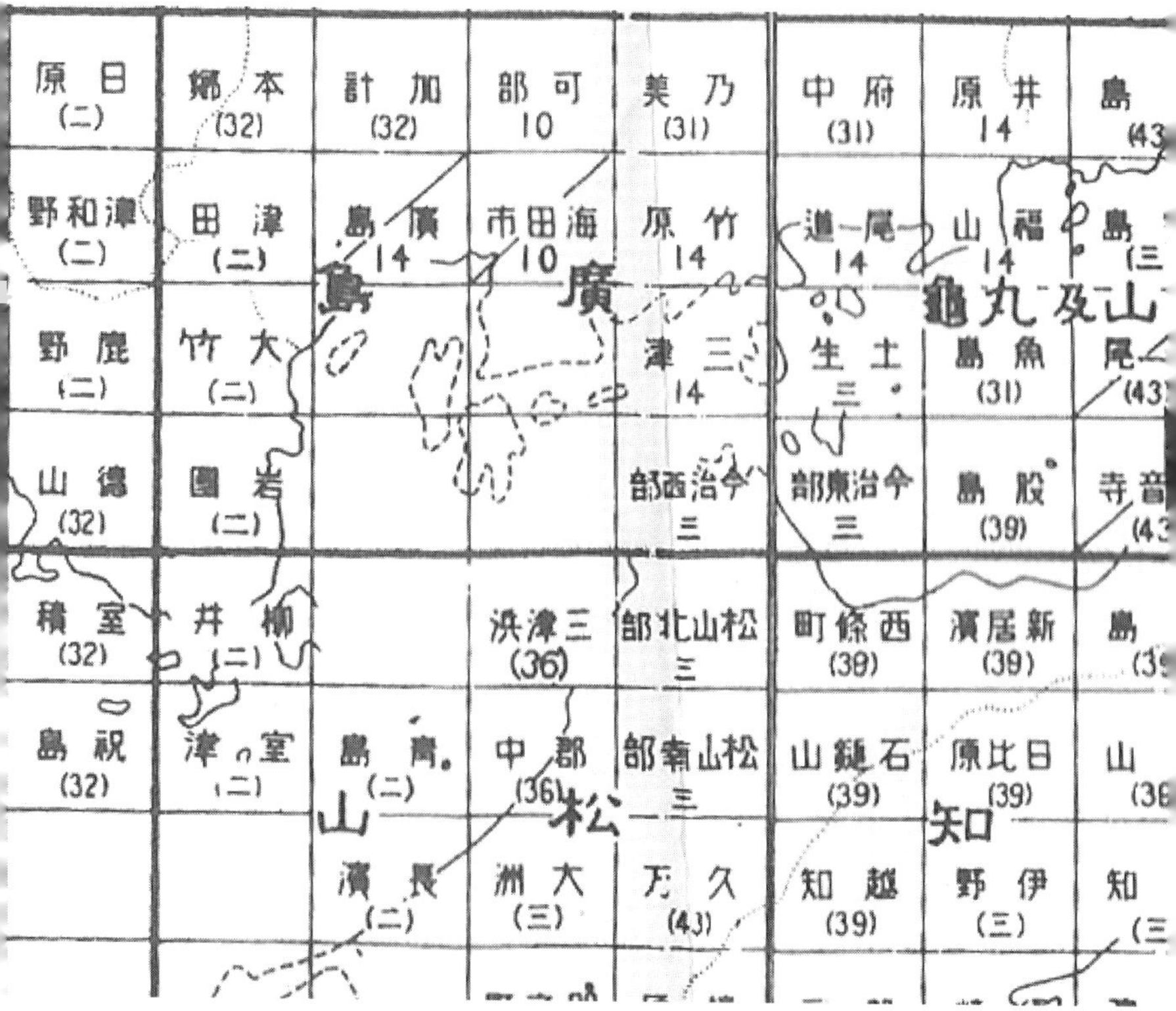

図3　昭和7年の地形図一覧図より広島付近

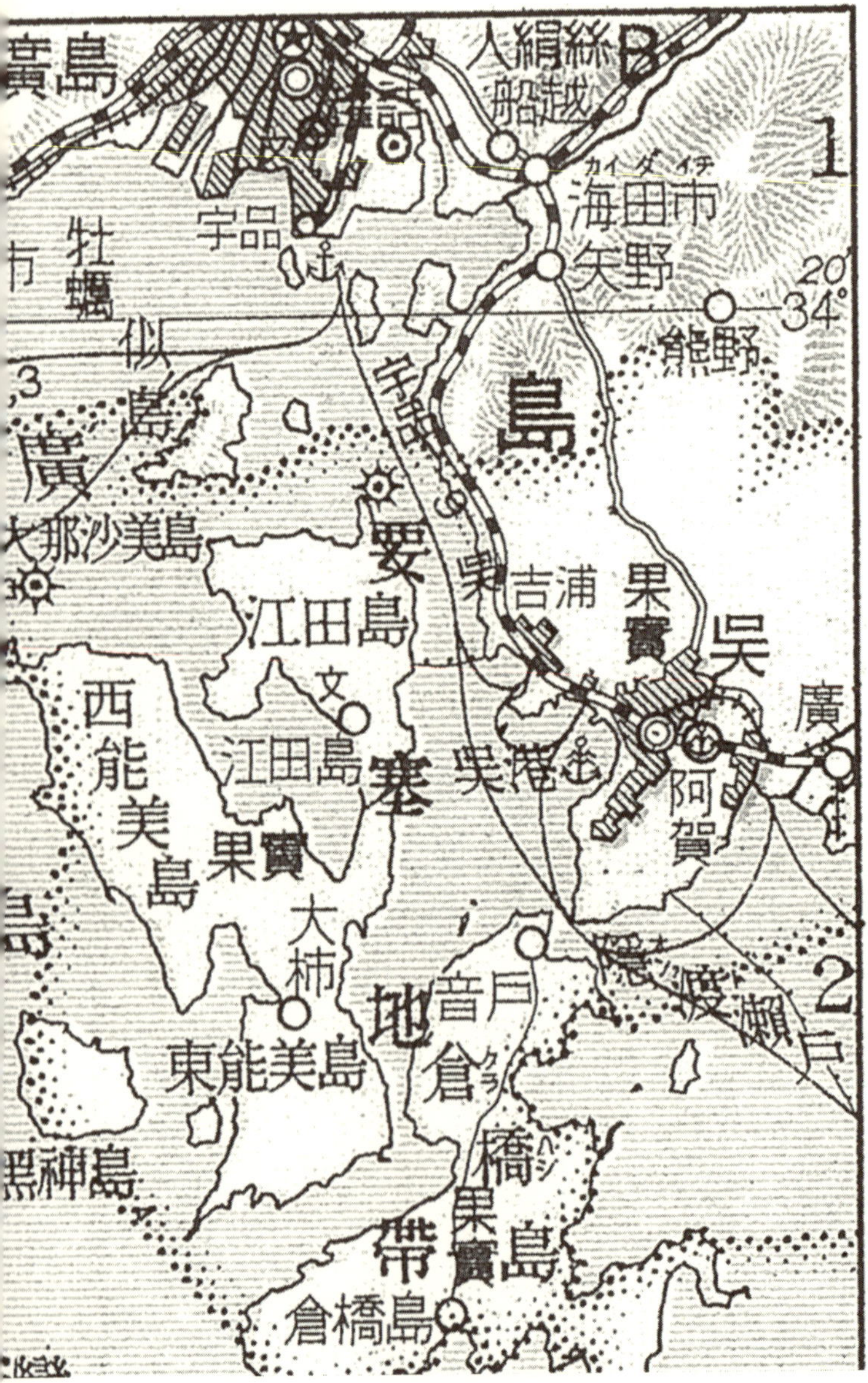

廣島
人絹絲
B
船越
1
海田市《カイダイチ》
矢野
20′
34°
熊野
島
宇品
牡蠣
似島
廣
大那沙美島
要
江田島
文
江田島
吉浦
果實
呉
廣
呉港
阿賀
塞
西能美島
果實
大柿
地
音戸
倉橋
東能美島
黒神島
橋
果實
帶
島
倉橋島
2
瀬戸

図4　広島湾の要塞地帯　『新日本地図』（昭和13年訂正再版・冨山房発行）より。× 3.3

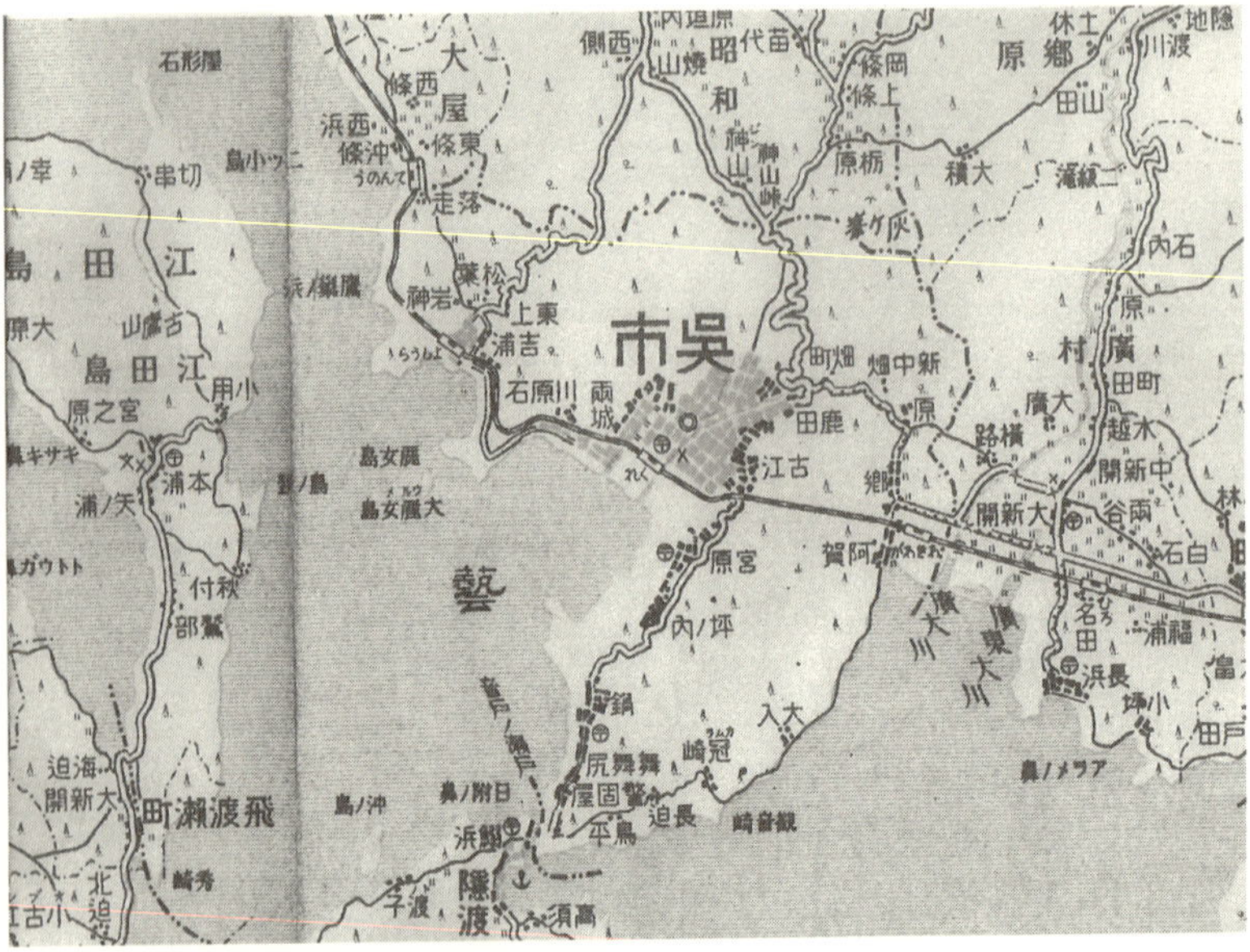

図5　1:200,000帝国図「広島」昭和17年修正×1.2

アの内側にはその地形表現がない。それでも日中戦争が始まった翌年という時代の余裕が紙質の良さにも感じられ、呉には鎮守府の記号と軍港の記号が入っている（ちなみに広島市には師団司令部を示す丸に星印も見える）。

二〇万分の一帝国図が図2からガラリと変わるのがこの図5である。真珠湾攻撃の翌年であるが、石油禁輸などにより物資不足が深刻になってきた時代で、紙上ではお伝えしにくいが、紙質の悪さは明らかだ。図の表現も、図2では等高線はないものの、わかりやすいレリーフ表現で地形が読めたのに対して、こちらは山にあたる部分が緑のベタ塗り（アミ）になっていて、ここからは地形の起伏がほとんどわからない。

レリーフ表現がないのに加え、地形が想像できないようにトンネルも意図的に描かれなかった。東側へ延伸された国鉄呉線が呉～安

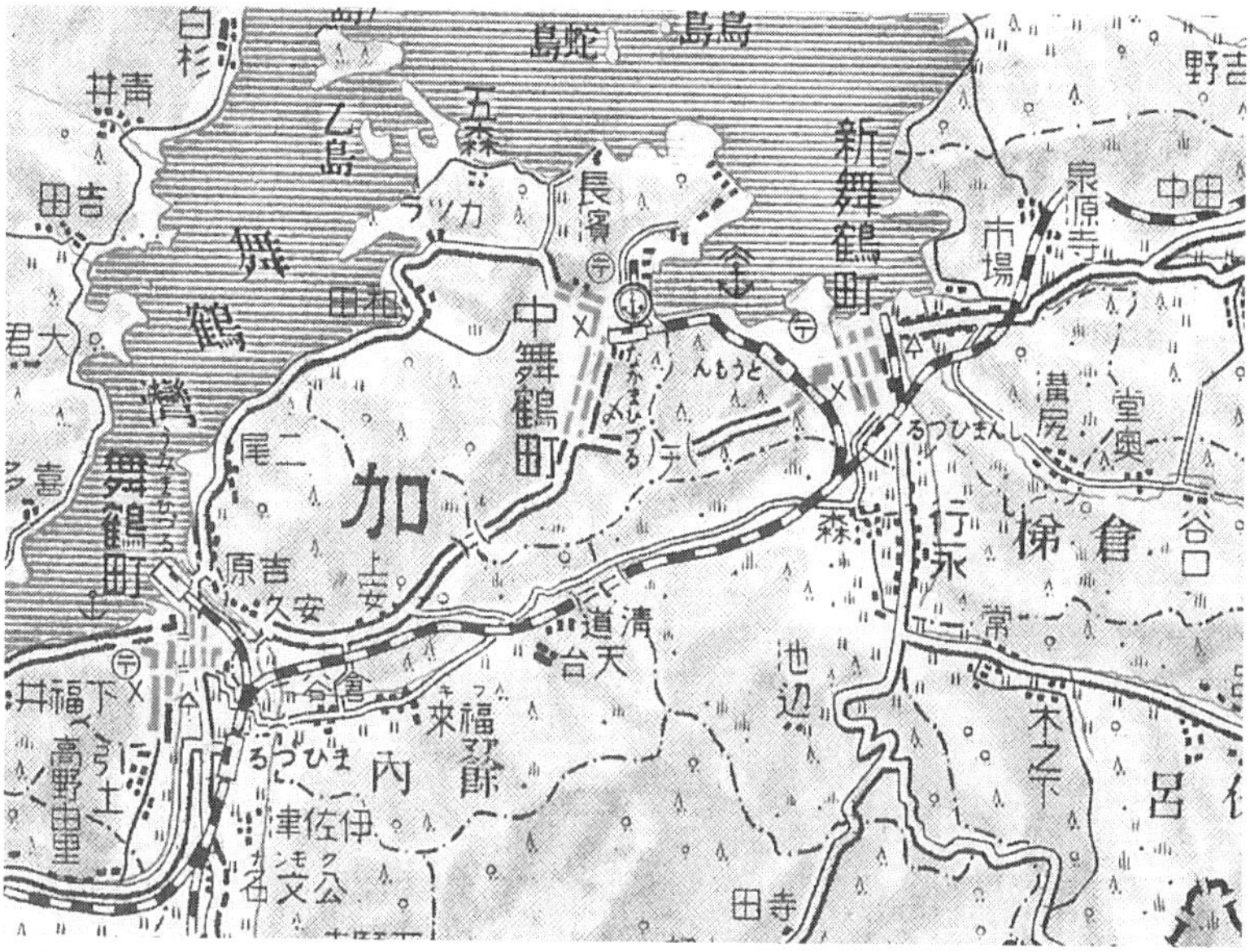

図6　1:200,000帝国図「宮津」昭和9年修正同10年発行×1.9

芸阿賀間でくぐる長い呉トンネル（図1・2時点では未開通）も、図2には見えた吉浦〜呉間の短いトンネルも描かれておらず、おまけに鎮守府や軍港の記号はまったく外されてしまった。

鎮守府・舞鶴の図上にも暗雲が……

上の図6は日本海側の海軍の拠点で、やはり鎮守府所在地であった舞鶴である。ここでも五万分の一はもちろん販売されなかったが、なんとか販売されていた二〇万分の一帝国図の表現も、同じ昭和九年（一九三四）修正ながら、翌一〇年発行の図6に比べて昭和一六年（一九四一）発行の次ページの図7は地形情報が大幅に削除されているのが明らかだ。呉と同様だが、レリーフが緑のアミ表現になり、鎮守府・軍港の記号が削除、舞鶴

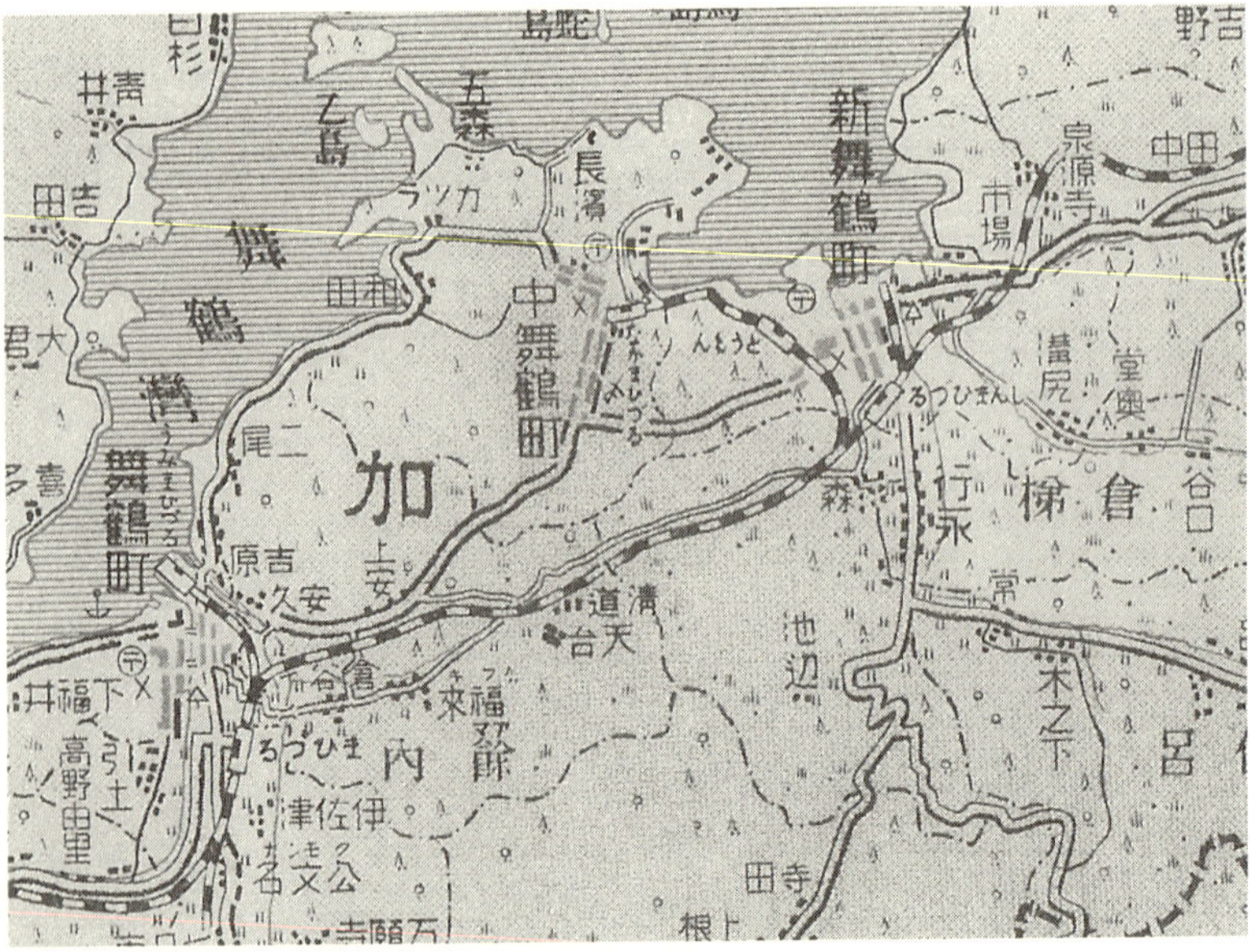

図7　1:200,000帝国図「宮津」昭和9年修正（16年発行）×1.9

（現西舞鶴）〜新舞鶴（現東舞鶴）間のトンネルも削除されている。

呉も舞鶴でも、最初は描かれていた等高線が外され、間もなくレリーフもなくなり、徐々に現地の様子が霞の向こうに遠ざかっていくかのように読めなくなっていった。戦地の正確な様子が国民に伝えられず、虚偽の大勝利が「大本営発表」で空しく流れたのはよく知られているが、それと同様に地図上の情報統制もじわじわと進められていったのである。

東京に広大な空き地？——皇室用地の空白

次ページの図1は明治四二年（一九〇九）測量の一万分の一地形図、今から一〇〇年ほど前の四ツ谷駅（上端の欄外）から赤坂見附にかけての地域である。中央本線はまだ甲武鉄道から国有化されて三年、この年の一〇月に御茶ノ水から昌平橋（現御茶ノ水駅東方）まで延伸される時期だ。

大きく目立つ「赤坂離宮」の南側の巨大な建物はこの測量年に竣工したばかり。東宮御所、つまり皇太子の住居として建てられたものだが、ご存知のように現在も赤坂迎賓館として国賓を招いた晩餐会などに使われており、東京のヴェルサイユ宮殿といった異彩を今も放ち続けている（ジョサイア・コンドルの弟子、片山東熊が設計）。余談だがこの建物は昭和二三～三六年には国立国会図書館として使われていたこともある。

壮麗な宮殿の東側には濠の水面が広がっていた。現在では埋め立てられて上智大学のグラウンド、それに一部は地下鉄丸ノ内線の四ツ谷駅になっている。紀ノ国坂は現在と同じカーブを描いているが、首都高速道路がないので見晴らしが良さそうだ。道路に沿って描かれた市電（後の都電）の線路は道端を走る専用軌道で、喰違見附《くいちがいみつけ》の部分はトンネルになっていたことがわかる。

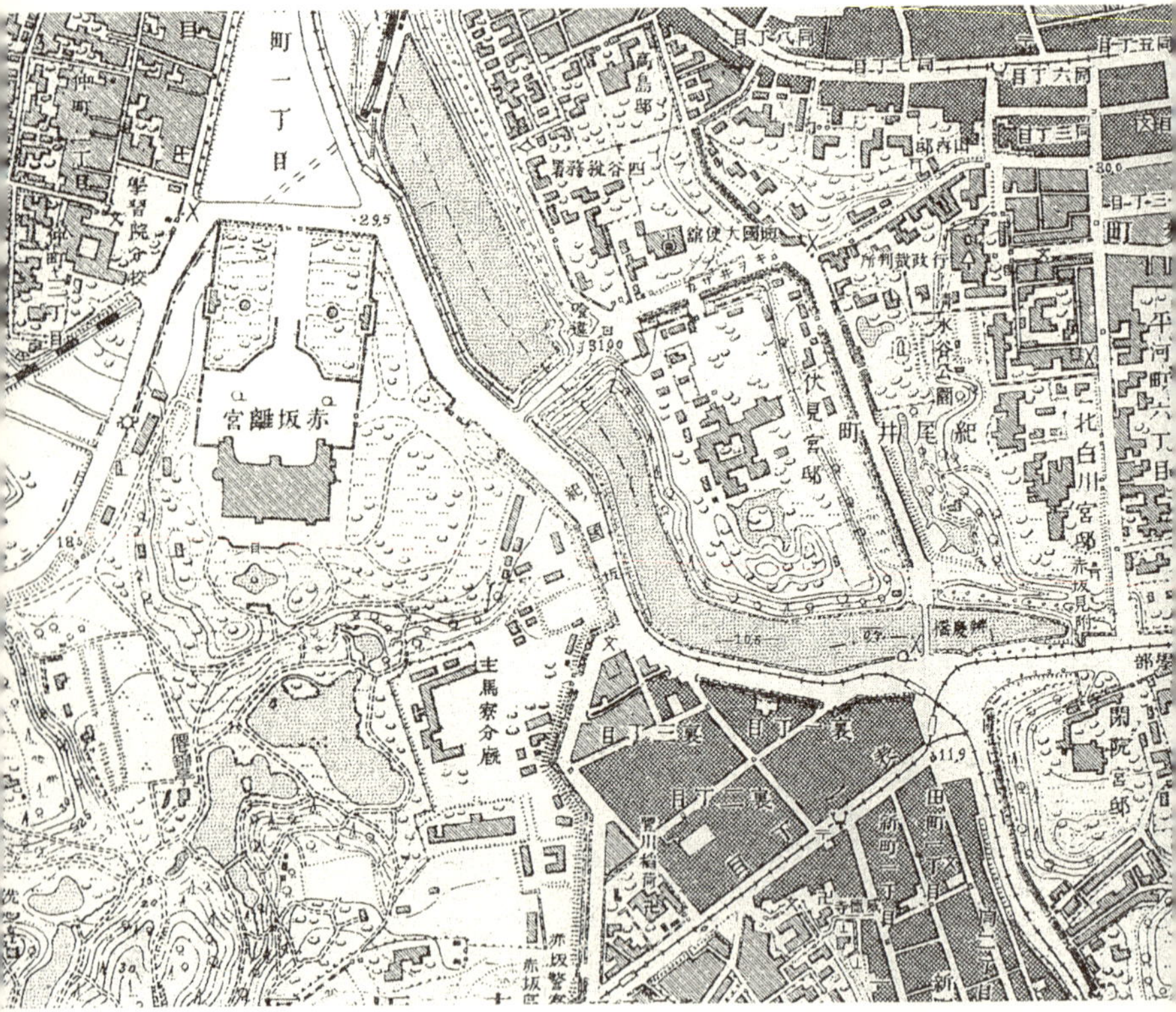

図1　1:10,000「四谷」明治42年測量

その対岸は広大な「伏見宮邸」が見える。現在のホテルニューオータニであるが、その東隣には北白川宮邸（現グランドプリンス赤坂）、赤坂見附交差点の東の山の上には閑院宮邸があった。こちらは現在の赤坂エクセルホテル東急であるが、猪瀬直樹氏の『ミカドの肖像』を図上で検証するわけではないが、東京の旧宮邸は今やことごとく有力ホテルになった感がある。これらの宮様の名を現在は耳にしないが、当然ながら戦後に皇族は大幅に縮小され、伏見宮も皇籍離脱した。

江戸時代にはこれらの宮邸はそれぞれ大名屋敷で、伏見宮邸は彦根藩・井伊家の中屋敷の敷地にあたる。ここと紀州徳川と尾張徳川が並んでいたことにより、明治五年（一八七二）に紀州・尾張・井伊の頭文字をとって紀尾井町の地名が制定されている。ついでながら井伊屋敷はもと服部半蔵の組屋敷のあったところだ。いずれにせよ明治初期に新国家としてスタートした日本には広大な土地が必要だった。これらの宮家だけでなく、官庁、外国公館、学校、軍用地などを一気に整備するためには、江戸朱引（市内）の三割を占めていたという大名屋敷の存在が不可欠だったわけで、現実問題として京都や大阪を首都にするわけにいかなかったことは、これらの一万分の一地形図を見れば実感できる。

図2はそれから一二年後の図だが、多色刷りで見やすくなったのはともかく、これらの宮邸はことごとく空白になった。これは大正五年の五色刷の版から行なわれた措置で、宮城（皇居）と離宮、各宮邸からは地形と地物が完全に削除され、まっ白の中に注記のみが入っている特異な図になった。これは終戦まで続くのだが、明治の図1に戻ると、それぞれの邸宅と、起伏に富んだ地形の中に池のある贅を凝らした庭園の様子が一万分の一の縮尺ゆえに手に取るように読み取れるが、空白だと塀の中は想像するしかない。

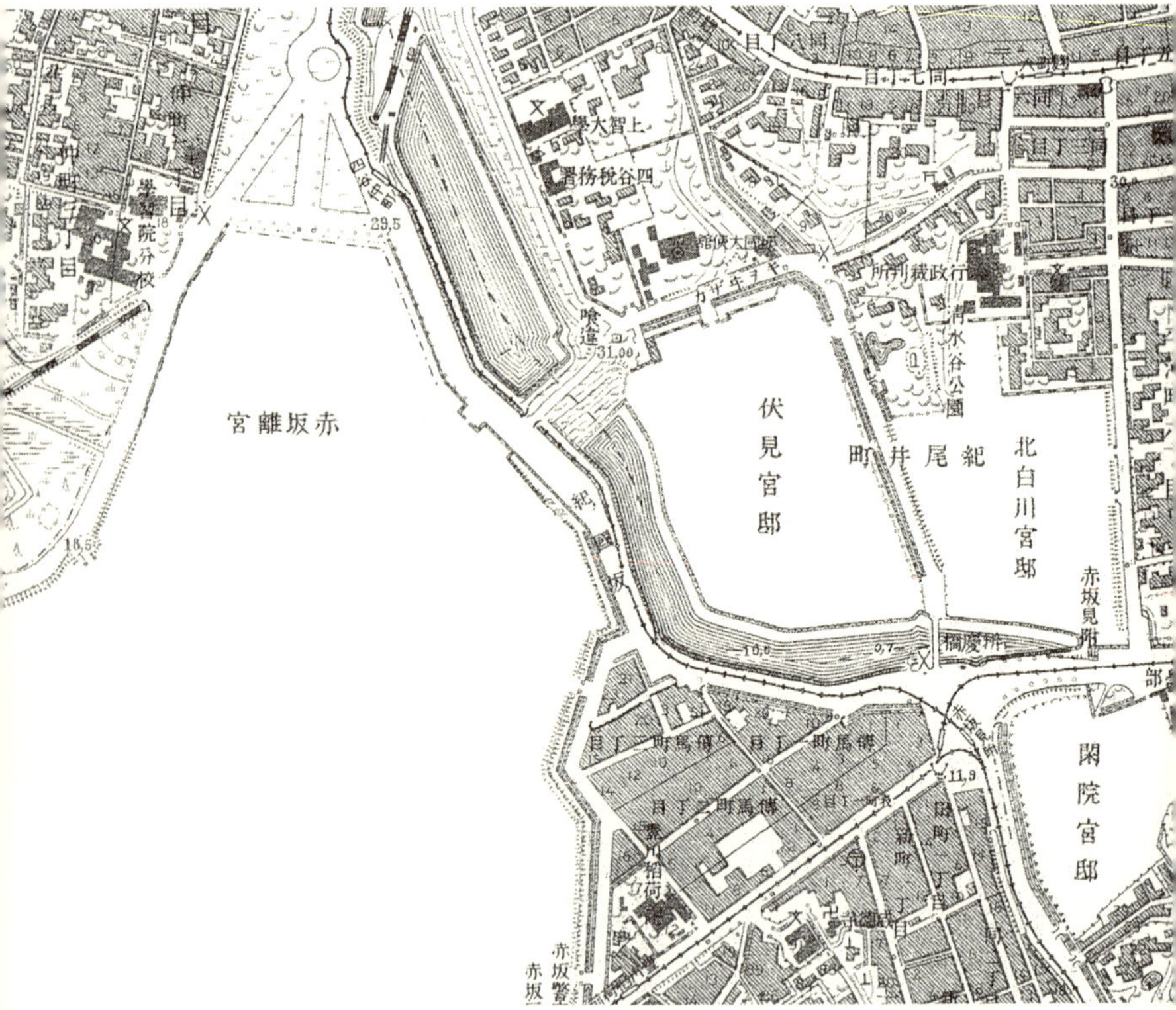

図2　1:10,000「四谷」大正10年修正

昭和に入ると、図上だけではなく皇室はますます高い塀の向こう側に隠された存在となっていった。たとえば昭和一〇年（一九三五）にはいわゆる天皇機関説が排撃されて前近代的な「国体明徴声明」が発せられ、同一二年には軍機保護法の改正により地形図の軍事施設などが「改描」させられていく。それからは「国民よりも国体こそが大事」という方向へどんどん舵をとられていった。

次ページの図3は皇居の東部である。吹上御苑では「観瀑亭」「駐春閣」などが広大な庭園の中に点々と配置されている様子がよくわかるが、図4の大正五年修正版では空白になった。ただ、図3でも「宮城」だけは空白になっている。明治一〇年代の五千分の一の地形図にはまだ掲載されているのだが、明治四二年時点になるとさすがに「宮城」を描くのはマズイ、という判断が行なわれたのだろうか。いずれにせよ七年後の図4では空白が一気に広がっている。

ついでながら宮城の東の本丸に描かれた「正午号砲台」は毎日正午を知らせる号砲で、いわゆる「ドン」として市民に親しまれた大砲だ。他の都市にもあったが、昭和に入ってサイレンの普及で消えていったという。昭和一三年に『在りし日の歌』に収められた中原中也の「正午（丸ビル風景）」という作品に、「あゝ十二時のサイレンだ、サイレンだサイレンだ　ぞろぞろぞろぞろ出てくるわ、出てくるわ出てくるわ　月給取の午休み……」とあるから、その頃にはすでに廃止されていたのだろうが、おそらく今よりずっと静かな東京市中の空に、旧江戸城に置かれた号砲はずっと遠くまで届いたはずだ。

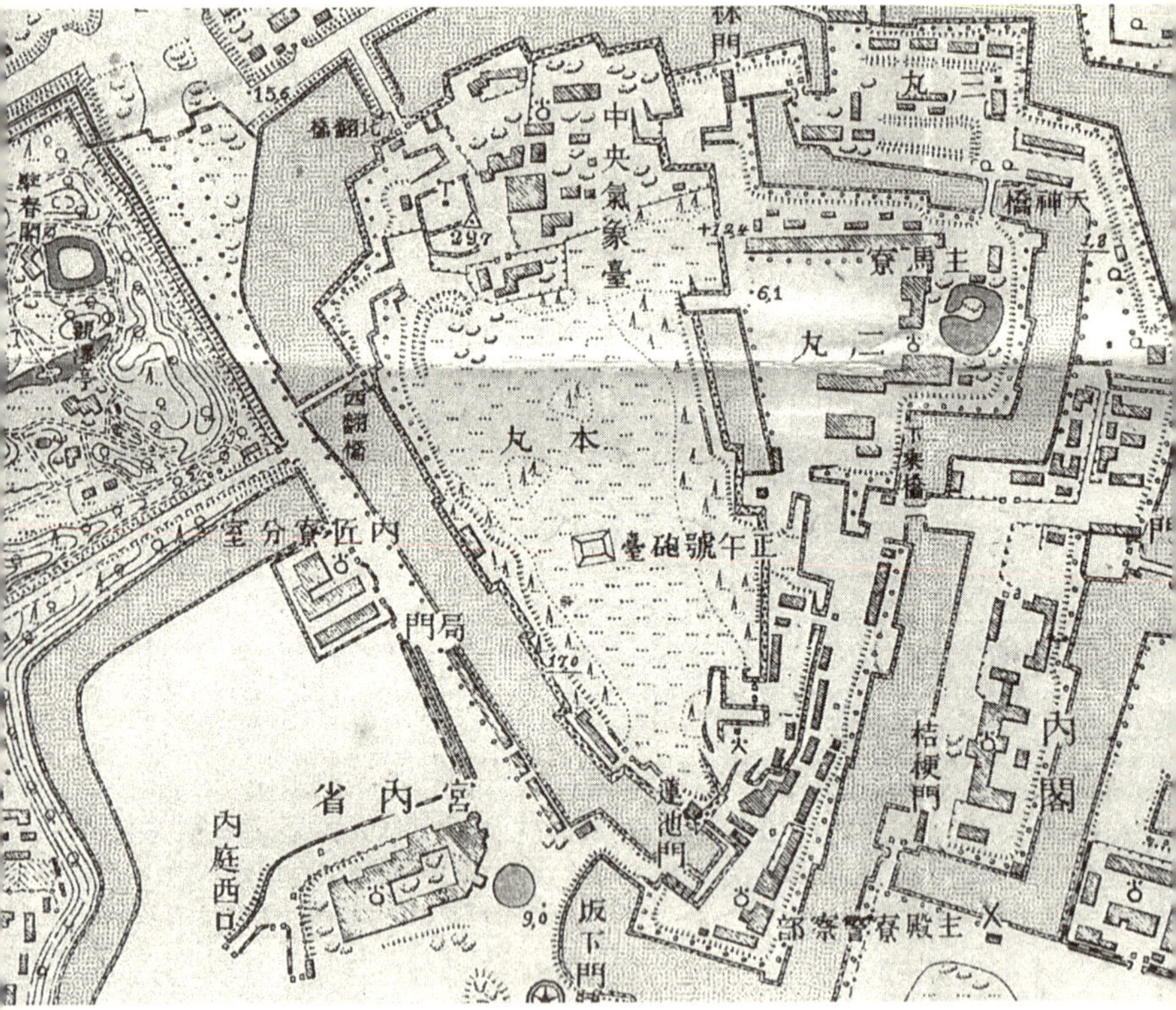

図3　1:10,000「日本橋」明治42年測量×1.3

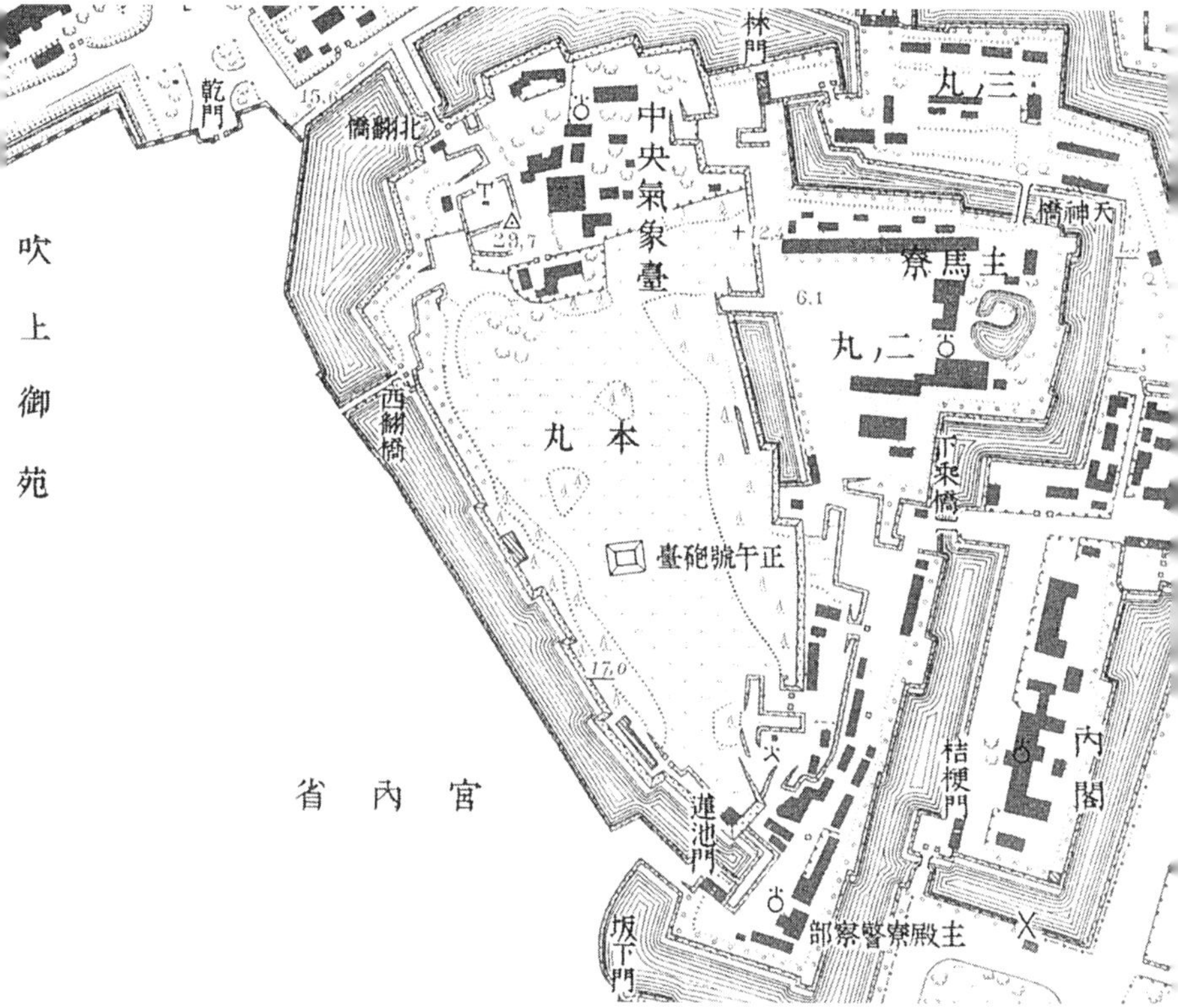

図4　1:10,000「日本橋」大正5年修正版×1.3

改竄された日本——戦時改描

ダムと発電所が消えた理由

同じエリアの、同じ日に発行された二つの五万分の一地形図を並べてみた。「岩村」という図名は旧図名で、今は「恵那」となっている。左上に描かれた川は中央本線大井駅（現恵那）の北方を流れる木曽川であるが、その畔に今はなき北恵那鉄道の「おほゐだむ」（大井ダム）駅の名が記されている。上図1には木曽川本流に設けられた大井ダムの堰堤《えんてい》と発電所の記号が描かれているのだが、下図2にはその双方がない。木曽川本流だというのに急にここで川幅が「小川」のように狭くなるだけで、川幅の転換点（図2の堰堤部分）には小道が横切っているのみだ。

これはどういうことかというと、軍機保護法が昭和一二年（一九三七）に改正されたのに伴って地形図に「改描」が行なわれた結果である（発行日は昭和一二年以前のままだが、その後の重版に伴って改

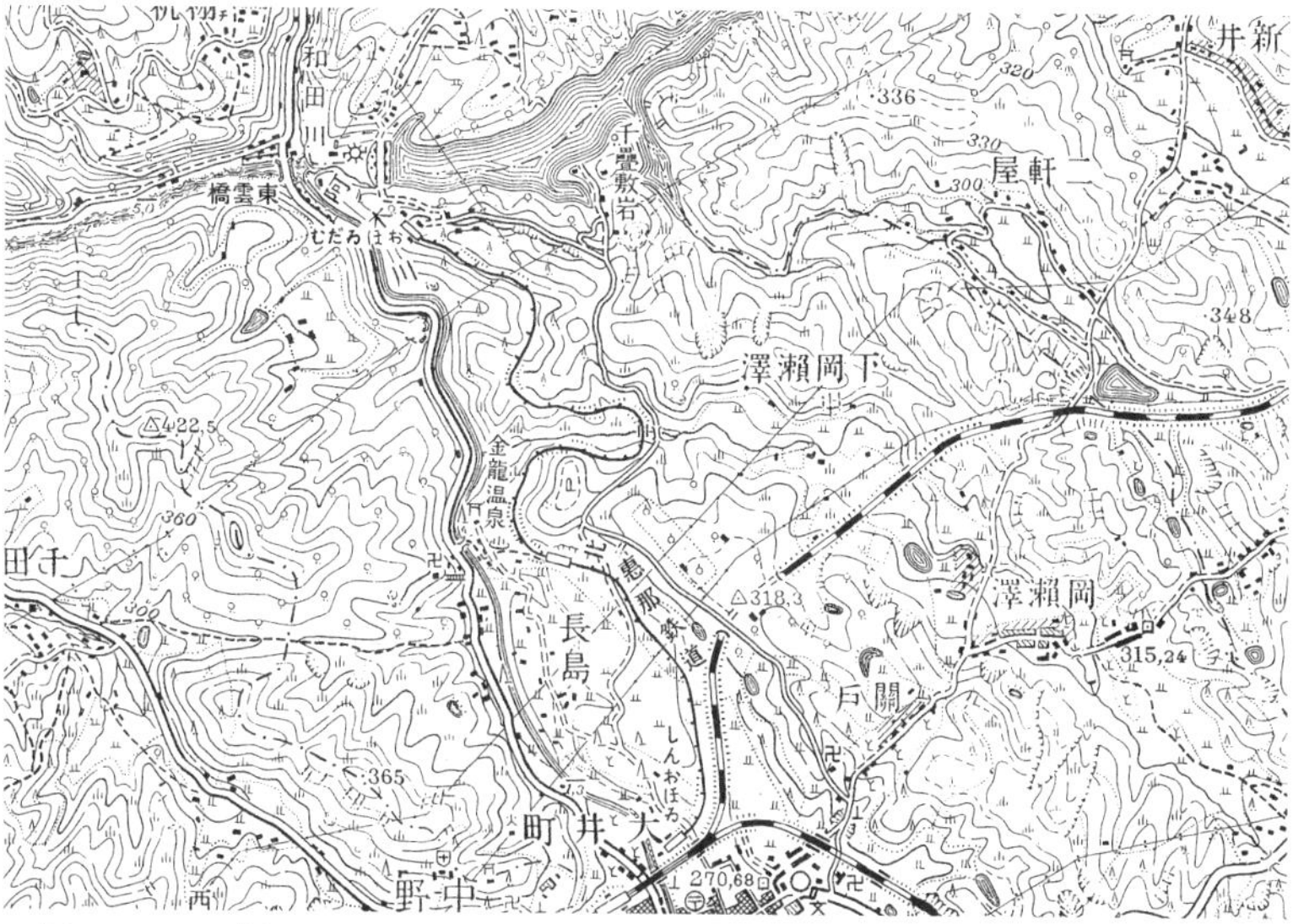

図1　1:50,000「岩村」昭和8年要部修正　↑大井駅（現恵那駅）

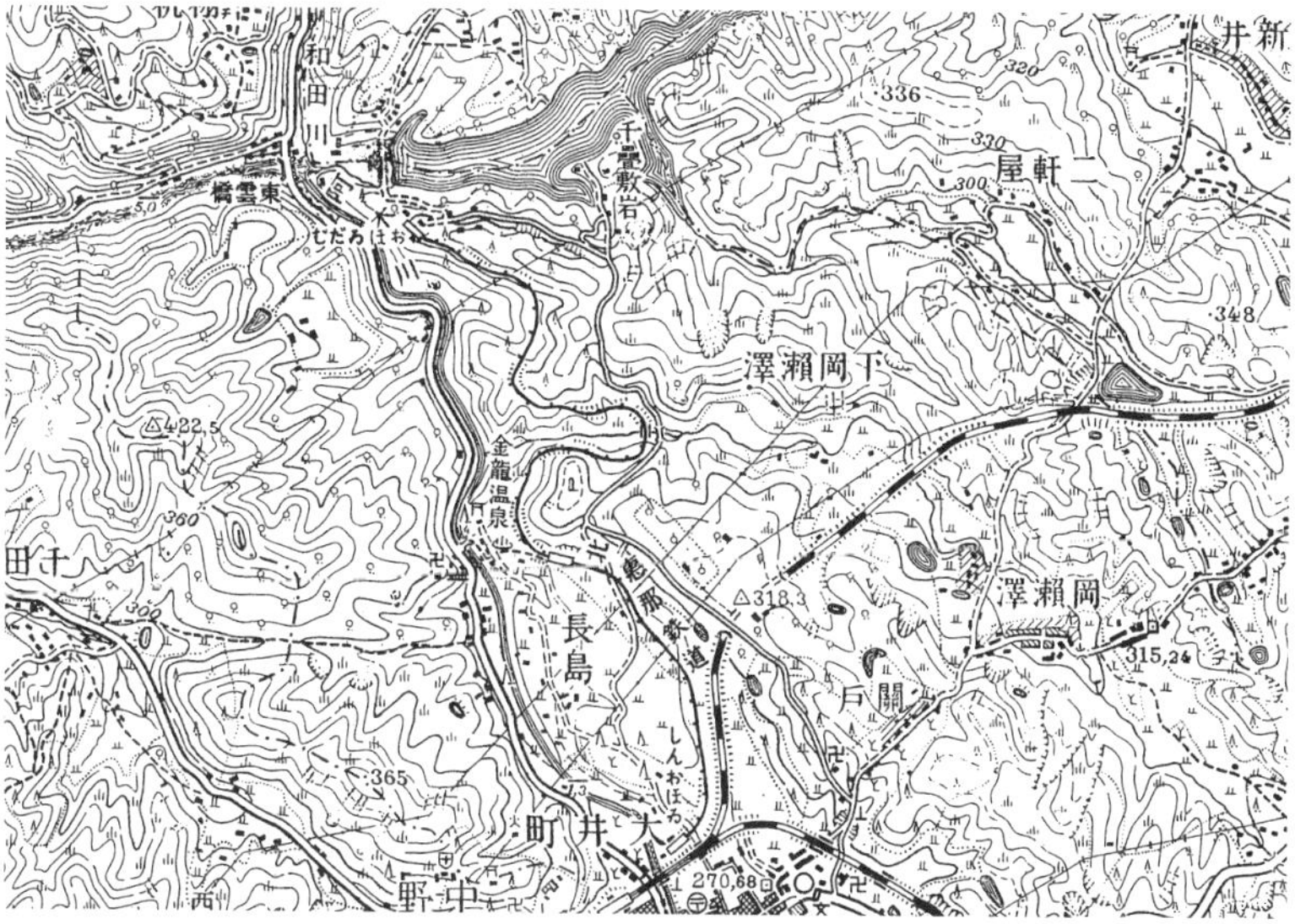

図2　1:50,000「岩村」昭和8年要部修正

描された)。これは一般に「戦時改描」と呼ばれ、兵営や飛行場などの軍事施設や重要な工場、発電所や浄水場、貯水池、鉄道操車場などを「敵の目」から隠すため、ただ空白にするだけでなく他の物を描いたものだ。たとえば軍事施設を消して住宅地を描いたり、飛行場を雑木林にしてしまうなどしてカモフラージュするもので、日本全国の地形図でこれが行なわれたのである。

ただ、その改描は目が慣れてくると一目でわかってしまうほど稚拙な表現が多い。ここからは私の勝手な想像であるが、長らく国土の姿を正確に描写・図化することを誇りにしてきた陸地測量部員がある日突然「ウソを描くこと」を強制された結果、意図的に稚拙に、後世の人が見てもすぐわかるように描いたのではないだろうか。その証拠に上の「岩村」図など、肝心の駅名「大井ダム」が消されていないのでダムの存在はわかってしまう。こんな「見落とし」が、何人もの厳しいチェックの目をすり抜けるはずがない。やはり組織を挙げて以心伝心で良心に基づくサボタージュを行なったのではないか。

山中の鉱山都市・日光を偽装する

次ページも発電所関係の改描。日光の中禅寺湖畔に至る「いろは坂」の坂下、馬返《うまがえし》の付近であるが、上図3には「細尾」という地名の左側に発電のために水を落とす鉄管と、そこに華厳の滝の下流部から導水されるトンネルが描かれているのに対して、下図4にはそれらが一切消えている。またその東側の清滝集落にある古河鉱業の「精銅所」は住宅地に偽装されている。この精銅所は細尾峠を越えた南側にある足尾銅山の鉱石をここへ運んで精錬するための施設だが、発電所はその電力をまかなっ

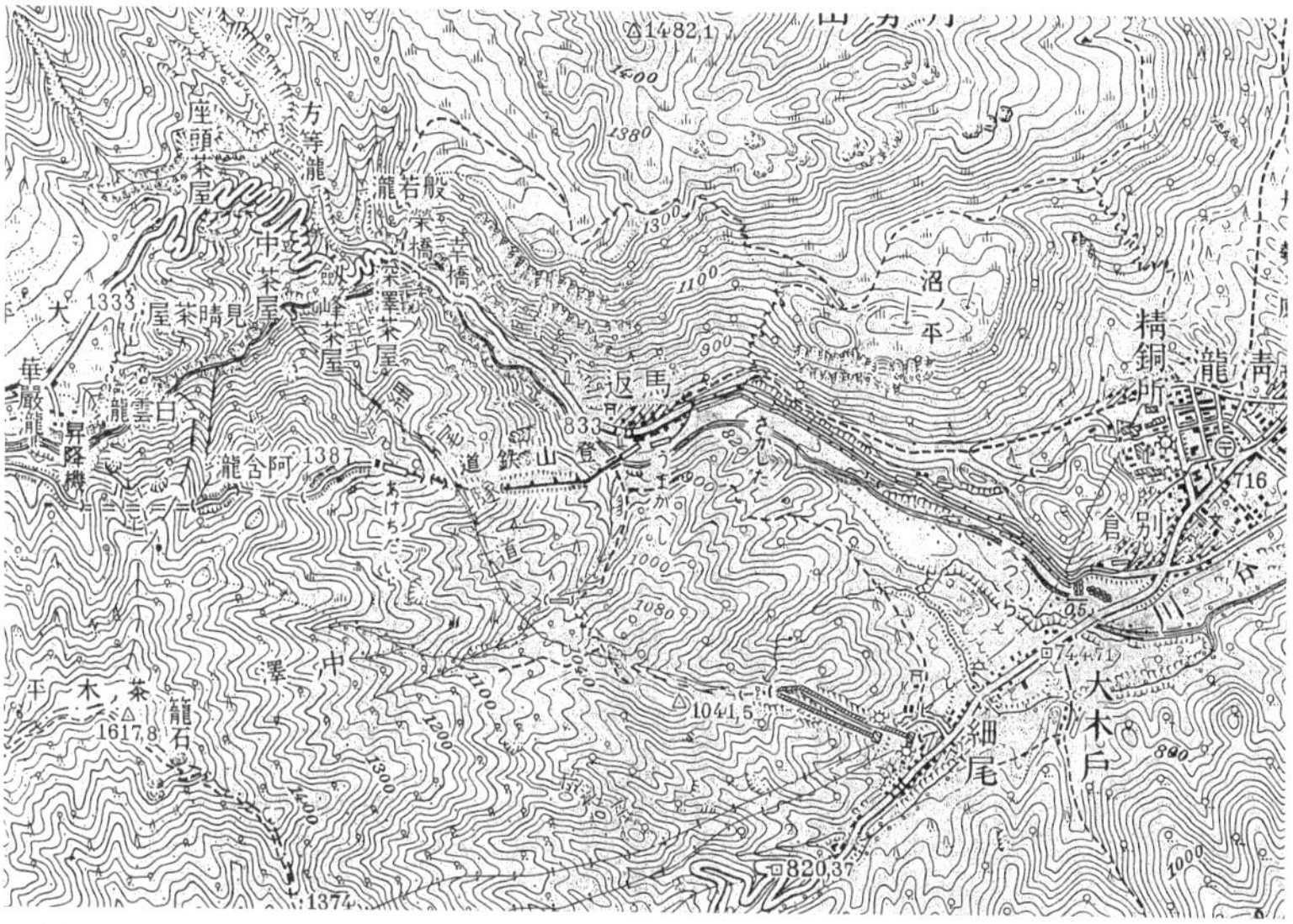

図3　1:50,000「日光」昭和8年鉄道補入

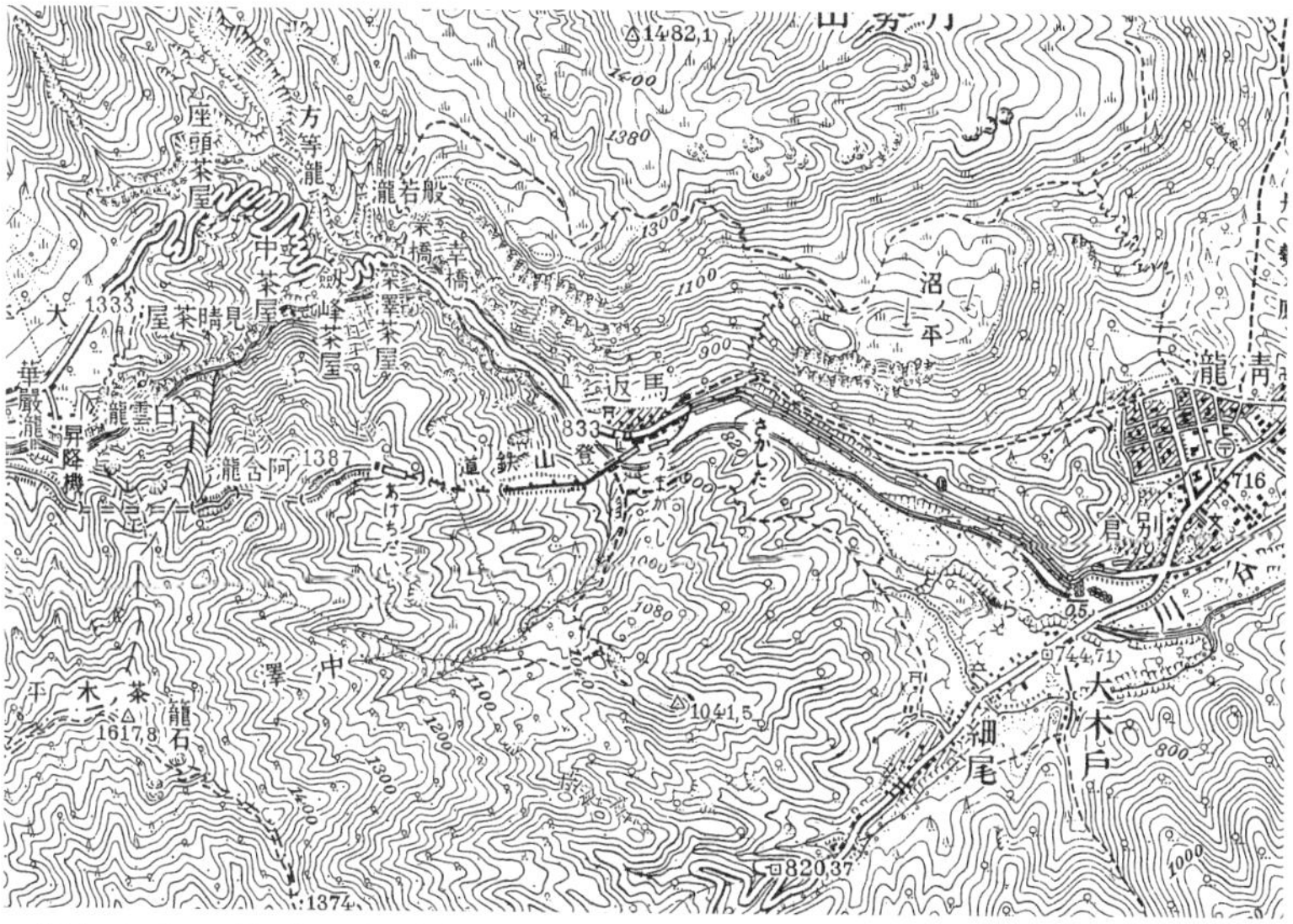

図4　1:50,000「日光」昭和8年鉄道補入（戦時改描あり）

た。南西の足尾銅山に至る二条の送電線も消されている。日光といえば「観光都市」しか思い浮かばない向きも多いようだが、かつては山中の一大鉱山都市であり、地形図改描の対象になったのである。

この改描はなかなか上手なので、ちょっと騙されてしまう。陸地測量部員もいろいろで、中には軍機保護法の精神に忠誠を誓い、敵も味方も欺けるように「本気」で改描を行なった人もいたようだ。

いかにも怪しい東京北部エリア

東京都北区にはかつて軍の工場が多かった。北豊島郡王子町、板橋町などの名称からわかる通りまだ郡部であったが、関東大震災以降の爆発的な東京市の拡大が進んでいる時期で、ちょうど図が修正された昭和七年(一九三二)一〇月一日には一帯が東京市内に編入、王子区や板橋区となった。

図5を見ると火薬製造所、兵器製造所、火工場などの注記が板橋から十条・王子にかけての一帯に分布しているが、図6ではことごとく改描されている。それにしても「バレバレ」の改描で、密集市街地として描かれている「兵器製造所」は街路が周囲の町とほとんどつながっておらず真実味に欠けるし、赤羽線の西側の火薬製造所の住宅地は東京ではあり得ないような余裕に満ちた住宅地になっており、占領後の米軍住宅の並び方を思わせる。いずれも周囲の市街地に比べて白っぽくウソくささが漂っており、これも後世への配慮だろうか。

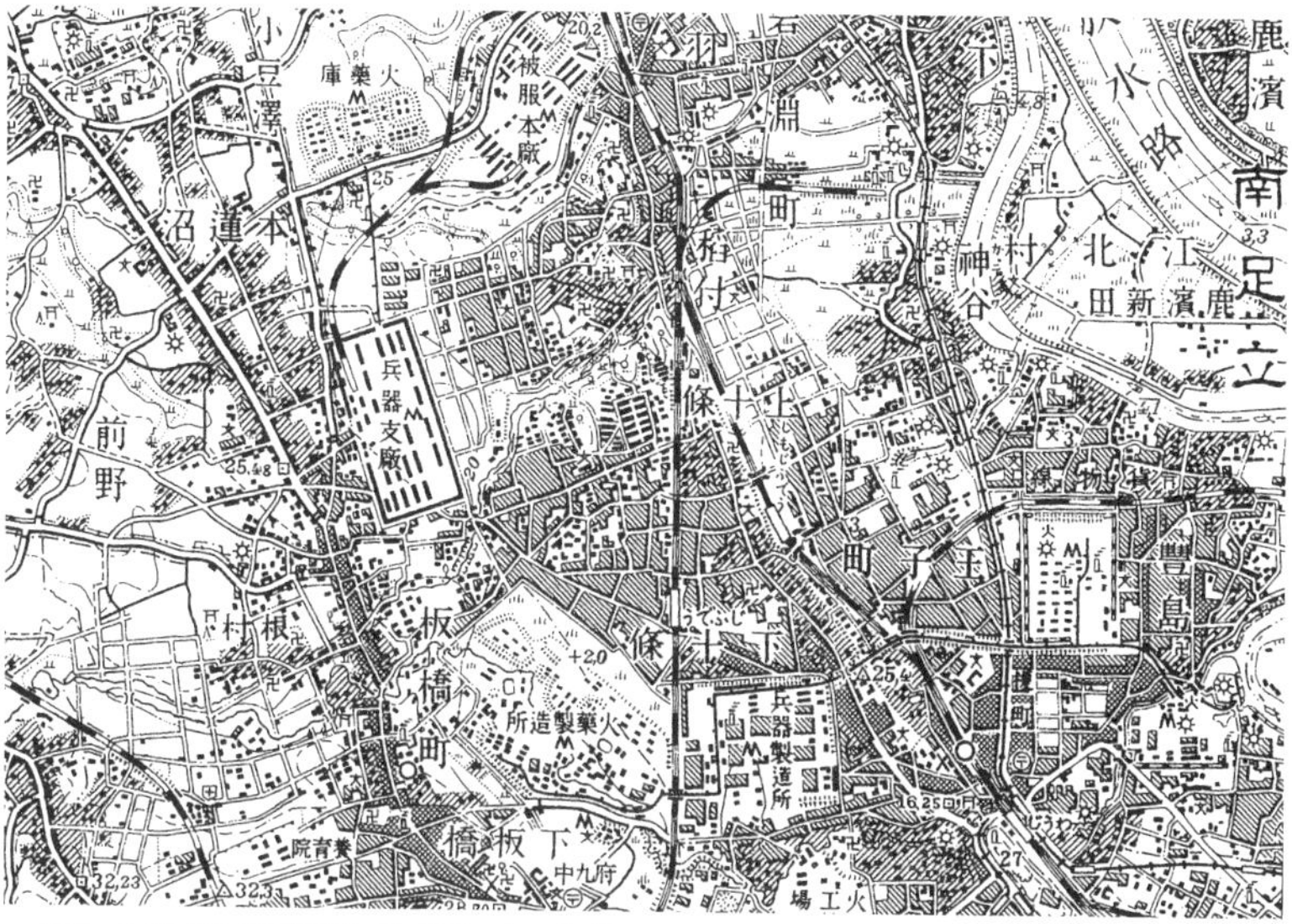

図5　1:50,000「東京西北部」昭和7年要部修正

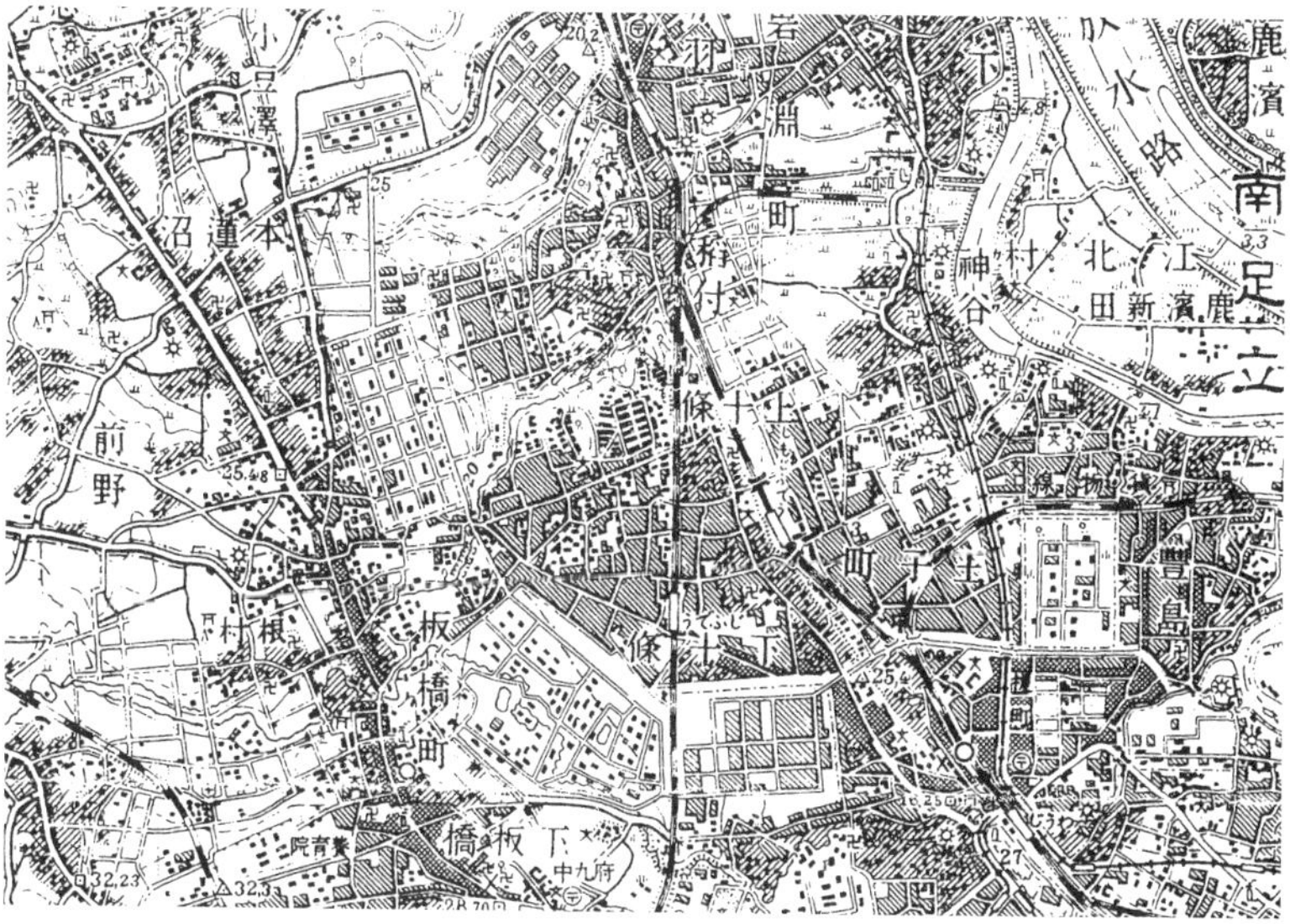

図6　1:50,000「東京西北部」昭和7年要部修正（戦時改描あり）

港のドックが閑散たる物置群に？

次の図7・8は横浜駅付近である。図7では浅野船渠《せんきょ》、横浜船渠の文字でわかる通りドックが描かれており、その中間地点あたりには高島貨物駅がたくさんの線路で表現されているが、図8にはドック特有の「切り込み」がのっぺりした海岸線に変えられ、倉庫とも住宅ともつかないパラパラと所在なげな「家」が散らばっているのがいかにも不自然だ。貨物駅の線路も本線だけ残して「閑散住宅地」に土地を提供している。

さて、全国各地で無数の改描をすることになれば、当然ながら本物と偽物を見分ける必要が生じてくる。そこで考え出されたのが定価表示だ。欄外には定価金拾参銭（昭和一〇年当時は国鉄で八キロの三等運賃に相当）と記されているが、改描済みのものにはカッコを付けて（定価金拾参銭）としたのである。改描する必要がなかったものについては〔定価金拾参銭〕とカッコの形を変えた。現在、昔を物語る貴重な資料として図書館などにたくさんの地形図が所蔵されているが、この定価表示をよく見ないと、正しい歴史はわからない。しかしこんなことは知らない人の方が多く、陸地測量部員の「必死のサイン」を読めずに多くの人が誤解してしまうだろう。ただし、中にはこの基準に沿わない図もたまに混在しているので、さらに要注意なのだが。

公的な記録を改竄することが後世にどれほど悪影響を及ぼすか。これは戦前の話だけではないかもしれない。

図7　1:50,000「横浜」昭和7年修正

図8　1:50,000「横浜」昭和7年修正（戦時改描あり）

「紡錘型」の鉄道用地

地図の改描は鉄道の操車場もその対象になった。次の図9は「貨物線」とある場所から下へ行くに従って線路の周辺が膨らんで「荒地」の記号が左右に目立ってくる。線路は上下線が分かれて進んでいるのかと思いきや、右側の線路は複線、左は単線の表記になっているので、上下線でもないらしい。

東側に並行している南武鉄道はＪＲ南武線の前身の私鉄である。この線は川崎から立川を結ぶ現在も重要な通勤路線だが、もともと多摩川の砂利運搬のために計画されたため、設立当初は「多摩川砂利鉄道」というずいぶん直接的な名前だった。それが浅野セメントの資本が入って青梅線や五日市線沿線の石灰石を浜川崎にある浅野のセメント工場へ運ぶ使命を担うようになったのである。

この図9が修正されたのは満洲事変が起こった昭和六年（一九三一）であるが、その一二年後、太平洋戦争の敗色が濃厚になってくると、非常時を理由に全国各地の私鉄が買収された。この南武鉄道も、セメント製造に関わる重要路線であるとの理由でほぼ強制的に国が買収、そのまま戦後も民営に戻ることなく今日のＪＲに至った。

図9を一瞥しただけでも、知っている人なら細長い「紡錘型」の敷地を見て即座に鉄道の操車場とわかってしまうはずだが、軍機保護法の規定は、「絶対にバレますよね」などという疑問を封じ、とにかく命令通りに隠蔽することを要求したのだろう。「鶴見操車場（正しくは新鶴見操車場）」の文字が消されたのと、操車場特有の何本も描かれて線路が輻輳した様子を示す表現がなくなり、ただ単に上下線の分離という表現に改められたのである。しかし消された部分にウソの家並みや森を造成する

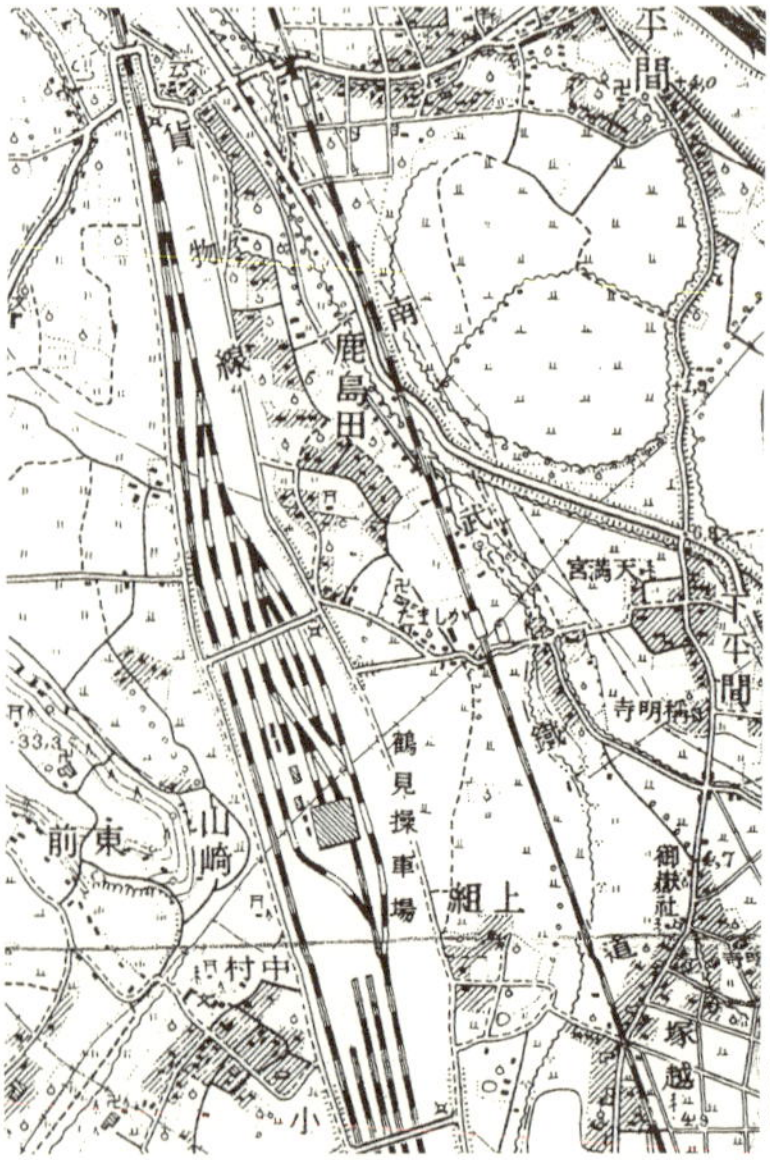

図10　1:25,000「川崎」昭和6年修正×0.9

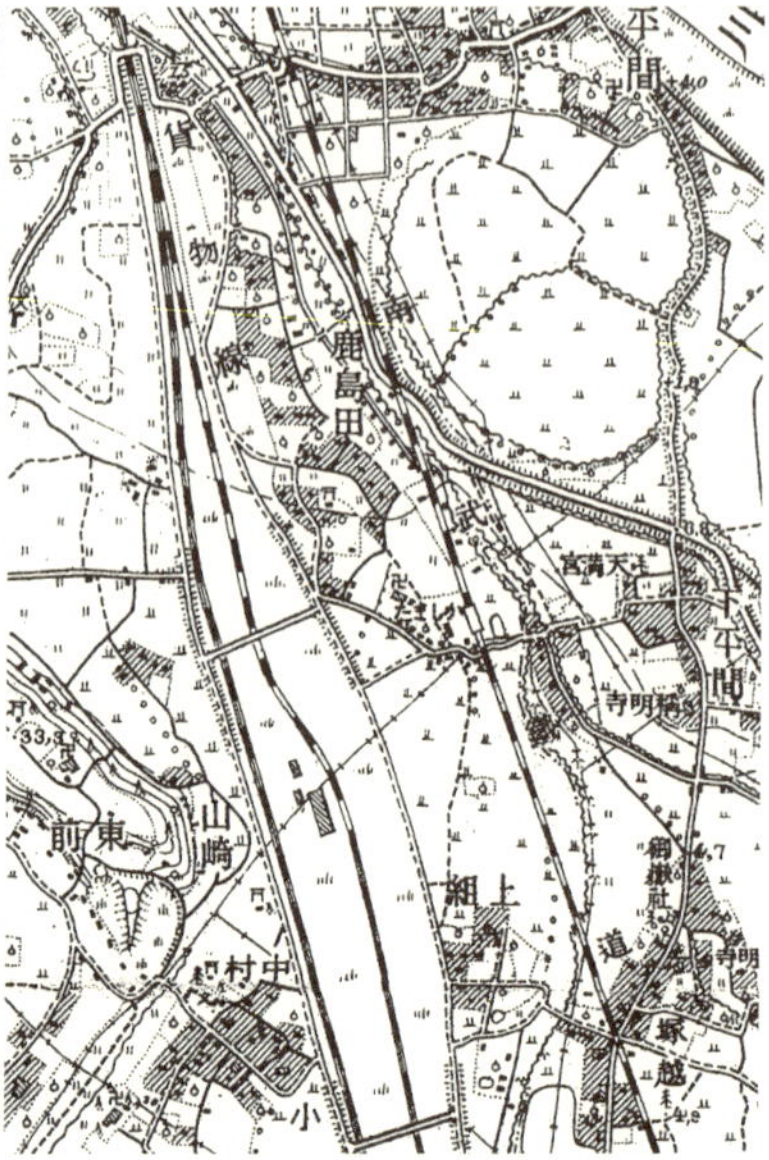

図9　1:25,000「川崎」昭和6年修正×0.9
（戦時改描あり）

ようなことはせず、ただ「荒地」にしたので、これは当時の改描にしては消極的な表現かもしれない。

東海道本線の東京〜横浜間はすでに大正時代から輸送力不足が問題となっていたが、沿線の市街化も急激に進んでいたため、当時の東海道本線に隣接して新しい複線を建設するのは無理があった。このため品川で分かれて西へ迂回し、武蔵小杉の近くを経由して南下、鶴見へ至る別線を貨物専用線として敷設することになったのである。品川から鶴見を結ぶということで、今に至るまで品鶴《ひんかく》線と呼ばれている。

さて、戦争が終わって操車場も堂々と表現できるようになったのはよいのだが、昭和四〇年代後半あたりから、トラック輸送に押されて鉄道貨物輸送は変化を迫られていく。伝統的な鉄道貨物は、各駅で貨車を少しずつ集め、操車場で行き先別に仕分けして列車を組み立てる方式であったが、これをコンテナ中心の態勢に改めたのである。これによって貨物操車場は不要となり、全国の操車場はそれぞれ広大な跡地となった。

この新鶴見も例に漏れず、しばらくは更地が支配することになった。今では高層マンションなどが建って再開発が行なわれているが、操車場の廃止直後は、まさに戦時改描の図9とそっくりな状態になったのである。改描した担当者も、まさか半世紀後に本当に操車場がなくなることなど想像もしていなかっただろう。貨物専用線だったはずの品鶴線には今や横須賀線をはじめ、湘南新宿ラインの電車がひっきりなしに走り抜けている。

こんなに目立つ改描も

次ページの上図11はなんとも極端だ。「大野村」の表記のある一帯には点々と針葉樹林の記号があるものの、全体に広大な空地（または畑）といった表現になっている。それにしても、あまりに素っ気ないので非常に目立ち、まだ描きかけの印象さえ漂う。周囲とは明らかに筆致が違っているし、どう見ても怪しい。軍機保護法の規定に従って直したとしても、ほとんど「ヤケクソ」と言っていいほどの雑な仕事である。

図12を見れば、それが海軍火薬廠を隠蔽するために行なった「加工」であることがわかるが、当時の陸地測量部（現国土地理院の前身）の描画の技術というのは、すべて手描きで非常に精緻な線を用

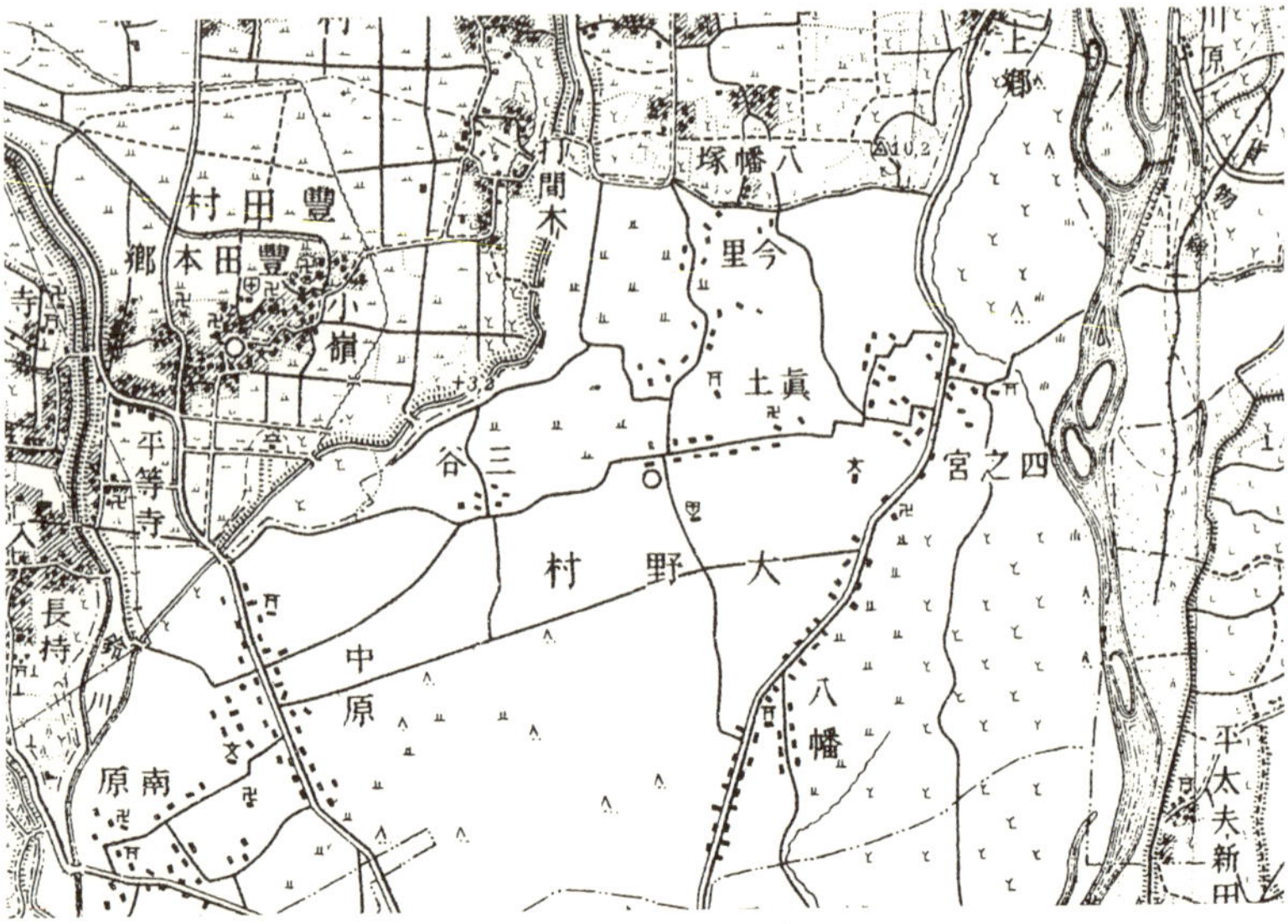

図11　1:50,000「藤沢」昭和４年鉄道補入（戦時改描あり）

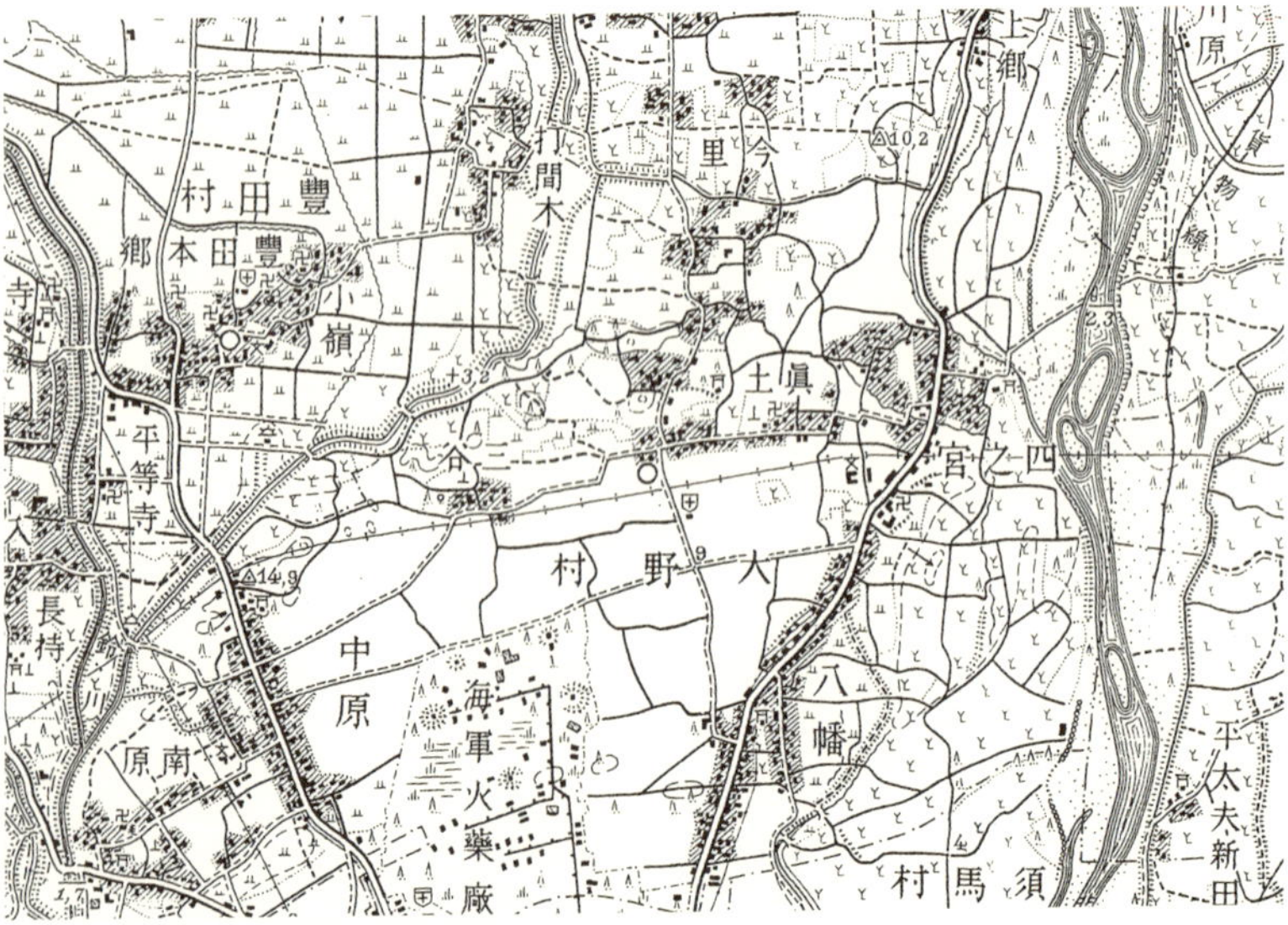

図12　1:50,000「藤沢」昭和４年鉄道補入

いて等高線や海岸、河川、鉄道などを描き、活字のような文字をこれも手書きで丁寧に記入した。その伝統から見て、明らかに上図の描写は雑である。以前にも述べたが、これはいつも国土を正確にわかりやすく描写し続けてきた陸地測量部員のささやかな（しかし大胆な）反抗ではないだろうか。

図歴はどちらも昭和四年鉄道補入で翌五年発行のままなのだが、軍機保護法の改正は昭和一二年だから、それ以降に「改訂版」として出されたものであることは間違いない。しかし正確な改描時期はわからない。ひょっとすると戦争が長期化して測量部員が多く戦地に向かった結果、あまり製図経験のない「留守番」の係員が短い養成機関でやっと描いた、ということなのかもしれないが。

油田のヤグラは上手に隠せた

次ページの図13と図14も一見して違いがわかる。現在の新潟県柏崎市の西山地区であるが、この一帯にあった西山油田は明治二一年（一八八八）に現出雲崎町の尼瀬《あまぜ》で最初に機械掘りが始まって本格的な採掘が行なわれるようになった。図はその南側で、当時は二田《ふただ》村。越後線西山駅の北側に位置する長嶺では明治三〇年に日産八二石（約一四・八キロリットル）の石油が噴出して西山油田の中心となり、日本石油と宝田石油が操業した。

地形図の時期には油井《ゆせい》の櫓《やぐら》が林立する状態であったことが一見してわかるが、無数に描かれた「石油井」の記号は左図ではすべて消され、これといった特徴もなさそうな農村として表現されている。

信越本線柏崎駅（掲載範囲外）の東には日本石油の製油所もあるのだが、そちらは「樹木に囲まれた

図13　1:50,000「柏崎」昭和6年修正

図14　1:50,000「柏崎」昭和6年修正（戦時改描あり）

住宅地」としてカムフラージュされている。

それにしても、この改描済みの地形図を誰かが古書店などで入手し、「歴史的な資料」として使ったとしたら、この地域にとって決定的に重要な油田を見逃してしまうことになるだろう。やはり資料というものは後世に一人歩きするものであるから、「時代の要請」とはいえ、ウソを描いてしまうと、後々まで祟るのである。

使用後焼却処分せよ――警告する地図

まだ九〇年代のことだが、東京のある書店で韓国国立地理院作製の五万分の一地形図を購入した。韓国のほぼ中央に位置する大田市《テジョン》のもので、図名は「大田」、一九八六年編集、一九九一年修正となっている。図は森林に緑色の網で着色されているので全体に緑色がかっており、国道など主要道路は赤なので、アメリカの官製地形図に近い印象だ。刷り色は「地形図の国際的三原色」である黒・茶・青に加えて緑と赤の五色。

次ページ図1は図の欄外のみであるが、そこに印刷された警告文を読んで驚いた。「何人も測量法の規定に基づく国立地理院長の許可なしに本図を複製または国外持ち出し、本図を基にして地図を出版することを禁ず」などとあったからだ。東京の書店の棚に置かれていた理由は、誰かが地理院長の許可を得て持ち出したのか、その規定を知らずに輸入してしまったのだろうか。さらに続けて「これに違反した者は一～二年の懲役（禁錮？）または一〇〇～二〇〇万ウォンの科料」などとある。

ちなみにその後、売場に数枚あった韓国地形図は消えていた。店側の配慮で引っ込めたか、それとも完売したのだろうか。それから一〇年以上経ったが、韓国の地形図はそれから一度も店頭に姿を見

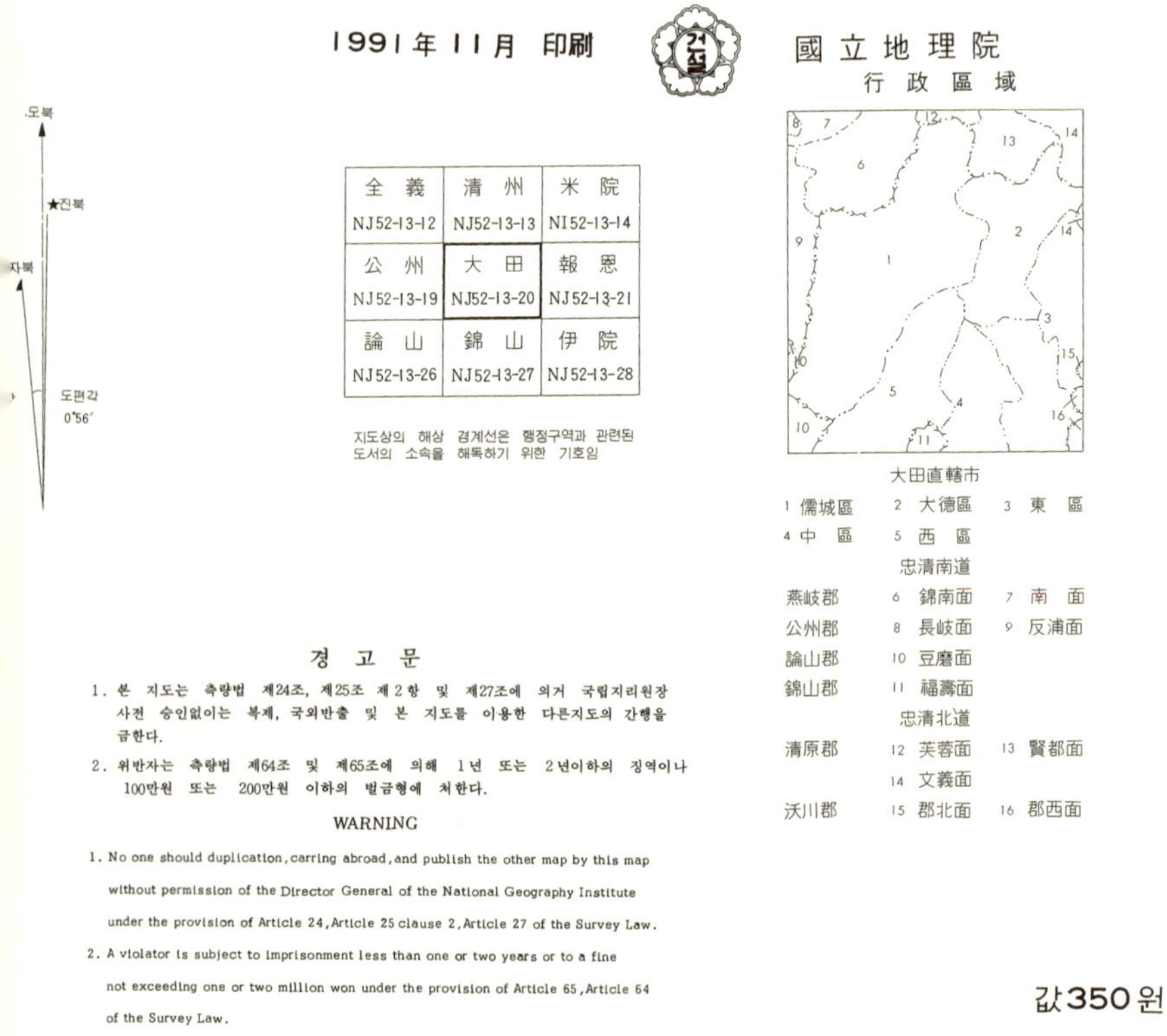

1991年11月 印刷

國立地理院

行政區域

도북

★진북

자북

도편각 0°56′

全 義 NJ52-13-12	清 州 NJ52-13-13	米 院 NI52-13-14
公 州 NJ52-13-19	大 田 NJ52-13-20	報 恩 NJ52-13-21
論 山 NJ52-13-26	錦 山 NJ52-13-27	伊 院 NJ52-13-28

지도상의 해상 경계선은 행정구역과 관련된 도서의 소속을 해독하기 위한 기호임

大田直轄市

1 儒城區 2 大德區 3 東 區

4 中 區 5 西 區

忠清南道

燕岐郡 6 錦南面 7 南 面

公州郡 8 長岐面 9 反浦面

論山郡 10 豆磨面

錦山郡 11 福壽面

忠清北道

清原郡 12 芙蓉面 13 賢都面

14 文義面

沃川郡 15 郡北面 16 郡西面

경 고 문

1. 본 지도는 측량법 제24조, 제25조 제2항 및 제27조에 의거 국립지리원장 사전 승인없이는 복제, 국외반출 및 본 지도를 이용한 다른지도의 간행을 금한다.

2. 위반자는 측량법 제64조 및 제65조에 의해 1년 또는 2년이하의 징역이나 100만원 또는 200만원 이하의 벌금형에 처한다.

WARNING

1. No one should duplication,carring abroad,and publish the other map by this map without permission of the Director General of the National Geography Institute under the provision of Article 24,Article 25 clause 2,Article 27 of the Survey Law.

2. A violator is subject to imprisonment less than one or two years or to a fine not exceeding one or two million won under the provision of Article 65,Article 64 of the Survey Law.

값350원

図1　大韓民国国立地理院1:50,000地形図「大田」の欄外

せていない。

韓国は三八度線付近の休戦ラインを挟んで北朝鮮と長らく臨戦状態にあり、今も国民には兵役の義務がある。比較的最近まで、旅行ガイドブックにも「高い所から写真を撮るのはダメ」と書かれていた。緊迫した国の空気が伝わってくるが、もう少し時代を遡った時代の地形図はさらに厳しかった。

実は他にも数枚、韓国の五万分の一地形図を持っている。こちらはネットオークションで入手したもので、このうち「ソウル」図は一九七八年修正、八一年印刷。前述の「大田」よりさらに一〇年ほど昔のもので、印刷年はちょうど韓国で軍事クーデターがあり、全斗煥《チョンドファン》が大統領に就任した年だ。その図の裏面に薄いグレーで警告文が印刷されていたのに気付いたのはつい最近のことで、韓英両言語で四箇条にわたって記された薄いグレーの文字の四つ目の英文には驚いた。

After use, the map should be destroyed by fire.

要するに使用後は焼却処分せよ、ということだ。昔むかし、テレビドラマ「スパイ大作戦」で、スパイに指令を伝えるテープレコーダーの音声が終了した後に、証拠隠滅のためテープレコーダーが自動的に発火するシーンを思い出してしまったが、誰かが何らかの任務（地理学の学生たちの巡検やハイキングかもしれないが）を終えた後に焼却処分せずに売り飛ばしてしまった、ということなのだろうか。オークションで私に送ってくれた人がどんな素性の人か存じ上げないけれど。

「焼却処分」は必ずしも珍しいことではなかったようだ。次の図2はある古書店で購入したロシア・沿

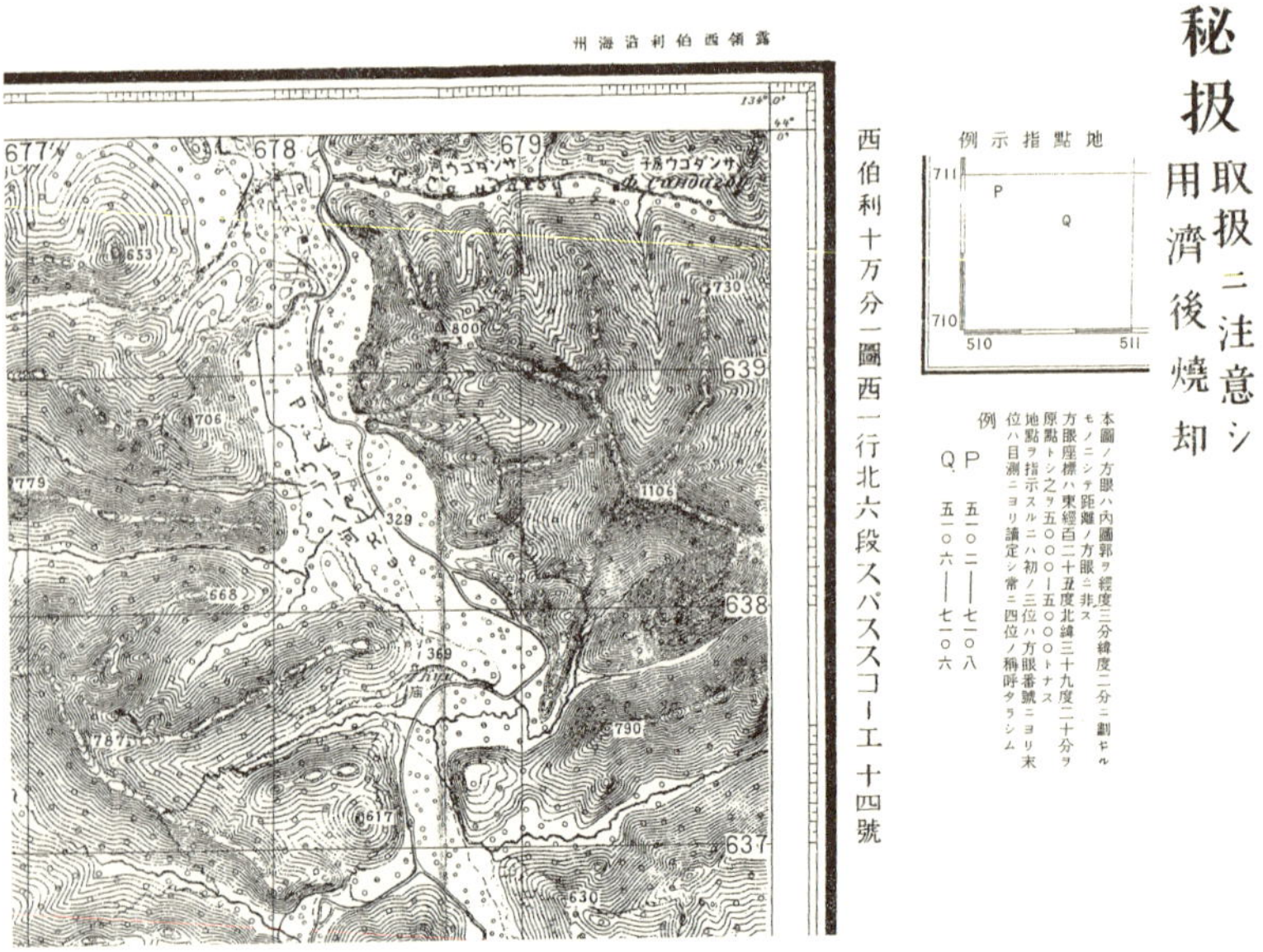

図2　陸地測量部・参謀本部1:100,000「ツァーモ・ヴィンザ山」× 0.52

海州のハバロフスクにほど近い山の中であるが、図の右上欄外に「秘扱　取扱ニ注意シ　用済後焼却」と大きな文字が印刷されている。等高線の走り方から見ると精度はあまり高くなさそうだが、右下には「標高ハ米ヲ以テ示ス　曲線等距離ハ約二一、三四米（一〇サーゼン）トス」とあった。「曲線等距離」というのは等高線間隔のことで、国内なら五万分の一で二〇メートルなのだから、これを一〇万分の一に適用しているため、だいぶぎっしり詰まった印象だ。サーゼンがロシアで使われていた長さの単位であることからも想像できるように、この図はもともとロシアが作製したものだ。左上欄外の「図歴」欄にはこうある。

大正八年製版（千九百十四年器械測量露版図）昭和八年方眼描入　昭和八年三月二十五日発行

そのロシアの地形図を何らかの方法で入手した参謀本部・陸地測量部が「日本版」として発行したものだろう。高さの基準がサーゼンのままでは使いにくいからか、等高線はともかく標高点の数値だけはメートルに換算し、「標高ハ米ヲ以テ示」した。他にもキリル文字表記の地名はカタカナを併記させている。

記号凡例も当然ながらロシアのものだから寺や神社の記号などなく、キリスト教会関係に「修道院」「教会堂」「礼拝堂」の三種が定められているのはもちろん、「回回教《イスラム》、猶太教《ユダヤ》」「廟（大小）」が定められており、墓地も「新教徒、加特教徒《カトリツク》」「回回教徒、猶太教徒」「遊牧民族」に分けている。他にも「移住民部落及常設幕舎」など、モンゴル人のゲルなどを想定した記号もあるし、「成吉斯汗《チンギス・ハン》壕」の記号まで用意されていて、実に地方色豊かだ。

製版年の三年後にロシアは革命を経てソヴィエト連邦となったが、発行年の昭和八年は「満洲国」建国の翌年にあたる。「ソ満国境地帯」のロシア側隣接地域の情報はますます重要性を高めていた頃だが、その一二年後にその国境を越えてソ連軍が怒濤の進撃を開始するとは、まだ誰も想定していなかっただろう。この図も任務の後に焼却されずに残ったわけだが、一体どんな職業の人がどんな理由でこの図を持っていたのだろうか。おそらく所有者は亡くなっているのではないかと思うが、私のもとにたどり着くまで、この地形図は戦後六〇年以上をどんなふうに旅してきたのか……。

軍事施設はその後どうなったか

軍用地はその後どうなったか

武器工場は東京ドームになった

図1の左下には一面に黒っぽい建物（実際には赤）がぎっしり並んでいるが、場所は図1の左端の文字でわかるように東京の「後楽園」である。もとは水戸徳川家の上屋敷だった。町名は小石川町とあるが、小石川という地名は水道橋から北、白山あたりまでの古くからの広域地名で、昭和二二年（一九四七）までは区名でもあった（本郷区と合併して文京区）。しかしここに載っている「小石川町」は広大な水戸藩邸の敷地に明治五年（一八七二）になって命名された町名である。そもそも江戸時代には武家地に「町名」が存在しなかったので（「町」ではないので当然だが）、明治維新を迎え、改めてたくさんの町名を東京の武家屋敷地帯に相次いで設定した。縁起を担いだ「瑞祥地名」もあるが、多くは通称や旧大名家にちなむ名称となっている。

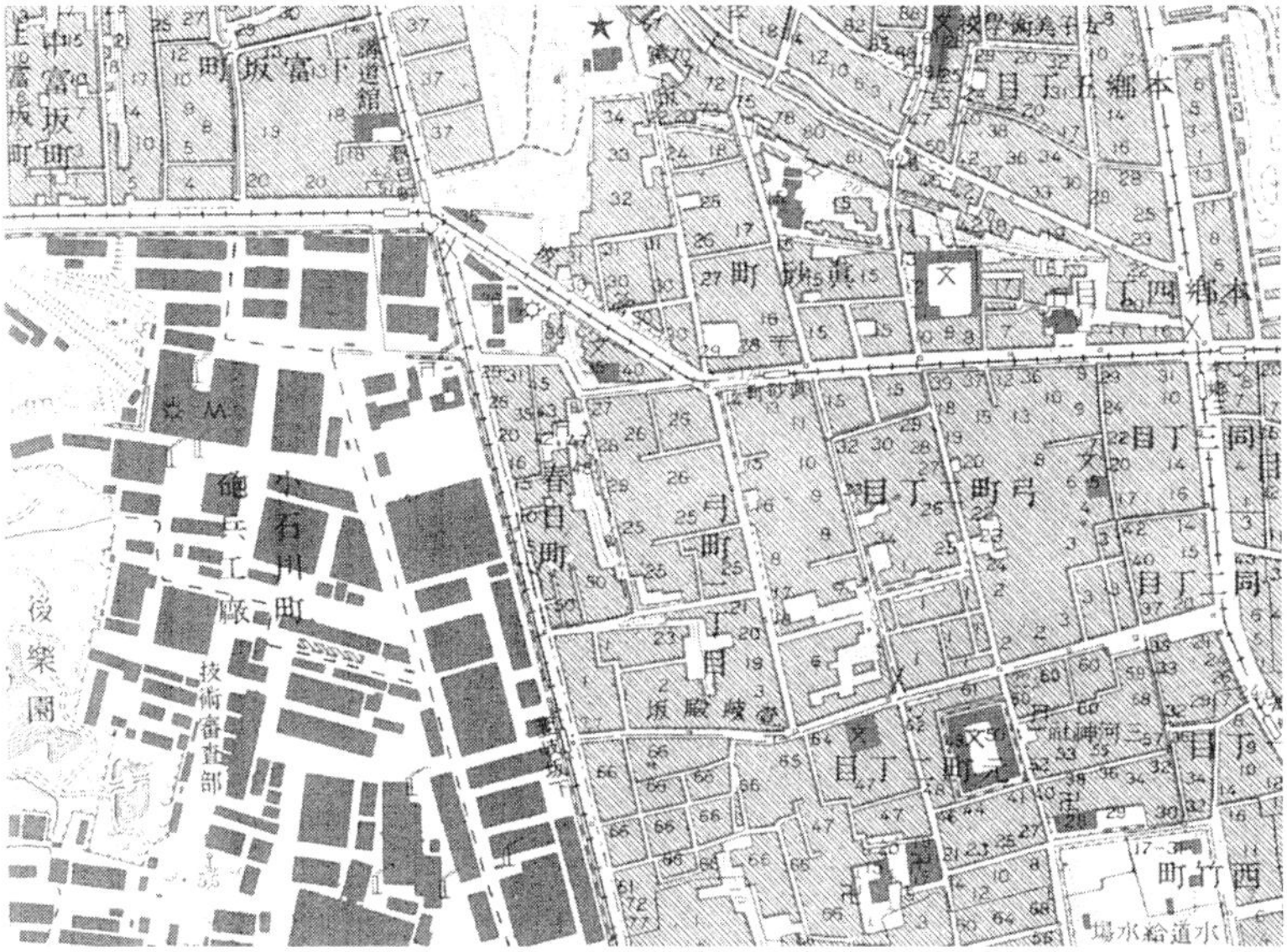

図1　1:10,000「上野」大正5年修正

武士の世が終わってすぐの明治二年（一八六九）、新政府はこの水戸藩邸を接収して同一二年に東京砲兵工廠を置いている。当時は海軍造兵廠、横須賀海軍工廠、大阪砲兵工廠とともに四大工廠と呼ばれ、「帝都の大武器製造工場」として陸軍の装備を充実させた。とはいえ最初のうちは旧幕時代に諸藩お抱えの元鉄砲師などが働いていたという。有名な三八式歩兵銃などもここで大量に作られている。ちなみに「三八」とは、明治三八年に陸軍が仮制式銃として採用したことにちなむ。

上の方に工場の記号とM字が並んでいるが（モノクロ化したため見えにくいが）、Mは陸軍所轄を表わす組み合わせ記号であり、双方で「陸軍の工場」を意味する。図の切れ目なので工廠の全体を見渡せないが、周囲には煉瓦またはコンクリートの塀が巡らされていたことが、ハタザオのような記号で読み取れる。

工廠の周囲には、今よりだいぶ狭かったとはいえ現在の白山通り（工廠の東側）や春日通り（北側）がすでに通り、どちらにも市電の線路がある。春日町や壱岐《いき》坂下などの停留場名は今も交差点名に健在だ。図の六年後、関東大震災の年にあたる大正一二年（一九二三）には陸軍造兵廠に変わっている。

図2は戦後一一年経った昭和三一年（一九五六）である。街路がほぼ同じなので激変がわかりやすい。昭和二〇年（一九四五）に工廠を擁していた帝国陸軍は消滅し、原則としてその関連施設のすべてを米軍が接収したが、この造兵廠はひと足先の昭和一〇年頃に小倉市（現北九州市）へ移転し、跡地には同一二年、後楽園スタヂアムが開場した。当時はプロ野球の黎明期で、前年に巨人の沢村栄治が対タイガース戦でノーヒット・ノーランを達成したそうだ。その伝説の名投手も昭和一九年（一九四四）に輸送船に乗っていて米軍の潜水艦に沈められ、戦死している。

戦争が終わってプロ野球も復活し、図2の修正年である昭和三一年（一九五六）は川上哲治が通算二〇〇〇本安打を達成した年である。長嶋茂雄はその翌年に巨人軍に入団した。さて、図2を見ると現在とはだいぶ異なり、後楽園球場の隣には競輪場も見える。こちらは昭和二四年にできた都営の施設で多くの入場者で賑わい、都の収入も相当なものだったが、美濃部亮吉知事が就任して都営ギャンブル全廃を宣言、昭和四七年（一九七二）を最後にレースは行なわれなくなった。

東京ドームは昭和六三年（一九八八）のオープンだが、日本初のドーム球場もすでに二〇年以上の歳月が経ってしまったとは感慨深い。広さを表わすのに「東京ドーム何個分」という言い方もすっかり定着した。ドームの場所は後楽園球場ではなく、競輪場のあった位置である。図2の「帝都高速丸ノ内線」は図の修正の二年前、銀座線に続く東京二番目の地下鉄として池袋〜御茶ノ水間が開業した

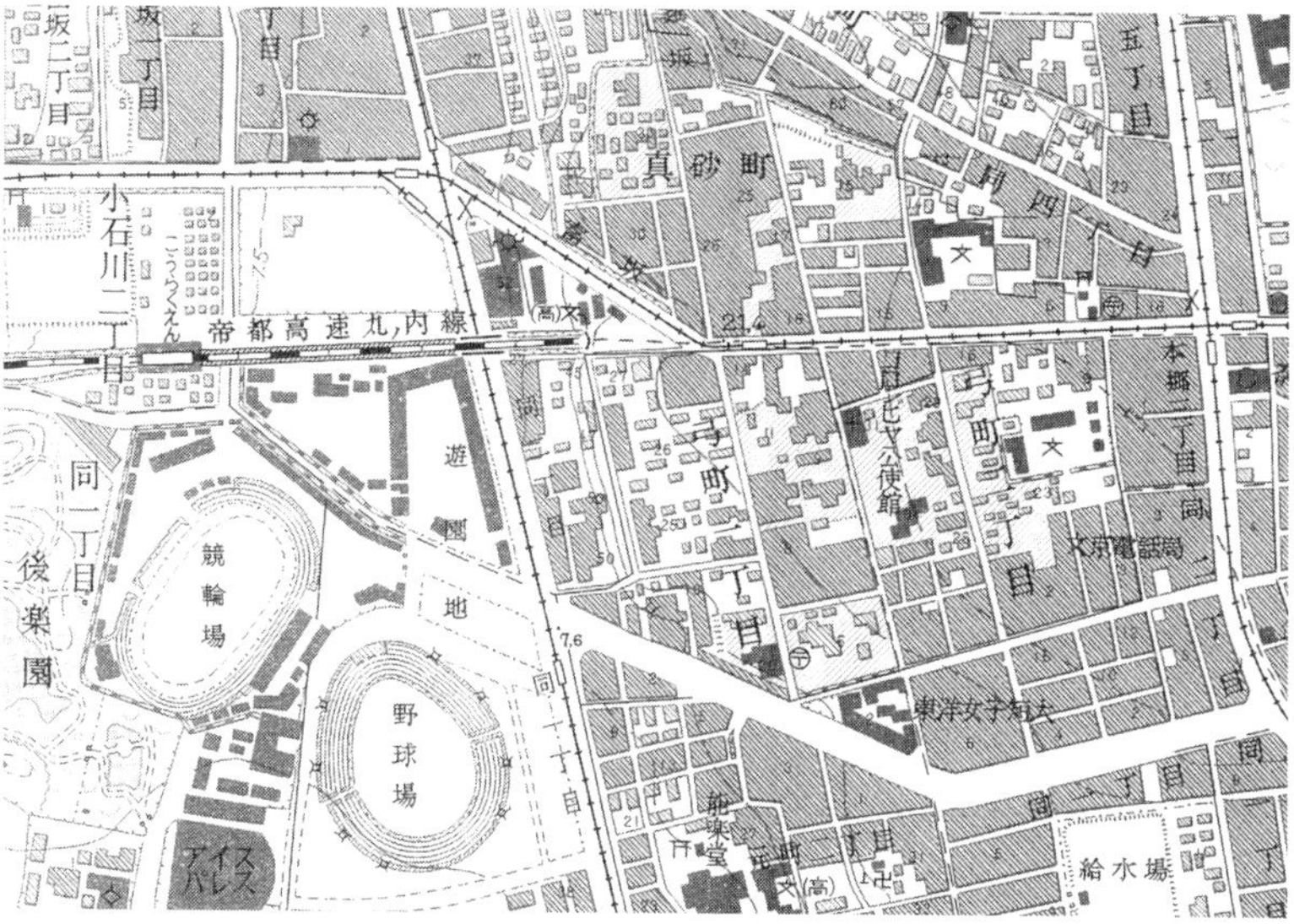

図2　1:10,000「上野」昭和31年修正

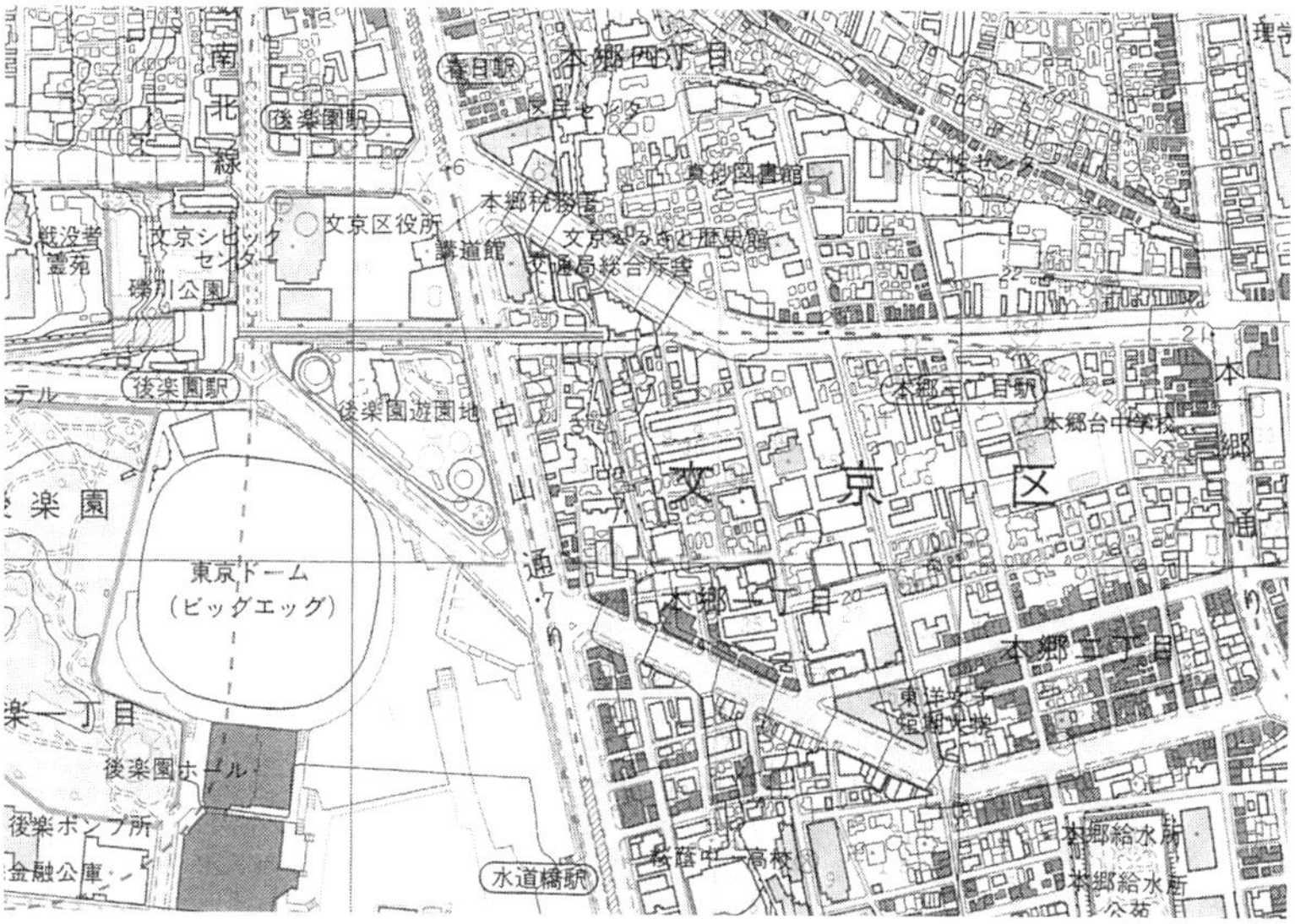

図3　1:10,000「日本橋」平成10年修正

ばかりで、同三一年（一九五六）七月に東京駅に達した。その後このエリアには都営地下鉄三田線（昭和四七年）、東京メトロ南北線（平成八年）、都営大江戸線（同一二年）が地下を縦横に走り回るようになったが、以前の主役であった都電は荒川線を除いて昭和四七年（一九七二）に全廃されている（図3）。

飛行場からニュータウンへ

次ページの図4と図5は郊外である。図4のような近郊農村風景の中に図5で出現したのは、戦争中の昭和一七年（一九四二）四月に東京が「ドゥリットル空襲」を受けて「帝都防衛」のため急造した成増飛行場だ。同一八年に始まった工事には近衛師団や第一師団からなる赤羽工兵隊の他に在郷軍人や中野刑務所の囚人、動員学徒、それに朝鮮人労働者などがあたり、突貫工事で行なわれた。以前は畑や集落のあった場所だが、「非常時である」として有無を言わさず強制買収、移転させられた農家は六六戸に及んでいる。

昭和二〇年の終戦を迎えると直ちに米軍が接収し、米陸軍の家族宿舎が建設されたが、同二二年には第五空軍の家族宿舎「グラントハイツ」となった。南北戦争時にグラント将軍として活躍し、後に第一八代大統領となったユリシーズ・グラント（一八二二－八五）にちなむ命名である。東武東上線の上板橋駅から陸軍第一造兵廠まで伸びていた専用線が啓志《けいし》駅（後にグラントハイツと改称）まで延長され（図には載っていない）、池袋から直通の進駐軍専用列車が走った。ちなみに啓志とはグラントハ

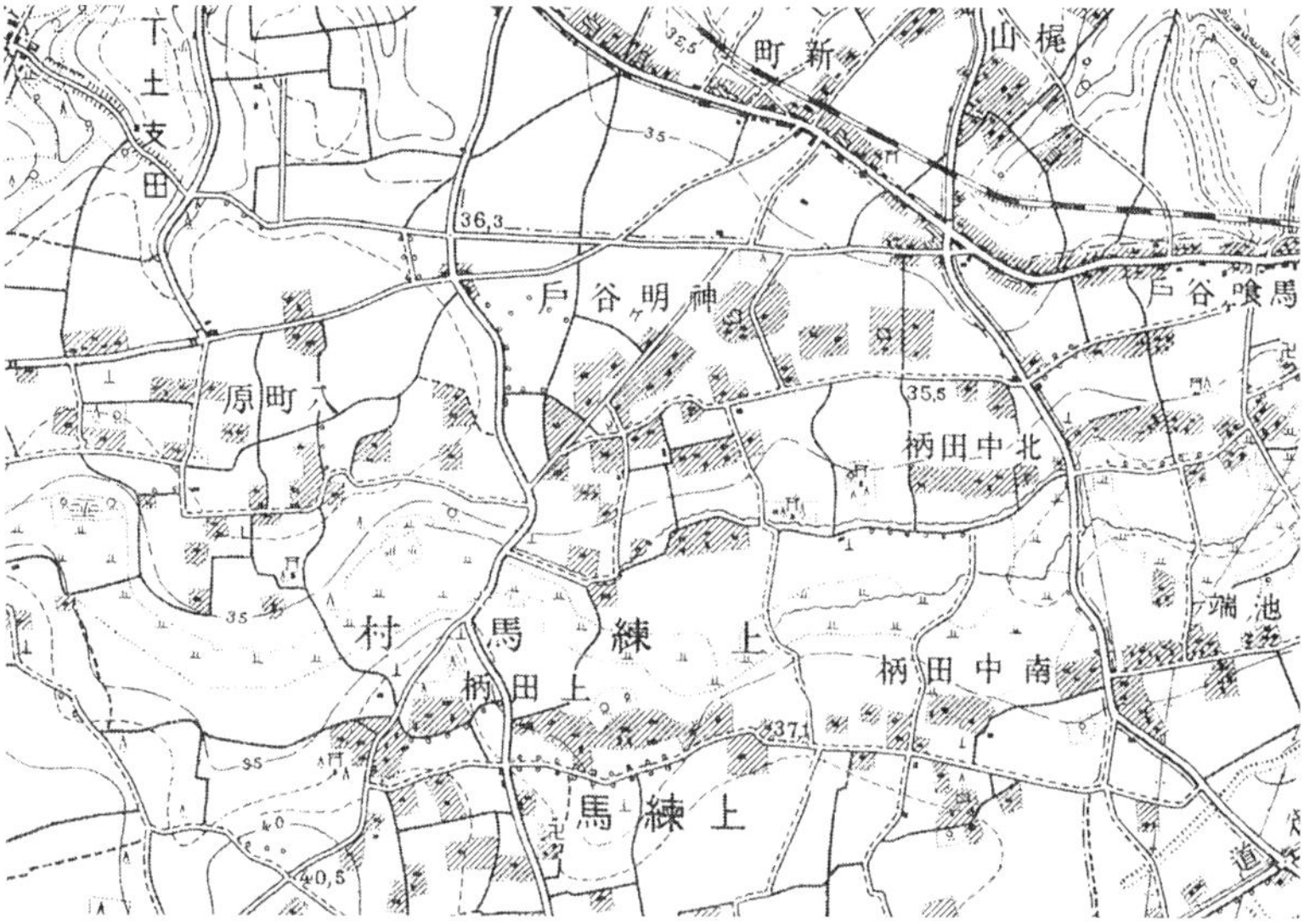

図4　1:25,000「赤羽」昭和3年修正

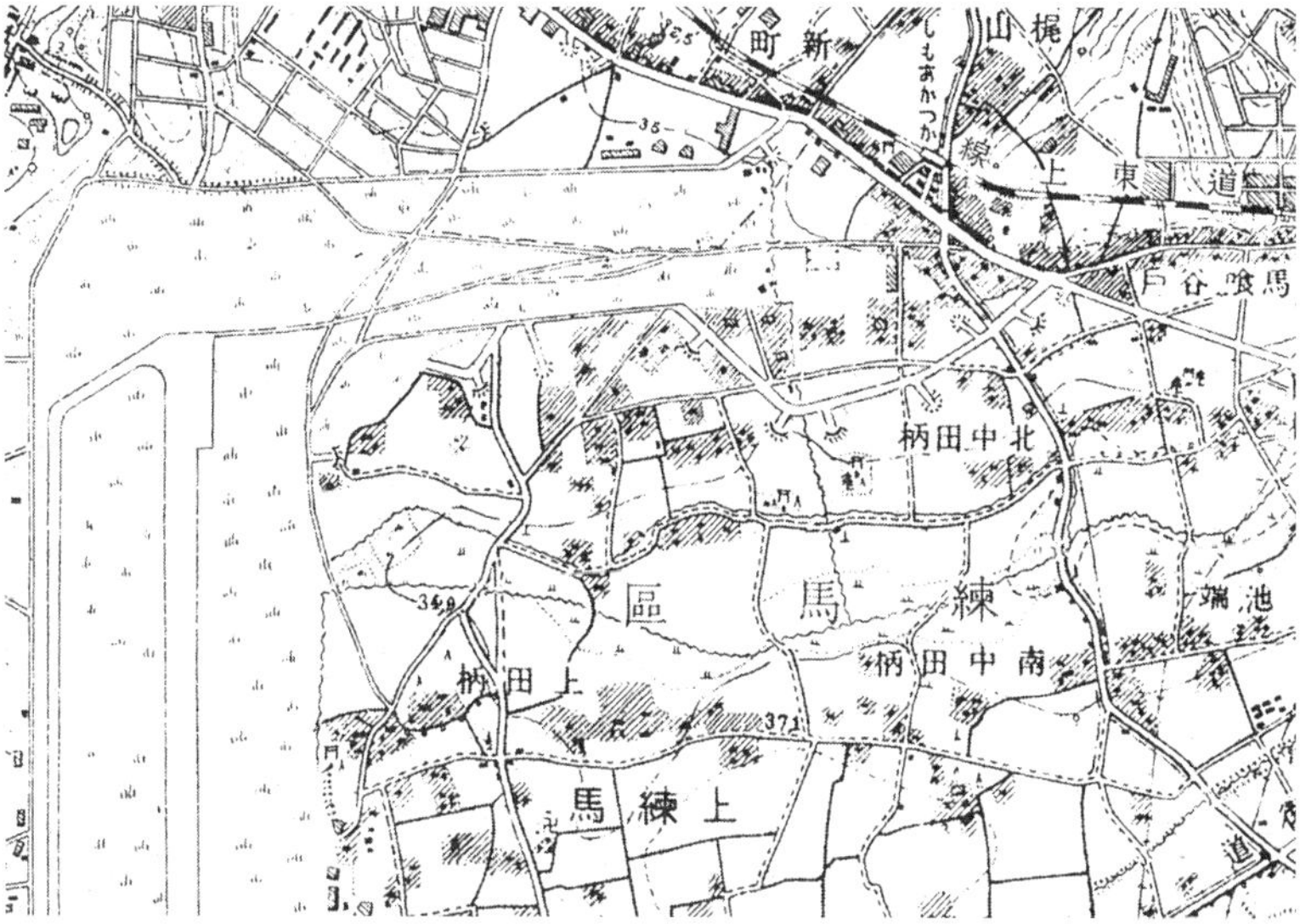

図5　1:25,000「赤羽」昭和20年部分修正

イツの建設責任者、ケーシー中尉にちなむものである。

図6はグラントハイツ時代のものだが（図中の「グランドハイツ」は誤り）、川越街道周辺の密集市街、東側の昔ながらの農村集落と比べて明らかに異なる景観が広がっていたことが一目瞭然だ。芝生が敷き詰められた中に余裕をもって並ぶ広い住宅が想像できる。もちろん、まん中には翩翻《へんぽん》たる星条旗。現在の米軍基地と同様に「練馬区の中の異国」であり、基地内には米軍子弟のための学校から映画館、ショッピングセンター（PX）、ゴルフ練習場やプールなど、何でも揃っていた。

その後は返還運動が起こり、昭和三〇年代から少しずつ「接収解除」が行なわれていった。昭和四六年（一九七一）には全面返還が決まり、広大な面積を公園と団地など住宅地とする再開発が行なわれることになった。高松町や田柄《たがら》町の各一部にあたるハイツ内の町名は返還直前に「光が丘」として住居表示されている。

図6の三年後の昭和四八年（一九七三）にグラントハイツは全面返還され、下の図7のようなニュータウンに変貌した。長らく交通機関がバスしかなかったが、平成三年（一九九一）には都営地下鉄一二号線（現大江戸線）が練馬まで開業、同九年には新宿まで、さらに同一二年（二〇〇〇）には環状部分が開業して都心部への連絡が便利になった（たとえば光が丘～六本木間は三一分）。

農村から陸軍飛行場、米軍住宅、そしてニュータウンへ。この地域にとっては、何とも目まぐるしい二〇世紀であった。これも戦争がもたらしたものである。

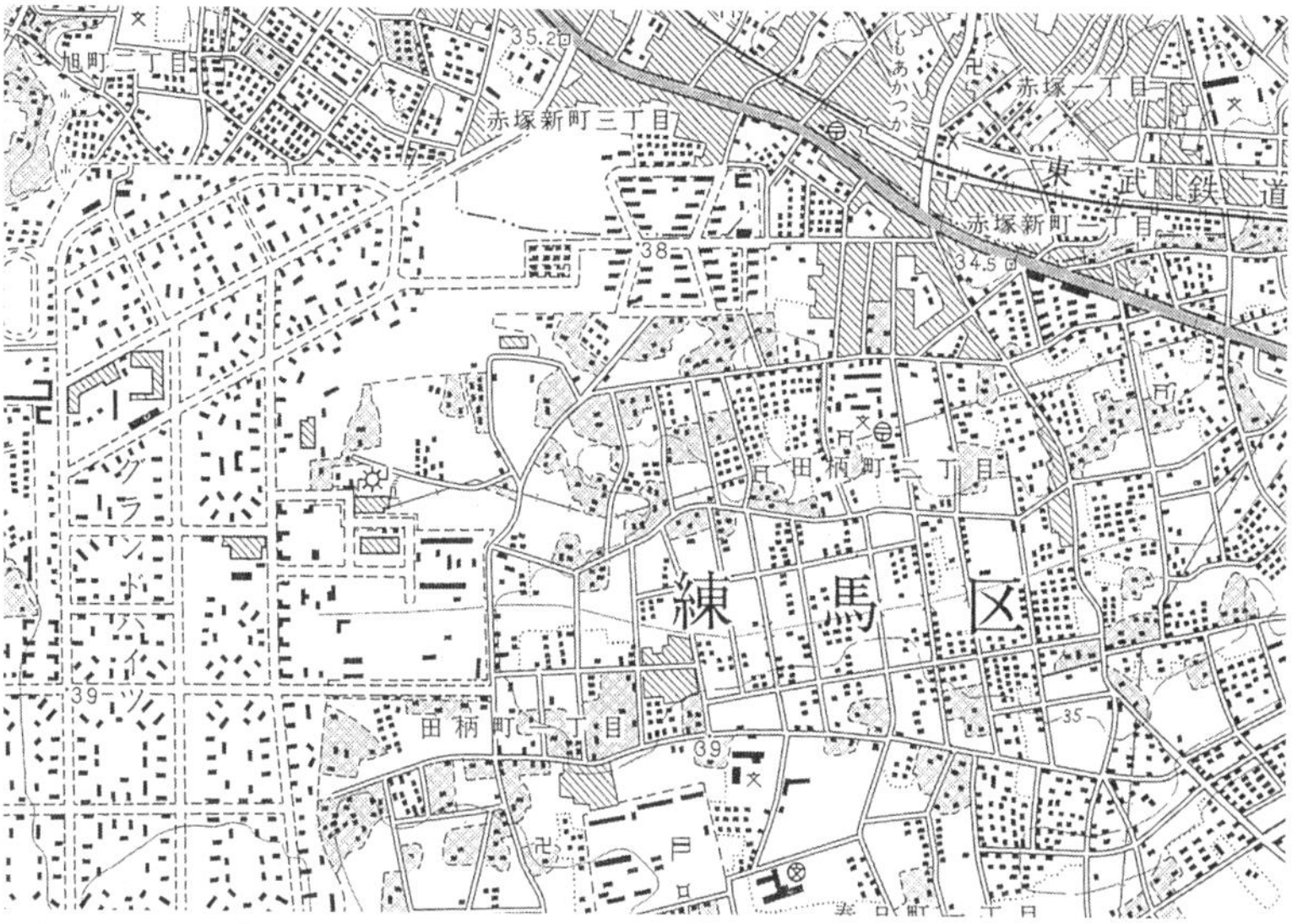

図6　1:25,000「赤羽」昭和45年修正

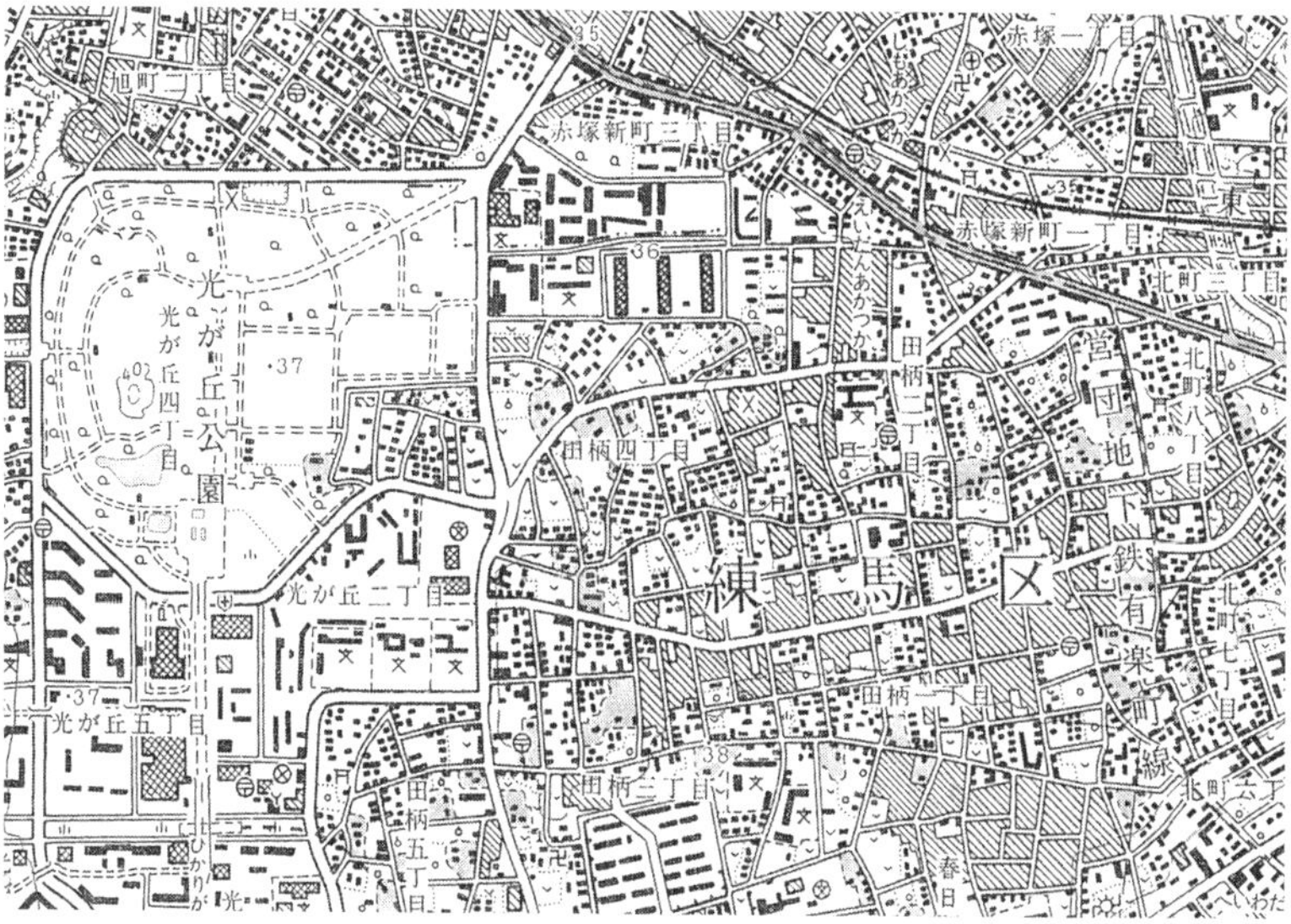

図7　1:25,000「赤羽」平成10年部分修正

軍用鉄道の生まれ変わり

蛇行する演習線が通勤線に――新京成電鉄

今は陸上輸送の大半をトラックが担う時代だが、戦時中は陸の主役は圧倒的に鉄道であった。そのため何かモノを運ぶ場面があれば、大小の規模の差はあれ必ずと言っていいほどレールが敷かれ、そこを蒸気機関車が牽く重量級の貨物列車から、果ては人力のトロッコに至るまで、用途に合わせた車両が往復していたのである。もちろん軍隊でも兵器・兵員その他の輸送には、鉄道が大いに活躍した。

千葉県に鉄道聯隊という部隊があった。第一聯隊が千葉、第二聯隊は津田沼に置かれ、戦地における鉄道の敷設と運営、破壊工作までを担う部隊であったが、演習と称して国内の数々の鉄道・軌道の建設にも携わっている。この場合、建設業者に頼むのに比べ、材料費を負担するだけでよかったので、鉄道事業者としてはだいぶ助かったらしい。札幌の「雪まつり」会場に雪を運んで彫刻する作業

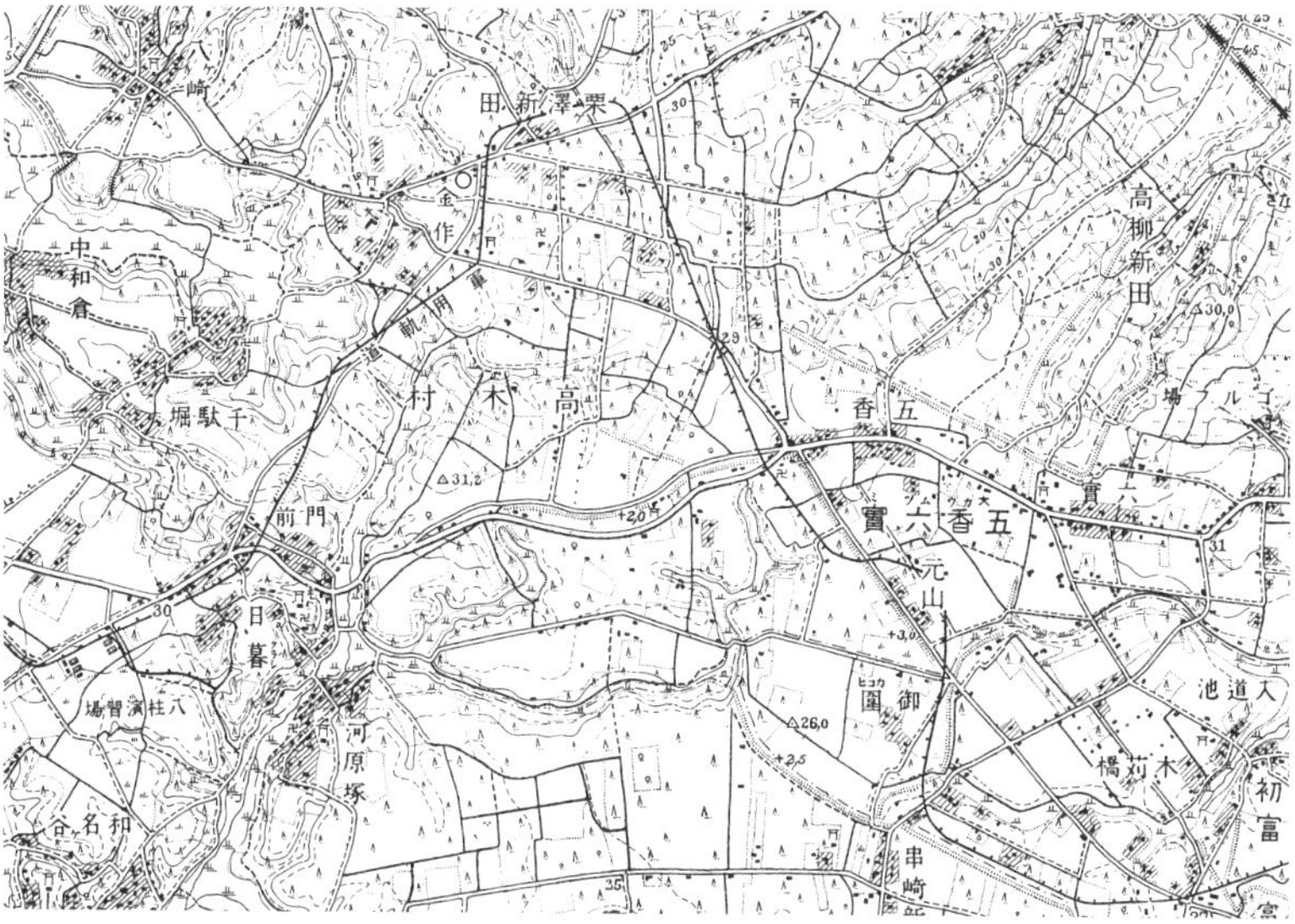

図1　鉄道聯隊の演習線　1:50,000「東京東北部」昭和7年要部修正×0.8

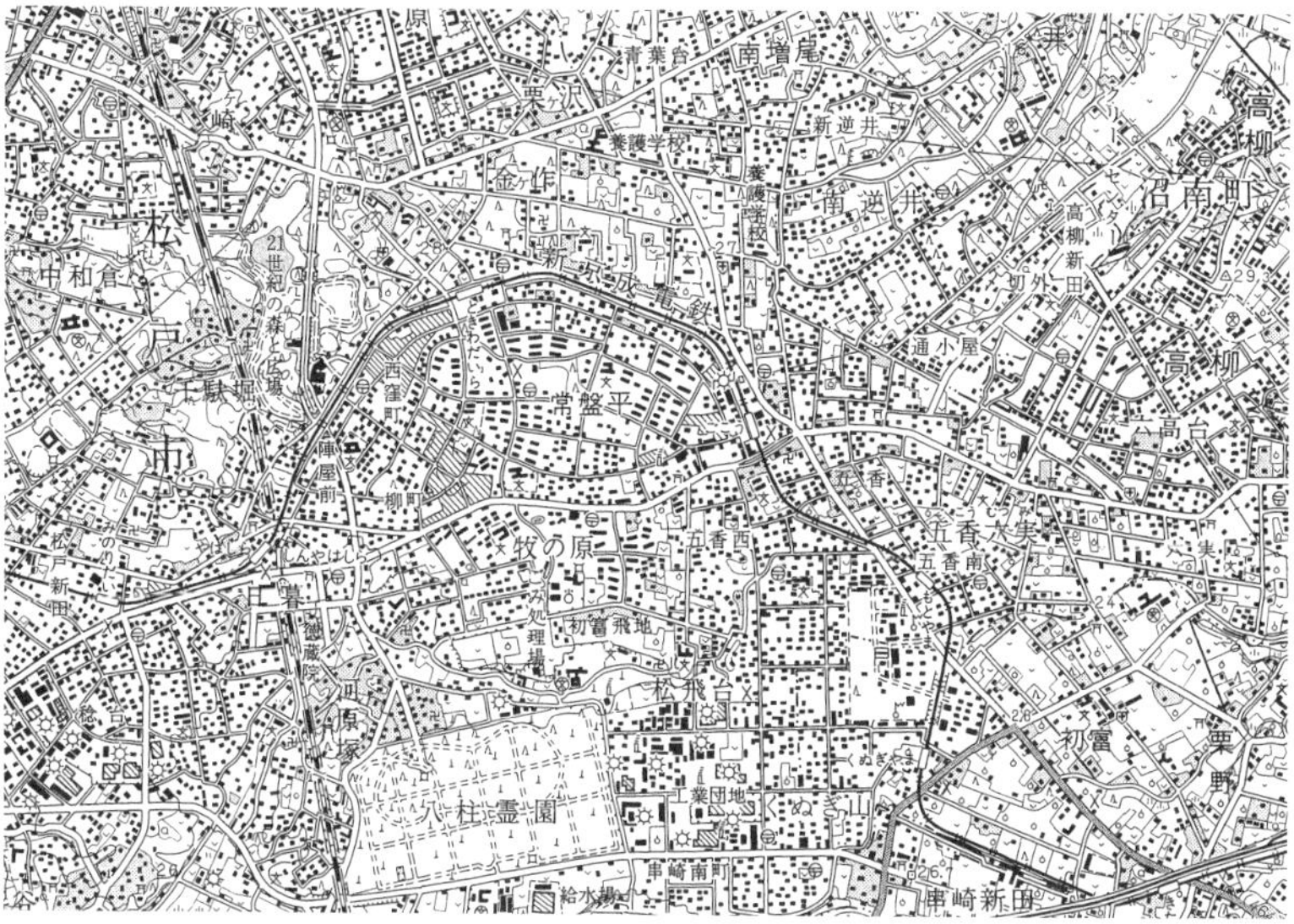

図2　現在の新京成電鉄　1:50,000「東京東北部」平成12年修正×0.8

が、実は陸上自衛隊の「野戦築城訓練」であるのと同様だ。

その演習線が津田沼から松戸付近に至る下総台地上に敷かれていた。図1がそれであるが、初富《はつとみ》から八柱演習場あたりにかけて、線路がカーブを繰り返している。これは図2でわかる通り、現在の新京成電鉄の線路だ。敗戦後にこの線路跡地を民間に払い下げることになり、地域の将来性を見越して西武鉄道と京成電鉄が競った。結局は京成が引き受けて新京成電鉄を設立、今に至っているのだが、この演習線は困ったことに妙な蛇行を繰り返しており、そのまま使うには使い勝手が悪かったため、一部の迂回路的な部分については短絡するなどして改良を加えている。

それにしても、なぜそれほど蛇行していたかについては、一部に流布する「機銃掃射を避けるため」などという子供だましの説はともかく、『民鉄経営の歴史と文化（東日本編）』（古今書院）で筆者の山田俊明氏は「路線四五キロをもって一運転区大隊を編成すべしという鉄道聯隊の規定に合わせるために、線路を故意にねじ曲げたからであるといわれている」としている。いずれにせよ、当初は畑と雑木林だった沿線には住宅地が激増した。

戦前は弾薬、今は子供たちを運ぶ路線

図3には昭和四〇年に開園したばかりの多自然型遊園地「こどもの国」が載っているが、その南側、長津田駅に至る破線で表わされた線路は、「建設中のこどもの国線」ではない。実はここ、戦前には東京陸軍兵器補給廠（田奈部隊塡薬所）、つまり弾薬庫だった。戦後は米軍が接収してやはり同じ弾薬庫として使われて

図4　横浜高速鉄道こどもの国線
1:25,000「原町田」平成19年更新×0.85

図3　弾薬庫の専用線跡
1:25,000「原町田」昭和41年改測×0.85

いたが、その後返還され、「平和利用」でこどもの国になったのである。この線路は地形図記号では「建設中または運行休止中」を意味するが、戦前には横浜線の長津田駅に至る軍用の専用線であり、図3はそれが放置された状態である。現在はない東側に枝分かれした支線（どちらが支線かわからないが）も載っている。

図4は現状で、開園二年後にあたる昭和四二年（一九六七）に東急こどもの国線（施設保有はこどもの国協会）が開通した。その後は沿線の宅地化に伴う一般客の需要に応えるべく、平成九年には横浜高速鉄道となり、中間に恩田駅も開業した。とにかくこの四〇年近くで進んだ都市化の波は著しい。

日立航空機工場専用線のその後

図5は隷書体で大きく書かれた「北多摩」の郡名が目立つ。この郡は今では全域が市制施行したためすでに消滅しているが、その北側に走るのは西武鉄道上水線である。これは現在の拝島線の一部で、昭和四三年（一九六八）に拝島まで延伸される以前は左端に見える玉川上水駅が終点だった。まとまった集落もなく、有力な神社仏閣があるわけでもない場所に終着駅。これは要注意である。ご想像の通りかもしれないが、ここには日立航空機の工場があり、人員と資材運搬のため昭和一九年（一九四四）に急遽、小川駅〜工場間に敷設された専用鉄道であった。当初は非電化線で人員輸送には気動車が運行されていた。昭和二五年に西武上水線として営業を開始、同二九年に電化されている。

さて、小川駅の北東側にも専用線（引込線）らしきものが見えるが、それを拡大したのが二一二ページの図7である。「小平町」と表記された一帯は、荒地の記号で広々と覆われている。その中に道

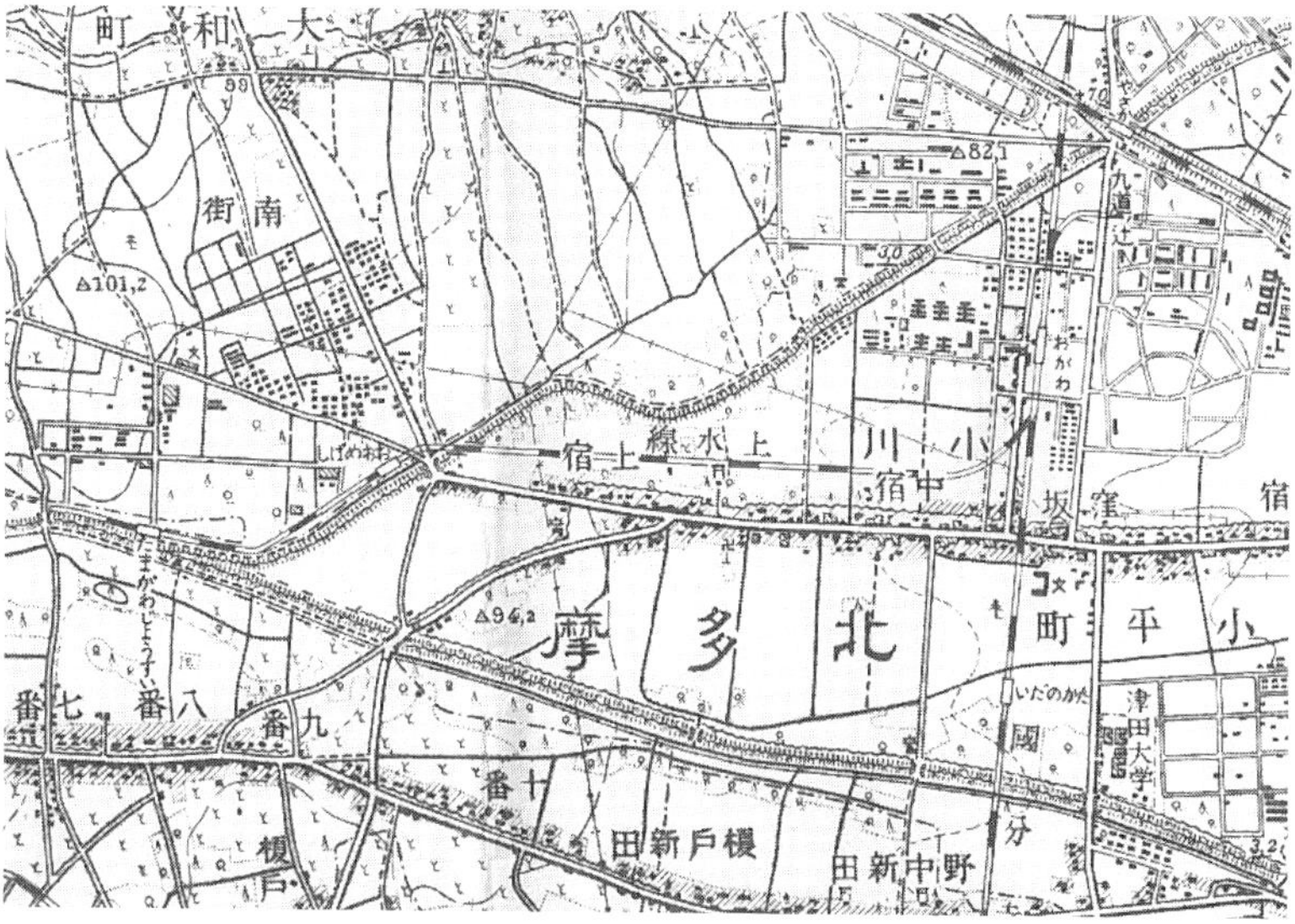

図5　日立航空機専用線から転じた西武鉄道上水線　1:50,000「青梅」昭和28年応急修正（同29年発行）× 0.85

図6　西武鉄道拝島線　1:50,000「青梅」平成9年要部修正 × 0.85

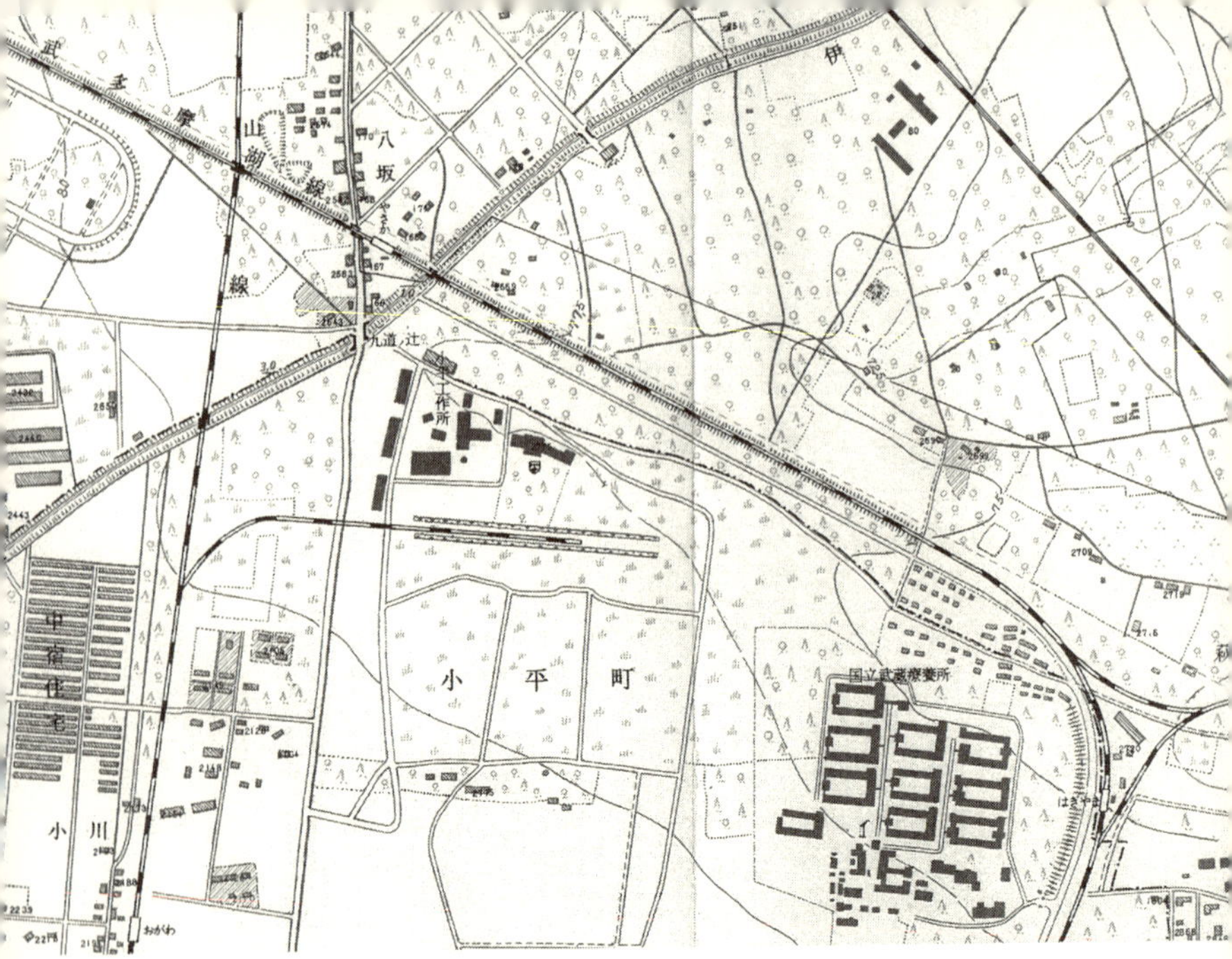

図7　1:10,000「東村山」昭和26年測図×0.75

路だけが不定形に通っている様子が「何かの跡地」を示唆しているが、左端の小川駅から伸びた専用の線は荒地の北側で行き止まりになっている。線路の両側に見える擁壁《ようへき》の記号は何を意味しているのかわからないが、積込むためのホームの高さだけ、線路が低い所を通っていたのだろうか。

調べてみると、ここには戦時中の昭和一八年（一九四三）に陸軍兵器補給廠小平分廠ができた。戦車や自動車の修理を担当する部署だったそうで、専用線はそれらの車両を貨車に載せてここまで運ぶためのものだったようだ。ホームが地面の高さであれば都合がよかったはずで、この擁壁も納得できる。線路の西側に「中宿住宅」という、かなりの長さをもつ長屋群のようなものが並んでいるが、昭和二三年に撮影された米軍による空中写真によれば実際には四戸から七戸が並んだ戸建てで、この二〇〇戸の住宅は分廠や小平付近の軍事施設に勤める人のために急造されたものだ。図の「中宿住宅」は仲宿営団住宅のことで、昭和一六年（一九四一）から二一年まで存在した特殊法人の住宅営団が作ったものである。営団は関東大震災の義捐金で設立された同潤会の事実上の後身だ。

先の米軍写真では「小平町」の荒地に約二〇軒ほどの大きめのバラックが写っているが、その中で修理をしていたのだろう。それが図の修正年の昭和二六年には見渡す限りの草っ原になっているから、その間に取り壊されたと思われる。その後昭和三〇年代にブリヂストン東京工場がその跡地に進出した。専用線も「主」が変わってしばらく同社の専用線をつとめていたのだが、その後は西武鉄道上水線（現拝島線）が小川〜萩山間を接続することとなり、その路線の一部としてこの専用線が利用された。同線が小平〜小川間で「紆余曲折」しているのはそんな歴史の反映なのである。

軍需工場、こちらは大団地へ

次の図8は右上に保谷町とあるが、今は西東京市内となった。その町名の左側には「たなしまち」（田無町）駅があって混乱するかもしれないが、昭和三四年（一九五九）に現在のひばりヶ丘駅に改称している。駅は保谷市内だったが、田無市域が駅前に迫っていたので、旧市街からは遠いが、田無町（市制施行は昭和四二年）を名乗る駅名でもおかしくはなかった。ここに巨大団地の先駆けともいうべき日本住宅公団ひばりヶ丘団地ができたのは駅名が改称された昭和三四年で、図はその八年前にあたる。団地の敷地は終戦まで中島飛行機のエンジン部品を作る中島航空金属田無鋳鍛工場があった。

大工場に付きものの専用線はやはりここにもあって、図には見えないが、北方で東久留米駅とつながっている。現在は線路敷の一部が「たての緑道」という遊歩道になったが、知らなければ廃線跡とは気付かないだろう。専用線に近い、矩形の建物が疎らに建っている地区が今は大団地だ。この線路を通勤線に活用していたら、団地の足として大いに活躍できたかもしれないが、やはり線路が池袋を向いておらず、東久留米駅に接続していたのでは現実味は薄かっただろう。

図9は武蔵野市北部、三鷹駅のちょうど真北あたりである。グリーンパーク、都営住宅、駐留軍宿舎あたりが、やはり中島飛行機の工場だった。同社の武蔵製作所という最大級の飛行機工場で、何度も空襲で破壊されて壊滅的な打撃を被った。米軍の昭和二三年の空中写真によれば「駐留軍宿舎」の棟、こちらは西工場だったというが、無傷に見える。占領後に使うつもりで残したのだろうか。その東側に広がっていた工場は徹底的に破壊されており、一方で北側の電気通信研究所（現NTT研究開発センター）は無事だから、きちんとターゲットを絞って正確かつ集中的に爆撃したことがわかる。

図に見える線路は三鷹駅から伸びている旧中島飛行機の専用線で、昭和二六年（一九五一）四月、終点に武蔵野競技場前駅が設置され、グリーンパークでの野球の試合開催日に東京駅からの直通電車が走った。しかし諸事情で野球場としては一シーズンのみで終わってしまったため電車も走らない休止状態が続き、同三四年には正式に廃止されている。こちらも残しておけばだいぶ重宝したに違いない。今はやはり緑道になっており、その緩やかなカーブは歩いてたどることができる。軍需工場から一瞬だけ観客輸送、そして廃止の運命をたどった線路。これも「戦争遺跡」のひとつではあろう。

図8　1:10,000「前沢」昭和26年測図×0.76

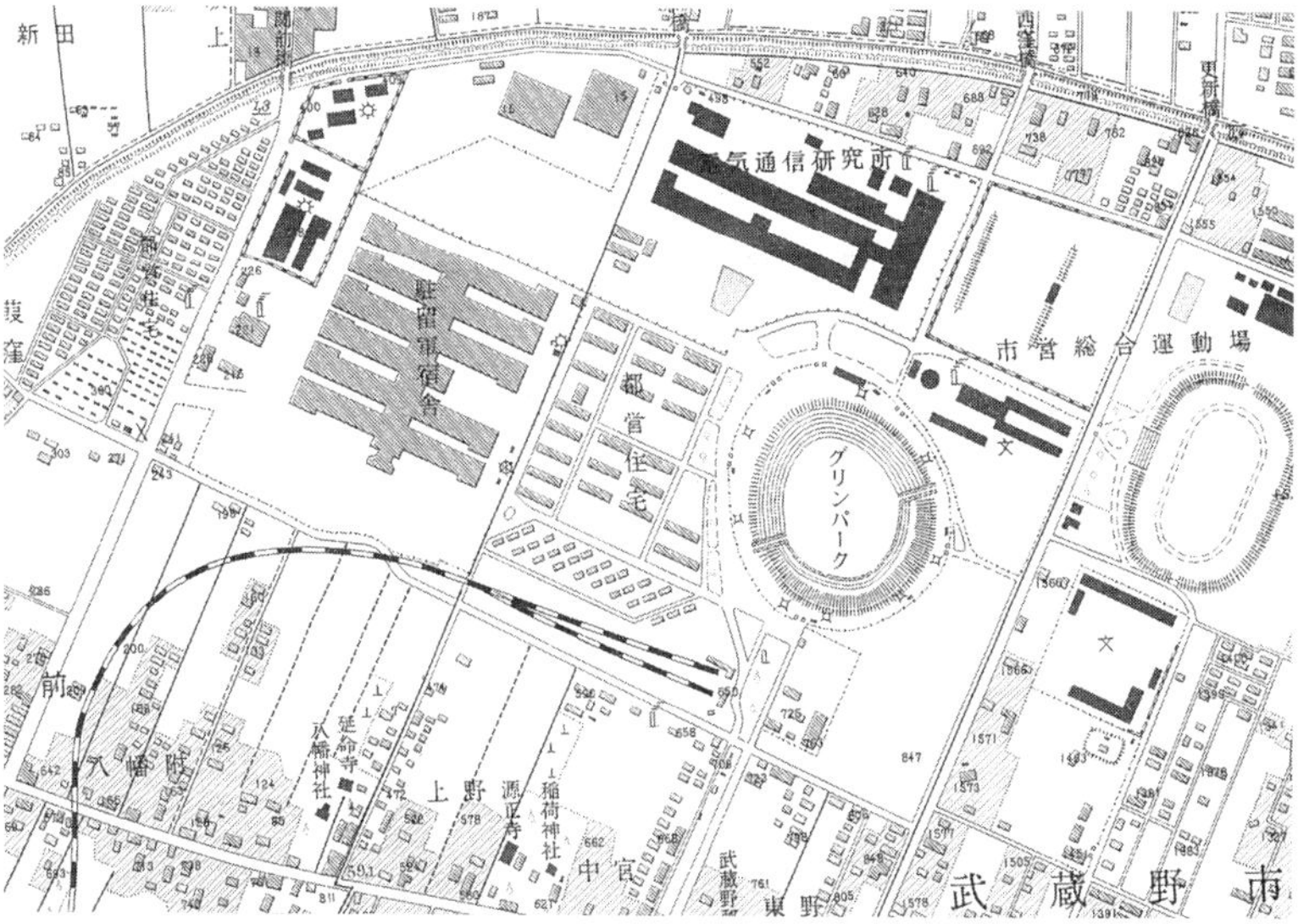

図9　1:10,000「吉祥寺」昭和31年修正

地図上の大きな円形

千葉県船橋市の西部、中山競馬場の東隣の地域に丸い一画がある。半径ちょうど四〇〇メートルのきれいな円を描く道路に囲まれており、東側にはわずかな窪みがある。中央部には蝶ネクタイのような形をした行田《ぎょうだ》公園があり、その北側は税務大学校や行田中学校、南側は行田団地と行田東・行田西の二つの小学校。西端にはＪＲ武蔵野線がかすめているが、西側には中山競馬場の長円形、南東には日本建鐵船橋製作所の長方形の敷地があって、地上に描かれた「三つの図形」は地図で見ても衛星画像でもよく目立つ（図1）。

競馬場の長円と工場の長方形はその目的に合致した形なので謎でも何でもないが、団地や学校が真円の道路で囲まれていなければならない理由はないから、何らかの目的で真円形に区画された中に施設があり、その後使用されなくなって「跡地」になったことは明らかだ。武蔵野線が弧の一部に中途半端に侵入していることから、この線ができた昭和四八年（一九七三）にはすでに「跡地」だったと考えられる。

しかし「謎の円形」は、昔の地図を見れば一目瞭然だ。昭和四五年の二万五千分の一地形図「船

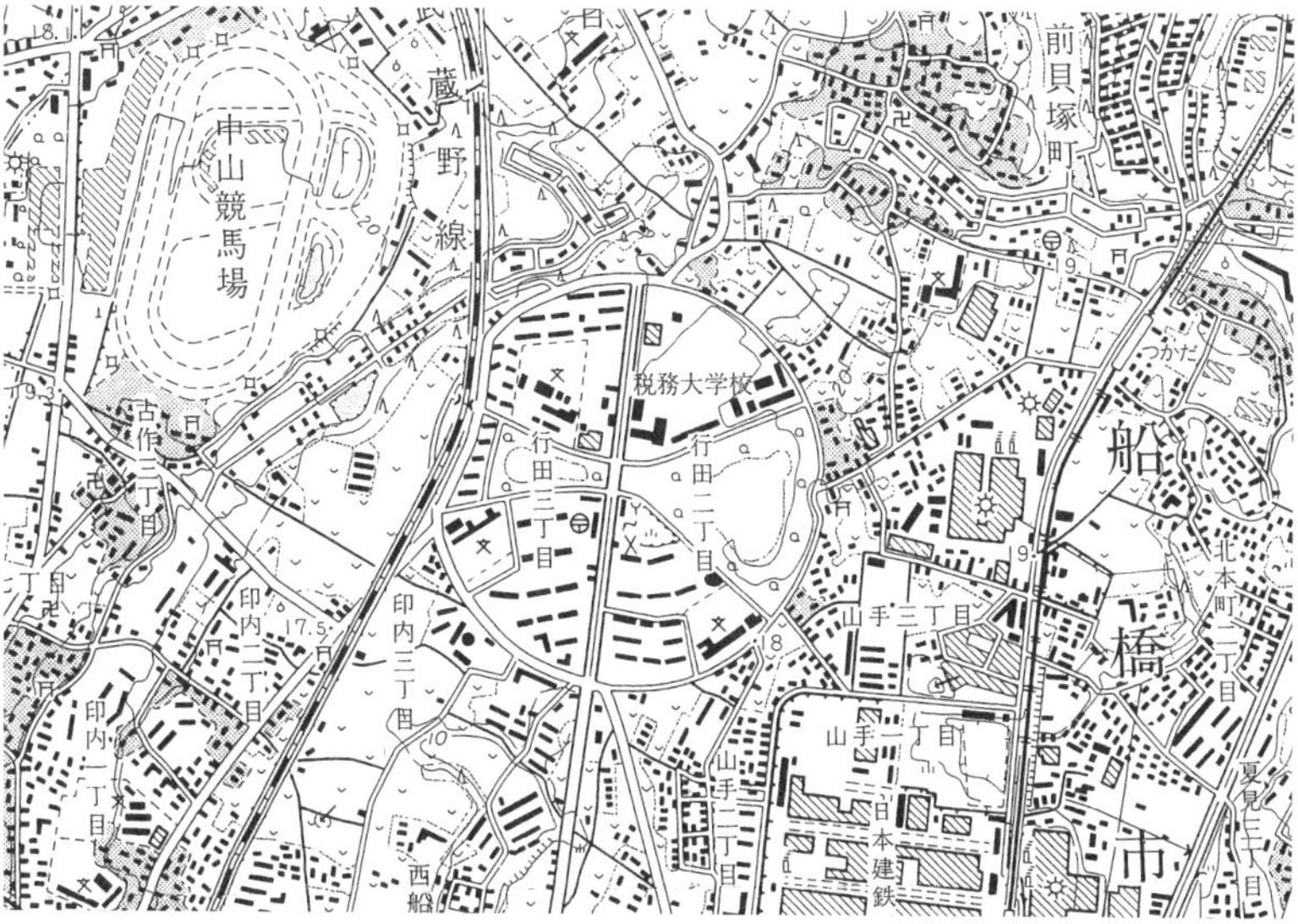

図1　1:10,000「中山」平成6年修正

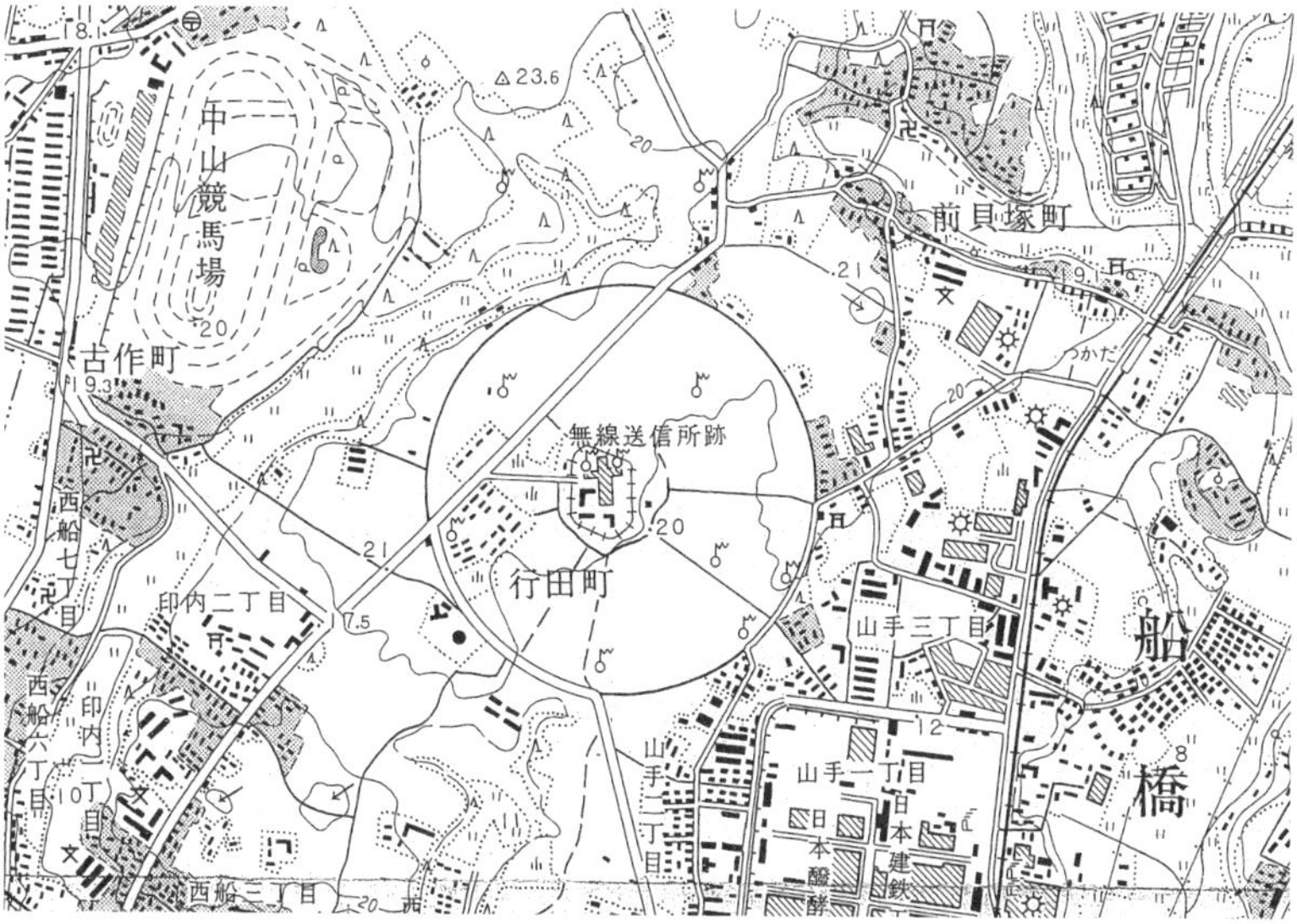

図2　1:25,000「船橋」昭和45年修正

橋」（図２）には公園も団地もなく空き地の中に九つもの電波塔の記号が記されており、中央付近の少し大きめの建物には「無線送信所跡」の注記がある。西側には整然と並ぶ戸建てと思われる家屋。これは官舎だろうか。戦前の図３には「船橋海軍無線電信所」とあるように、ここは海軍の通信所であった。正式には「海軍東京無線電信所船橋送信所」と称し、大正四年（一九一五）に完成した。何千キロも離れて展開する太平洋上の艦隊などへ向けて送信するために設けられたもので、翌大正五年には逓信省の通信所も併設されている。

この送信所の活躍で有名なのは大正一二年（一九二三）に起きた関東大震災で、大きな被害を受けた東京や横浜など関東地方の被害状況を世界中に発信することができた。日本ではまだラジオの放送が始まっていない（開始は大正一四年）。これに対して世界中から多くの義捐金が寄せられたことは知られている。黎明期の鉄筋コンクリート団地で知られる同潤会はその義捐金のうち一〇〇〇万円を元に財団法人として設立され、まずは東京市・横浜市内の木造バラックを建て、震災二年後からは鉄筋コンクリートの集合住宅を各地に次々と建設していった。

この通信所からは太平洋戦争の火蓋を切る真珠湾攻撃命令、「ニイタカヤマノボレ一二〇八」も送信されたという。戦後は他の軍事施設同様に米軍が接収し、その通信基地として使われたが昭和四一年（一九六六）に返還されている。ひょろりと高い主塔は高さ約二〇〇メートル、その周囲を取り囲む副塔は約六〇メートルであったが同四六年には解体され、跡地には冒頭の地図のように公園や団地ができた。よくよく気をつけていないと見過ごしそうだが、今も付近には「海軍」と彫られた境界石がいくつも残っているそうだ。

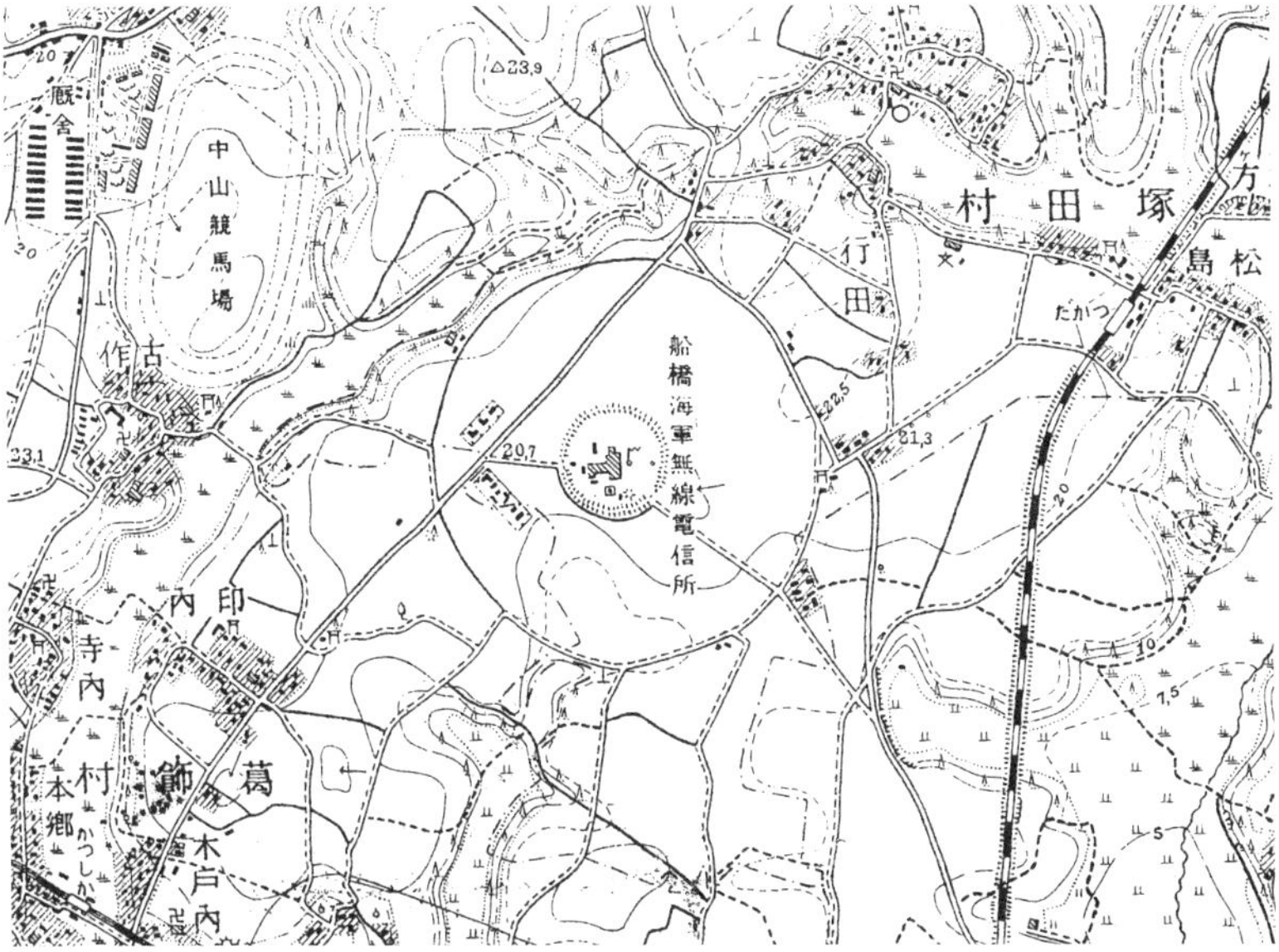

図3　1:25,000「船橋」昭和7年要部修正

通信所ができた当時は塚田村（現船橋市）で、近くの東武野田線（昭和一九年まで総武鉄道）には塚田駅もあるが、実はこの旧村名は通信所の建設された行田新田と前貝塚村・後貝塚村の三村が明治二二年（一八八九）に合併した際に貝塚の塚、行田の田をとって繋げた合成地名である。さらにこの行田新田（昭和一五年に行田町と改称）も実は合成地名で、現在はいずれも市川市内にある行徳《ぎょうとく》領と田尻村の人たちが開拓したことから両地名を合成して行田新田としたのである。

次ページの図4は現役の通信所、米国海軍戸塚無線送信所（深谷通信隊）である。こちらも日本海軍の通信所であったが、戦後は米軍の施設となった。船橋よりひと回り大きい半径五〇〇メートルで面積は約七七ヘクタールと広大だ。アメリカの第七艦隊の艦船および航空機へ送信するための施設である。船橋

図4　1:10,000「戸塚」平成7年修正

も戸塚もそうだが、送信施設から一定半径の範囲内を送信の障害にならないよう円形に用地を買収するようで、これが地図上の円形として目立つ存在になるのだ。

しかし周囲が畑ばかりの昔はともかく、徐々に市街化が進んでくると、船橋のような周回道路がなくても円形が浮き上がってくる。周回道路がない代わり、一部が戸塚区と泉区の境界線となっているので、南側をよく見ると一点鎖線がきれいに弧を描いているのがわかる。円の内側には「かまくらみち」と記された県道も通っており、私は三〇年ほど前にバスでここを何度か通ったことがあるが、ずっとフェンスが続いて芝生の間に高いアンテナと建物があり、日本語英語併記の注意看板もあり、緊迫した雰囲気だった覚えがある。最近では「円内」の畑に地元の人が立ち入ることは認められているそうで、そんな空気は緩んだのかもしれない。平成一六年（二〇〇四）には今後返還される方向が決まったが、将来はどのような地域に変貌するだろうか。

焼け跡の街に出現した飛行場

市街地→焼け跡→公園

大阪旧市街の西側（図1では東側）を一直線に北から南へ流れていた西横堀川は、江戸初期の元和三年（一六一七）に材木商の初代永瀬七郎右衛門が開鑿した。その名をとって昔は七郎右衛門堀とも呼ばれていたそうだ。次ページの図1よりずっと南へ下ると、西長堀川との交差地点に井桁の形に架けられていたのが有名な四ツ橋である。

しかしこの川も東京の多くの運河と同様、急激なクルマの増加に対処するため昭和三七年以降に埋め立てられて長大な駐車場となり、その上を高速道路が覆うこととなった。「水の都」だった大阪は大幅な変貌を余儀なくされたのである。この西横堀川の西側がいわゆる西船場であるが、現在ここには九・七ヘクタールに及ぶ広い靭《うつぼ》公園がある。図は今から五八年前の昭和二七年に修正されたものだ

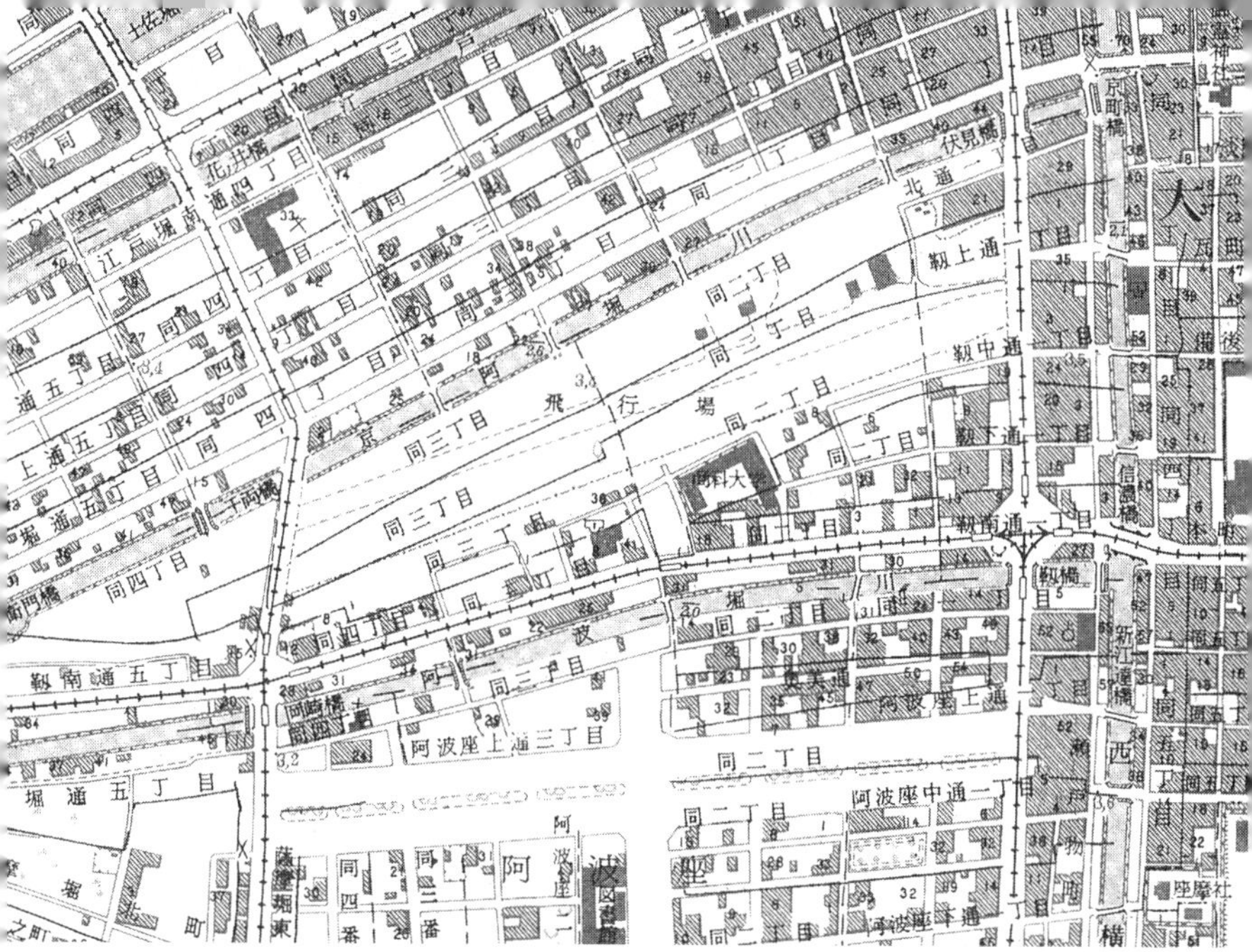

図1　1:10,000「大阪首部」昭和27年修正

が、靭北通（図中の「北通」は誤り。また、その北側の「京阿堀川」は「京町堀川」が正しい）、靭上通、靭中通の各町の二丁目、三丁目の文字だけが更地の上に並んでいて、その更地の中央には「飛行場」の文字が大いなる違和感を生み出している。

この場所はかつて雑喉場《ざこば》と呼ばれ、一帯には江戸初期から塩干魚や鰹節、それに干鰯《ほしか》を扱う問屋が軒を連ねていた。干鰯とは文字通り干して固めたイワシであるが、食品ではなく肥料である。これを畑に入れると綿が良く育ち、全国に知られた河内木綿は北前船で全国に運ばれた。時代を経ると九十九里浜も干鰯の産地となった。九十九里名物の地引網も、元は紀州の漁師が伝えたのだという。いずれにせよ、イワシは「繊維工業の原料」だったのである。

その靭の一帯は昭和二〇年（一九四五）の

米軍機による空襲で灰燼に帰してしまったが、広大な焼け跡を連合軍は接収し、小型軍用機を発着させるための飛行場を造成した。しかし占領が終わった昭和二七年（一九五二）六月に接収は解除となり、公園として生まれ変わることとなった。この図は接収解除の年に修正されたものである。靫公園には次のように記された石碑がある。「この公園の整地は飛行場あとを昭和二七年度から昭和三〇年度の失業対策事業により行なわれたものである。大阪市」

地図をよく見ると飛行場の中央部、「行」の字の左下に広葉樹の独立樹を示す緑色の記号がある。滑走路からはわずかに南にずれているようだが、広い更地の中でずいぶんと目立つ存在だったことだろう。「ウィキペディア」の記述によれば、これは神社の境内にあった楠《くすのき》で、飛行場建設の際にいよいよこの木が伐採されようとした時、怪我人やブルドーザーの故障が相次いだため、伐らずに残したという。そういえば東京の羽田空港にもそんな鳥居がある。かつては穴守稲荷の境内にあったのだが、やはり米軍が住民を無理やり立ち退かせて羽田空港の拡張工事を強行するなか、鳥居を撤去しようとしたら「祟った」というものだ。どちらも事故がいくつも起こったのは事実なのだろう。占領され、排除された人々の思いの集積がそんな伝説を生んだのだろうか。

横浜にもあった焼け跡飛行場

図2も町中の飛行場である。横浜の鉄道発祥の地・桜木町駅（旧横浜駅）から大岡川を一キロほど遡ったところで、京浜急行の日ノ出町駅から黄金町駅にかけての南側一帯である。今は密集市街地に

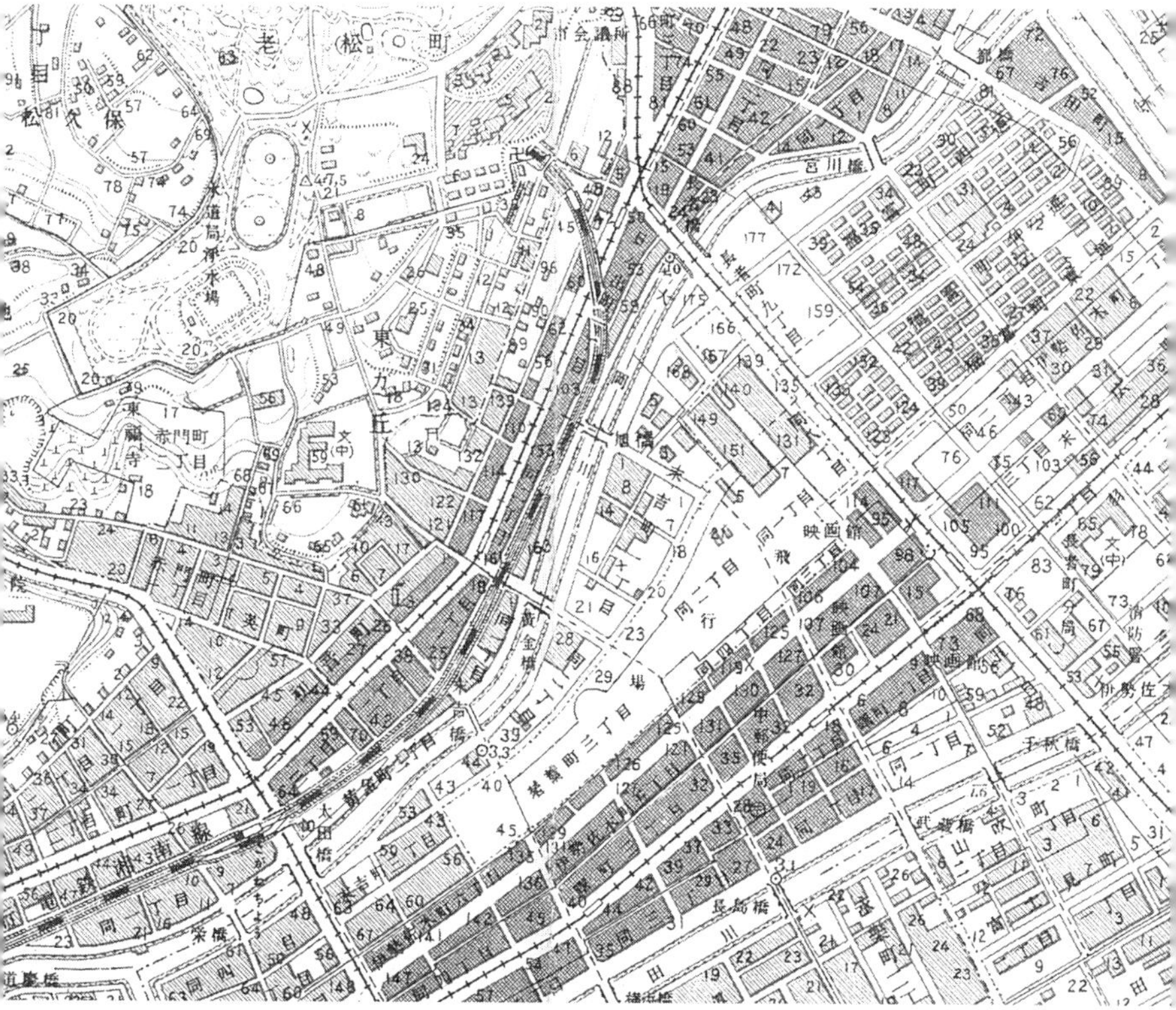

図2　1:10,000「横浜」昭和23年修正

戻っているので大阪の靫公園と違って飛行場の面影などどこにも残っていない。

昭和二〇年の空襲では横浜も他の大都市と同様、中心市街は見渡す限りの焼け野原となった。私も誰から聞いたか忘れたが、「湘南電車（現・京浜急行）の黄金町あたりから海が見えた」というほどの完璧な焼かれ方だったようである。その焼け跡の一部を利用して、こちらも米軍が軍用飛行場を作った。横浜の中心部は港湾を中心に接収面積が非常に広く、つい先頃長い歴史を閉じた横浜松坂屋——ある年齢以上だと野沢屋と言った方が通りがよいかもしれないが、ここも戦後しばらく米軍専用のＰＸ（売店）であった。横浜の復興はその接収面積の広大さのために遅れたとする説もある。飛行場は昭和二五年（一九五〇）まで使われていたという。

飛行場の造成で米軍が持ち込んだブルドーザーなどの堂々たる重機を見て、当時の市民は「あれじゃあ日本も負けるわけだ」と慨嘆したというが、いずれにせよ、市街地の中にぽっかりと空いた細長い更地にはその数年前まで無数の屋根がひしめいていたはずで、その下には多くの人々の暮らしがあった。そんな事実の重さを、地図の「白い部分」は坦々と後世に伝えているのである。

東京の軍施設はその後どうなったか

近衛師団司令部のその後

　大日本帝国の首都であった東京には「帝都防衛」のための多くの軍施設が存在したが、軍の消滅とともに建物や跡地はそれぞれ変遷を重ねて今日に至っている。東京の区部に存在したいくつかの軍施設の「その後」を図上でたどってみた。

　天皇と皇居の防衛を任務とするのが近衛兵である。私事であるが私の亡き伯父はかつて近衛師団に在籍していた。父はよく「兄貴は近衛兵だった」と自慢していたが、全国から選抜された兵によって構成されたというから、一族にとっては相当に名誉なことだったらしい。その近衛師団があったのは現在の北の丸公園であるが、昭和五年（一九三〇）測量の次ページ図1によれば、現在の公園の全域に建物があり、今とはまったく違う景色だったことがわかる。

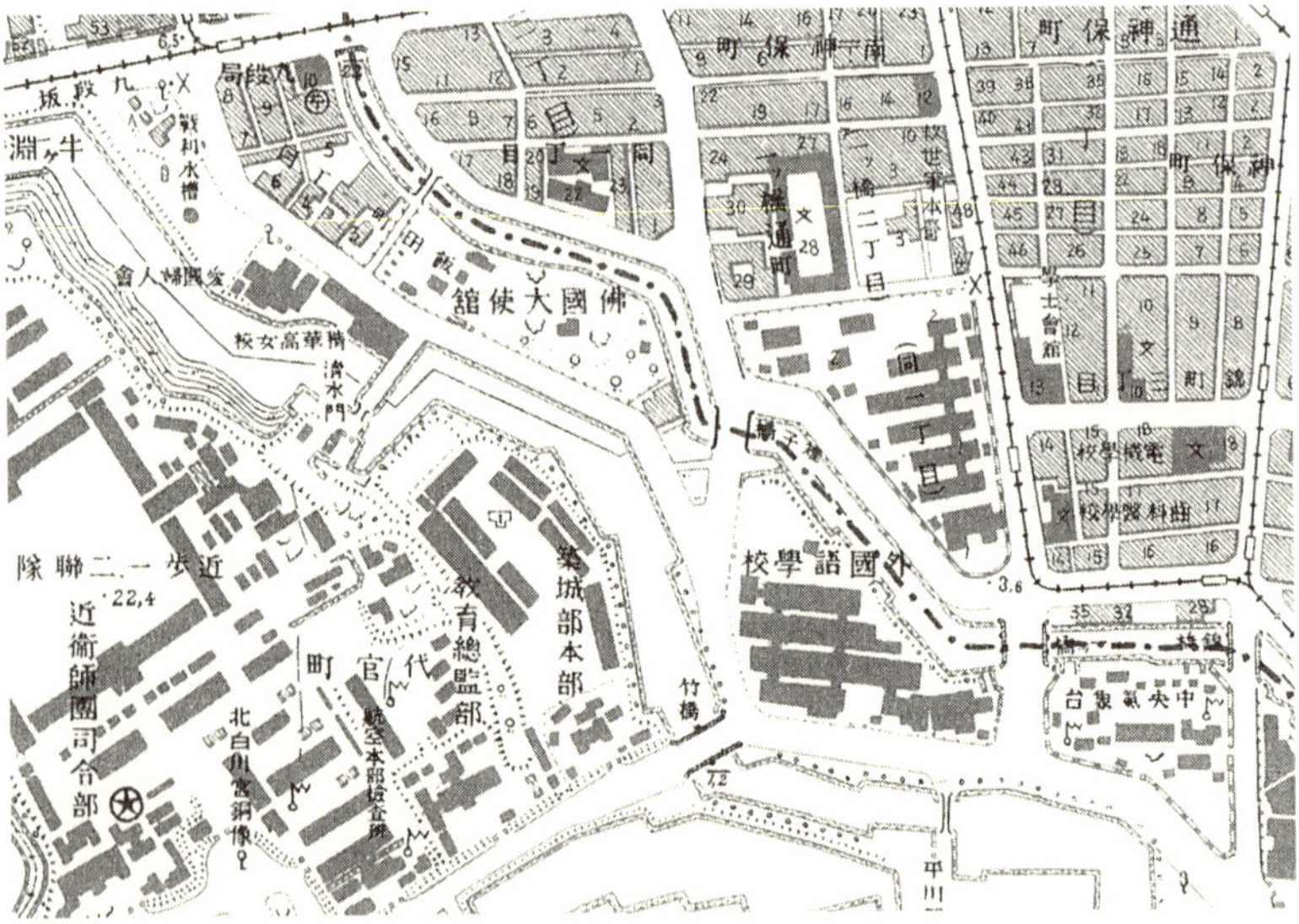

図1　1:10,000「日本橋」昭和5年測図（空中写真測量）

それでも近衛師団司令部の建物だけはその後も残され、今も国立近代美術館の工芸館（重要文化財）として往時の姿を保っている。重厚なゴシック様式の洋館建築で、明治四三年（一九一〇）の竣工というから、ちょうど一〇〇年を過ぎたところだ。図1では「近衛師団司令部」の文字の下、敷地の最南端に位置する建物である。師団司令部の建物の北側には「近歩一・二聯隊」とあるが、これは近衛歩兵第一および第二聯隊で、「きんぽいち」「きんぽに」と呼ばれていたという。

濠の北側に目を移せば、市電が分岐する九段下交差点の南側には「愛国婦人会」。旧千代田区役所の敷地にあたるが、戦死者・戦傷者の家族を支援する団体として明治三四年（一九〇一）に発足、戦争未亡人に仕事の斡旋なども行なっていた。その北隣の「戦利水槽」とは、おそらく日露戦争あたりの戦利品なのだろうが、旅順か

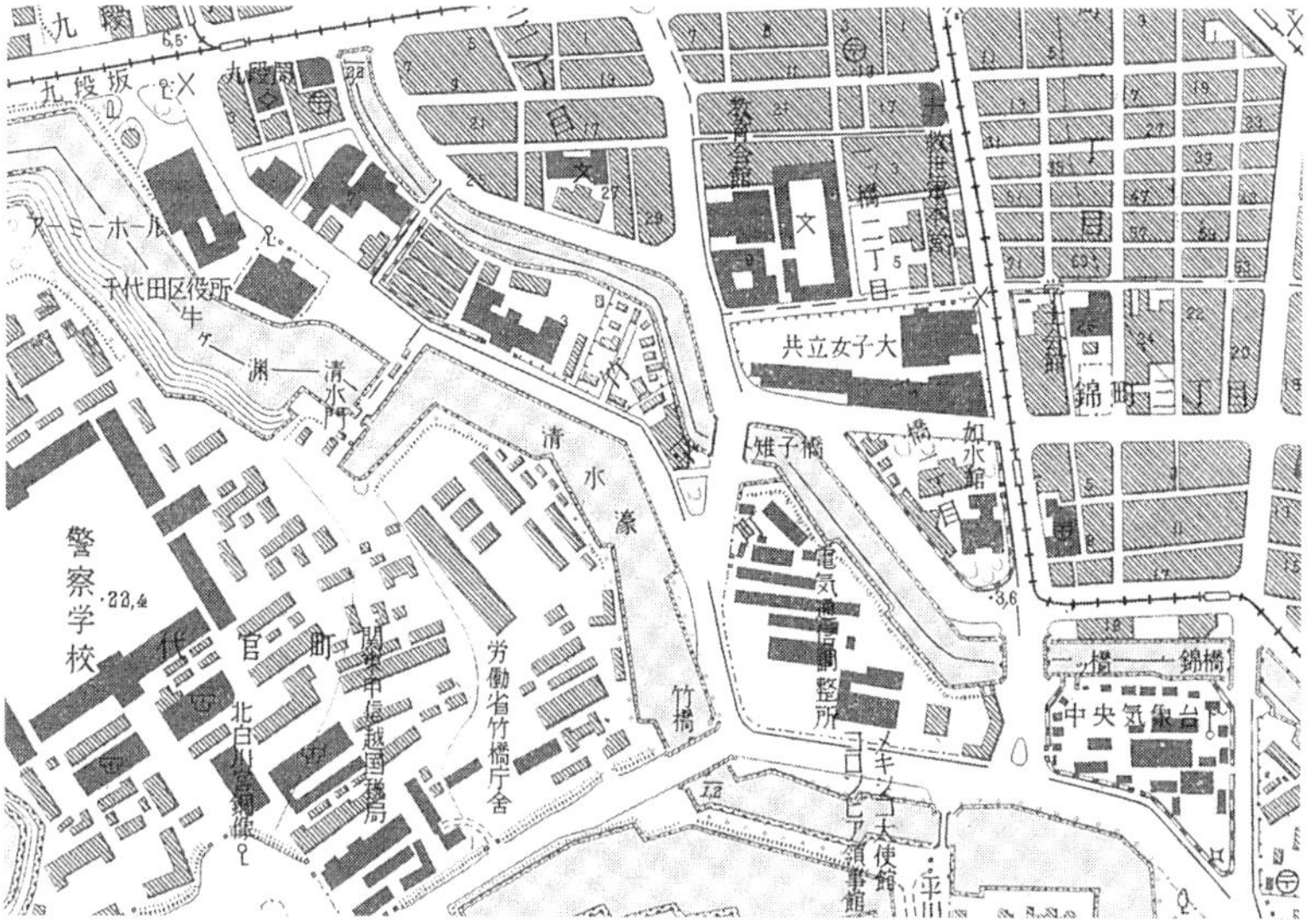

図2　1:10,000「日本橋」昭和31年修正

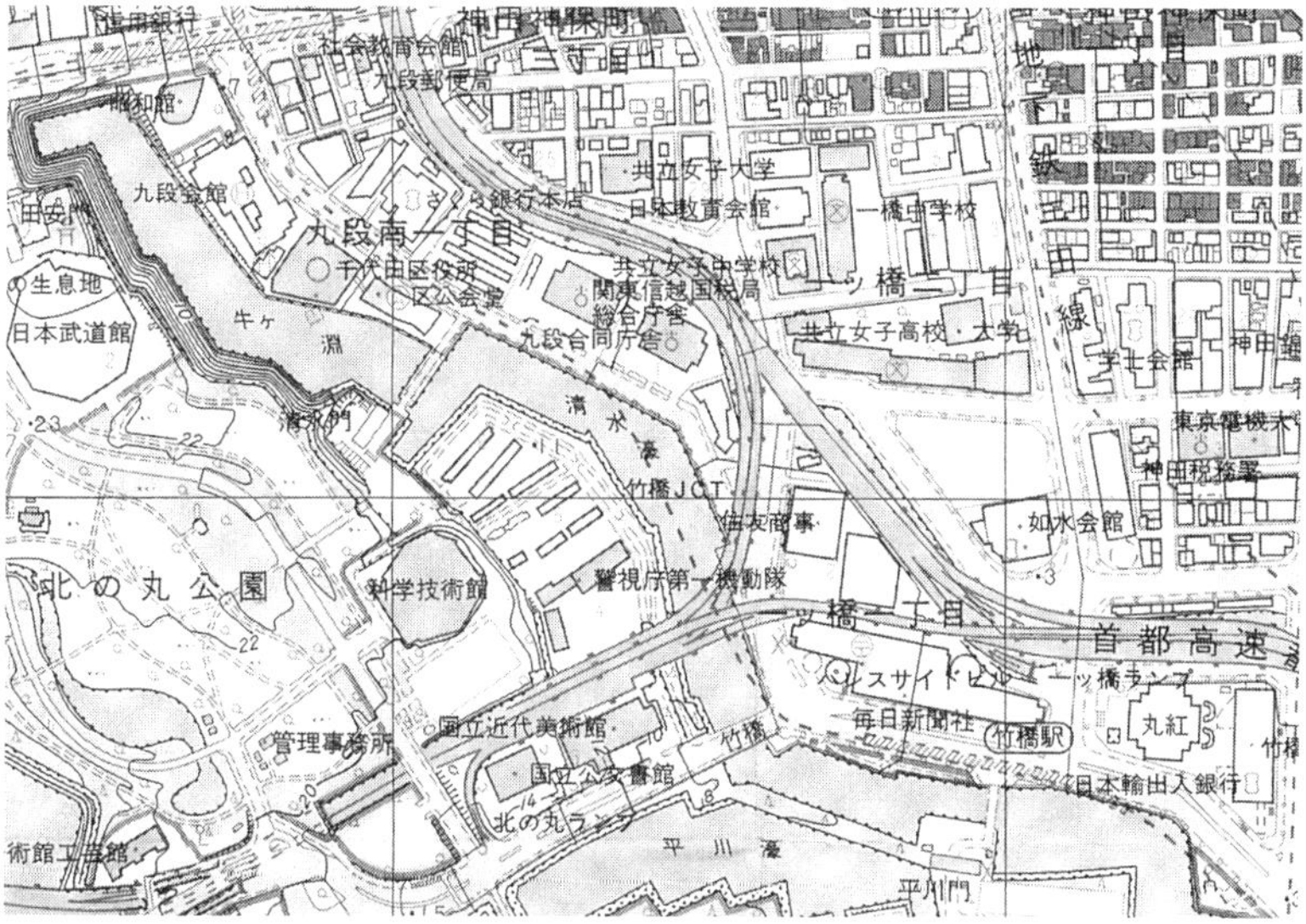

図3　1:10,000「日本橋」平成10年修正

満洲あたりでせしめたのだろうか。この土地には地図の測量された四年後の昭和九年（一九三四）に軍人会館が建設された。今も九段会館（日本遺族会運営）として現役の建物だが、ビルの上に入母屋の瓦屋根が載った「帝冠様式」の建築物の代表例として知られている。昭和一一年の「二・二六事件」ではここに戒厳司令部が置かれた。

図2は図1とまったく同じ場所であるが、もちろん終戦後はすべての軍施設が連合軍の管理下に置かれたため、近衛師団司令部も接収された。建物の配置は前図とほとんど変わっていないように見えるが、この頃の近歩一・二の兵舎は警察学校として使われ、教育総監部は関東甲信越国税局に変わっている。おそらく建物はそのままだったのではないだろうか。ここに限らず、元兵舎がたとえば新制中学校の仮校舎などとして使われたりした例は多い。軍人会館（九段会館）は図2では「アーミーホール」となっている通り、図の翌年の昭和三二年（一九五七）まで連合軍の宿舎として使われていた。

図3は最新の地形図である（とはいえ一三年ほども経ってしまったが）。皇居の濠を首都高速道路が跨ぎ、図2では警察学校として使われていた近衛師団の建物群は前述の司令部を除いて大半が撤去され、北の丸公園や日本武道館などに変わった。

代々木公園は練兵場だった

次ページの図4は原宿駅の西側、今の代々木公園であるが、昭和三年（一九二八）の当時はこの通り「代々木練兵場」であった。明治神宮の森の南側に位置しており、植生記号でわかるように裸地ま

図4　1:10,000「世田谷」昭和3年修正

たは荒地、ところどころに広葉樹・針葉樹の独立樹が点在していたようだ。地形も昔ながらで改変されていないように見えるから、おそらく武蔵野の面影が色濃く残っていたのではないだろうか。前述の近衛師団司令部の建物が完成した明治四三年（一九一〇）の一二月、徳川好敏《よしとし》陸軍工兵大尉はここで日本で初めて飛行機を飛ばした。高度七〇メートル、飛行距離は三〇〇〇メートルであった。その南側にある煉瓦塀（もしくはコンクリート塀）で囲まれた「衛戍《えいじゅ》刑務所」は陸軍の刑務所で、「二・二六事件」の容疑者もここに収監されたという。

もちろん代々木練兵場も戦後は接収され、米軍の将校のための住宅・ワシントンハイツとなった（図5）。周囲の日本の密集した市街地に比べて圧倒的に余裕をもって建てられた住宅を見ると、まさにアメリカのワシントン郊外にありそうな高級住宅地がそのまま引っ越してきたような景観だ。しかしその住宅も昭和三九年（一九六四）に行なわれた東京オリンピックの時には一部が選手村として利用され、またそのメイン会場となる国立代々木競技場も建設された。

その後、南西側には新橋に近い愛宕山からＮＨＫ放送センターも移転してくる（昭和四八年）。衛戍刑務所の跡地は、少なくとも塀が健在なのは読み取れるが、何に使われているかはわからない。いずれにせよ刑務所跡地にはその後渋谷区役所と渋谷税務署、神南《じんなん》小学校ができ、それに加えて今はC. C. Lemon ホールとなった渋谷公会堂が建っている（図6）。

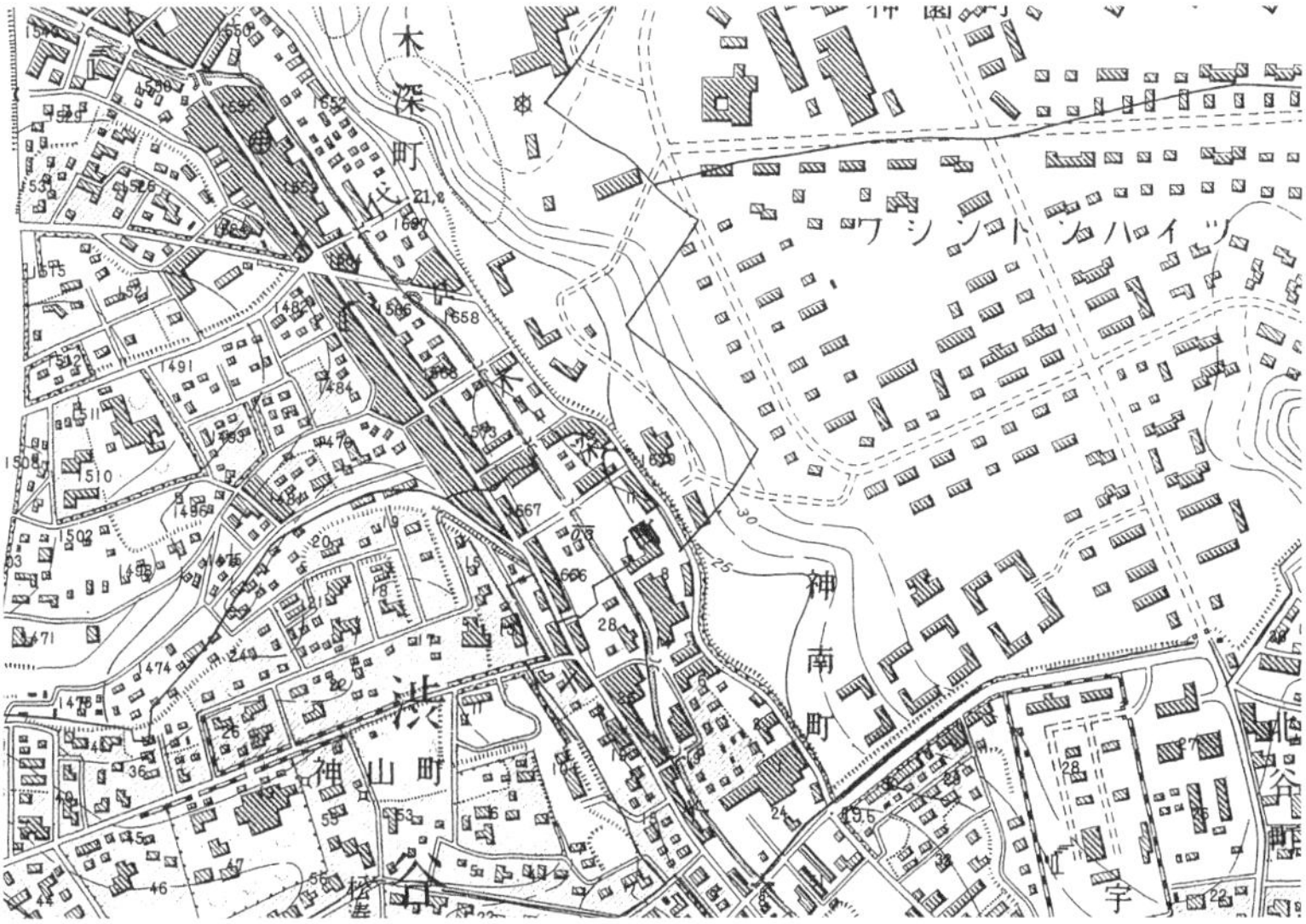

図5　1:10,000「世田谷」昭和30年修正

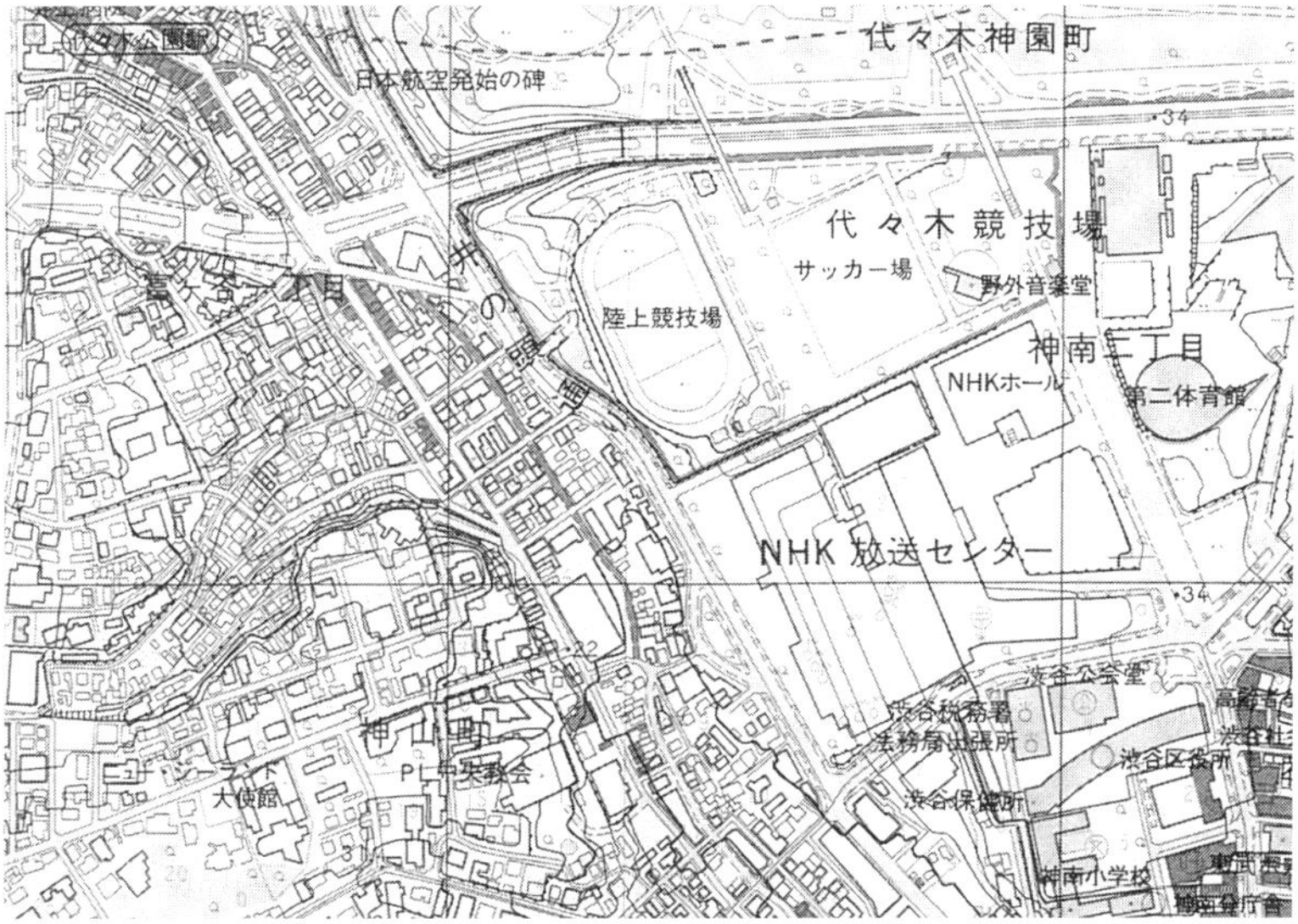

図6　1:10,000「渋谷」平成11年修正

東京ミッドタウンは歩兵第一聯隊

図7（カバー裏表紙を参照）は六本木の北側、今は「東京ミッドタウン」として知られる界隈。右に見える「歩一聯隊」が歩兵第一聯隊、現在の外苑東通りの西側の「歩三聯隊」が歩兵第三聯隊である。「歩一」の方は典型的な明治以来の建物に見えるが、「歩三」は大正の図までは「歩一」と同じような兵舎の並び方をしていたのが、上から見ると「中の字型」をした独特な形に変わっている。調べてみると関東大震災後に建てられた復興建築であり、機能性を重視した設計で当時では外観も含めて最先端の「ビルヂング兵舎」だったらしい。「日本初の本格的鉄筋コンクリート兵舎建築として意義深いものがある」、とずっと後になって日本建築学会も保存を要望している。

歩兵第三聯隊の兵舎は戦後、連合軍のハーディバラックスとなった（図8）。バラックは兵舎のことである。歩兵第一聯隊の跡地も東側はハーディバラックスだが、敷地の西側には昭和二九年（一九五四）に保安庁から改組して五年目の防衛庁（現防衛省）も見える。その後はこの敷地がまるごと防衛庁になった。

今では首都高速が上を通る大通りとなった六本木通りも当時は狭く、その拡幅もまだ始まったばかりだったようで、六本木交差点の前後だけ従来の三倍ほどの道幅になっている。交差点を四方向に走る都電もあり、三河台町や竜土町《りゅうどちょう》、檜町《ひのきちょう》などの昔ながらの町名も健在だ。しかしながら都電は自動車交通の邪魔になるとして昭和四〇年代に撤去され、東京大空襲で「焼け残った」町名も、この後昭和三七年（一九六二）に現われた「住居表示法」が猛威をふるい、やはり昭和四〇年代前半に軒並み潰

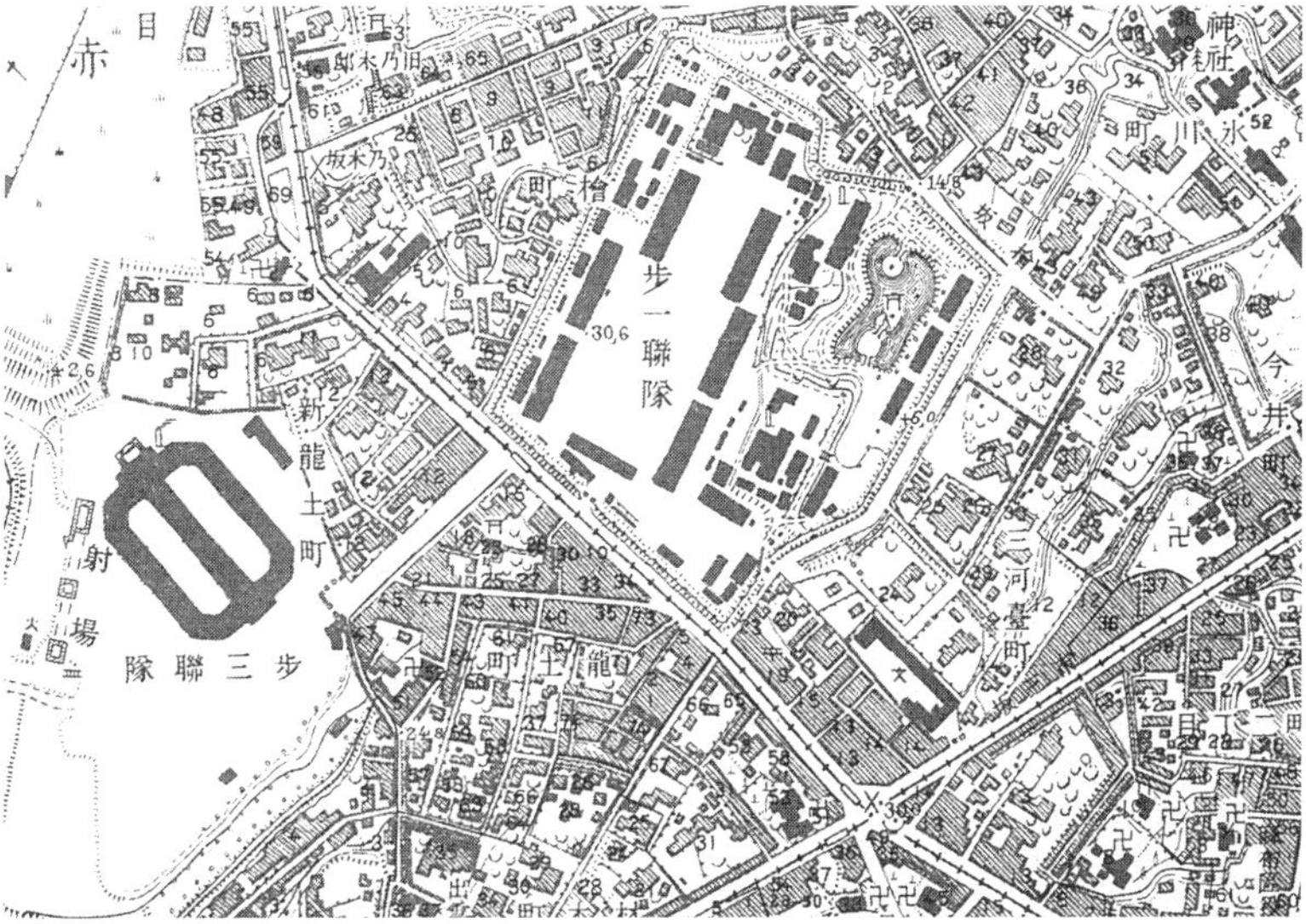

図7　1:10,000「三田」昭和3年修正

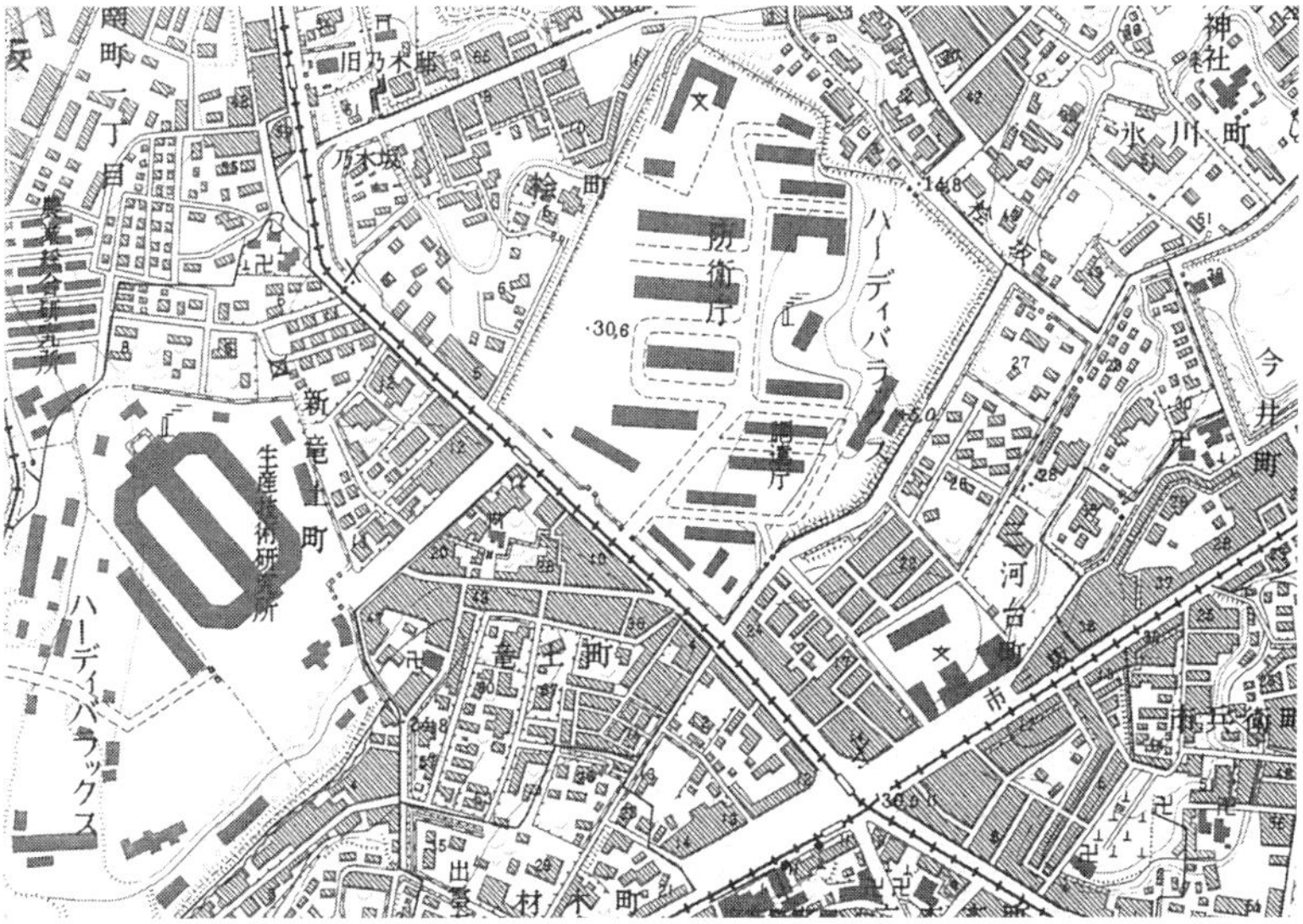

図8　「三田」昭和34年修正

されてしまった。なお国土地理院は一万分の一地形図の作成をやめたため「平成一一年修正」以来出ておらず、二つの「聯隊跡地」もその時点ではあまり変化がないので掲載しなかった。

しかし平成一〇年代からの現地の変化は実に大きく、時代を画した「近代兵舎」を長らく使い続けてきた東京大学生産技術研究所が移転した後は日本建築学会の要望書（平成一二年）もむなしく取り壊され、後に国立新美術館ができた。また、防衛庁の移転跡地は「東京ミッドタウン」の二つの高層ビル、それにザ・リッツ・カールトン東京、サントリー美術館などとして生まれ変わり、多くの人を集めている。ちなみにミッドタウンの旧町名である檜町の名は、この地にあった長州藩邸に檜が多かったため明治になって名付けられたものだ。町名は消えたが、かろうじて公園の名に残っているのはせめてもの慰めである。

戦時中に造られた今はなき飛行場

次ページ図1は藤沢付近の五万分の一地形図である。南北に通るのは小田急江ノ島線で、現在（次ページの図2）はトンネルの北側に善行駅がある。図1で線路の西側に見える三角定規のような図形は藤沢飛行場だ。昭和二〇年（一九四五）部分修正版で同二二年の発行だから当然ながら敗戦後で、「帝国海軍」の管轄であったこの飛行場ももちろん米軍によって接収されていた。線路東側には兵舎のような細長い建物がいくつも見えるが、ここはもと藤沢カントリー倶楽部があった場所で、すでに「贅沢は敵だ」というご時勢の昭和一八年（一九四三）に閉鎖させられ、横須賀海軍航空隊の基地になった。翌一九年六月には新たに藤沢海軍航空隊が置かれている。当初は兵舎がなかったのでクラブハウスが流用されたというが、以前の地形図には描かれていた芝生の記号が消滅して、その代わりにこの建物群が描かれているから、この時点では完成していたのだろう。この航空隊は電波・光学兵器の整備員養成のための日本唯一の隊であったという。

接収はしたものの、米軍としては利用しにくかったとのことで早々に日本側に返還され、跡地は藤沢商業高校の仮校舎などを経て、今は県立体育センターの競技場などとして利用されている。なお、

図1　1:50,000「藤沢」昭和20年部分修正×1.3

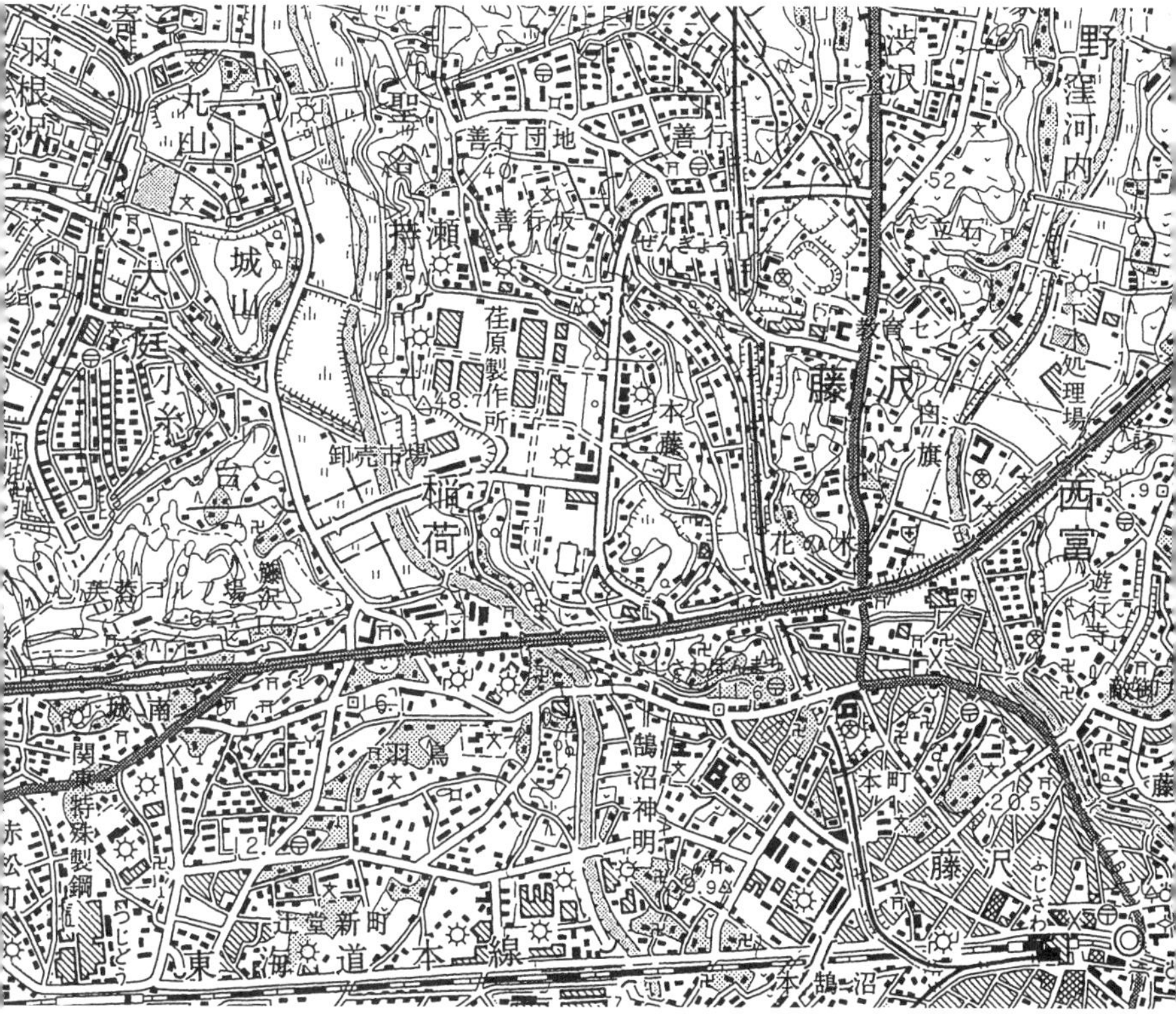
善行団地
善行
善行坂
荏原製作所
卸売市場
稲荷
城山
大庭
本藤沢
藤沢
花の木
白旗
西富
遊行寺
教育センター
城南
羽鳥
鵠沼神明
関東特殊製鋼
辻堂新町
東海道本線
本鵠沼
本町
ふじさわ

図2　平成9年修正×1.3

西側の滑走路が広がっていたところは、一部が民間の飛行場として使われた時期もあったが、右図のように現在では大半が荏原製作所の大きな工場になっている。

次ページの図3・図4は千葉県の九十九里浜にほど近い茂原《もばら》市。当時はまだ長生《ちょうせい》郡茂原町であったが、房総東線（現外房線）の東側の広大な面積の白っぽい空間、T字型に滑走路が描かれているのが海軍の茂原飛行場である。ここに茂原海軍航空隊の設置が決まり、昭和一六年（一九四一）から東郷地区などの一〇〇戸以上の住民が、ある日突然に移転を命じられたという。農家が多く、先祖代々伝えられてきた田畑や墓地を無理矢理潰されたことは辛い体験だっただろう。

その集落や耕地の跡地に滑走路と兵舎などが建設された。地元住民や旧制長生中学生の生徒、それに朝鮮人などによる「勤労動員」という名の強制労働によって完成したのが同一八年。飛行機を隠しておく掩体壕《えんたいごう》も二〇基以上建設されたという。飛行場の西側には茂原駅から北上する専用線も描かれており、これで資材や燃料などが運ばれたようだ。

昭和二〇年の四月にはこの飛行場からも「神風特別攻撃隊」が鹿児島県国分基地を経て沖縄方面へ出撃したが間もなく敗戦を迎え、その後は米軍により接収。その後は兵舎を利用して新制の茂原中学校も建設された。終戦直後に始まった六・三・三制で義務教育となった新制中学校の必要数は膨大な数にのぼり、このように旧軍の兵舎を利用したケースは全国各地に非常に多かった。現在では飛行場跡地の西側に三井化学の大工場（図の頃は三井東圧化学）、東側は住宅地（図中の「東郷」の文字付近）などとなっている。

二四三ページの図5は北海道。オホーツク海沿いを走る鉄道としては最北に位置した天北《てんぽく》線であ

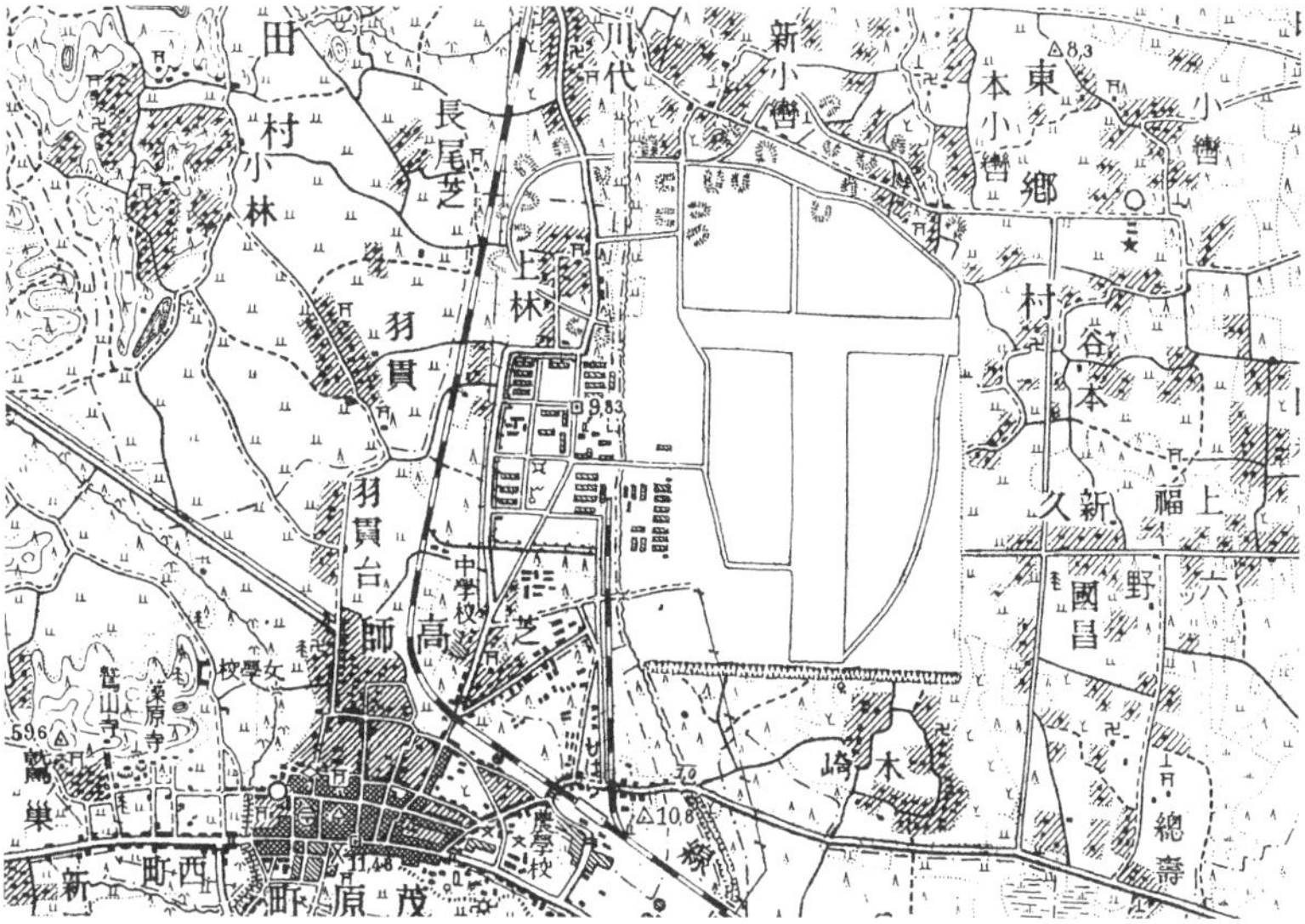

図3　1:50,000「茂原」昭和19年部分修正

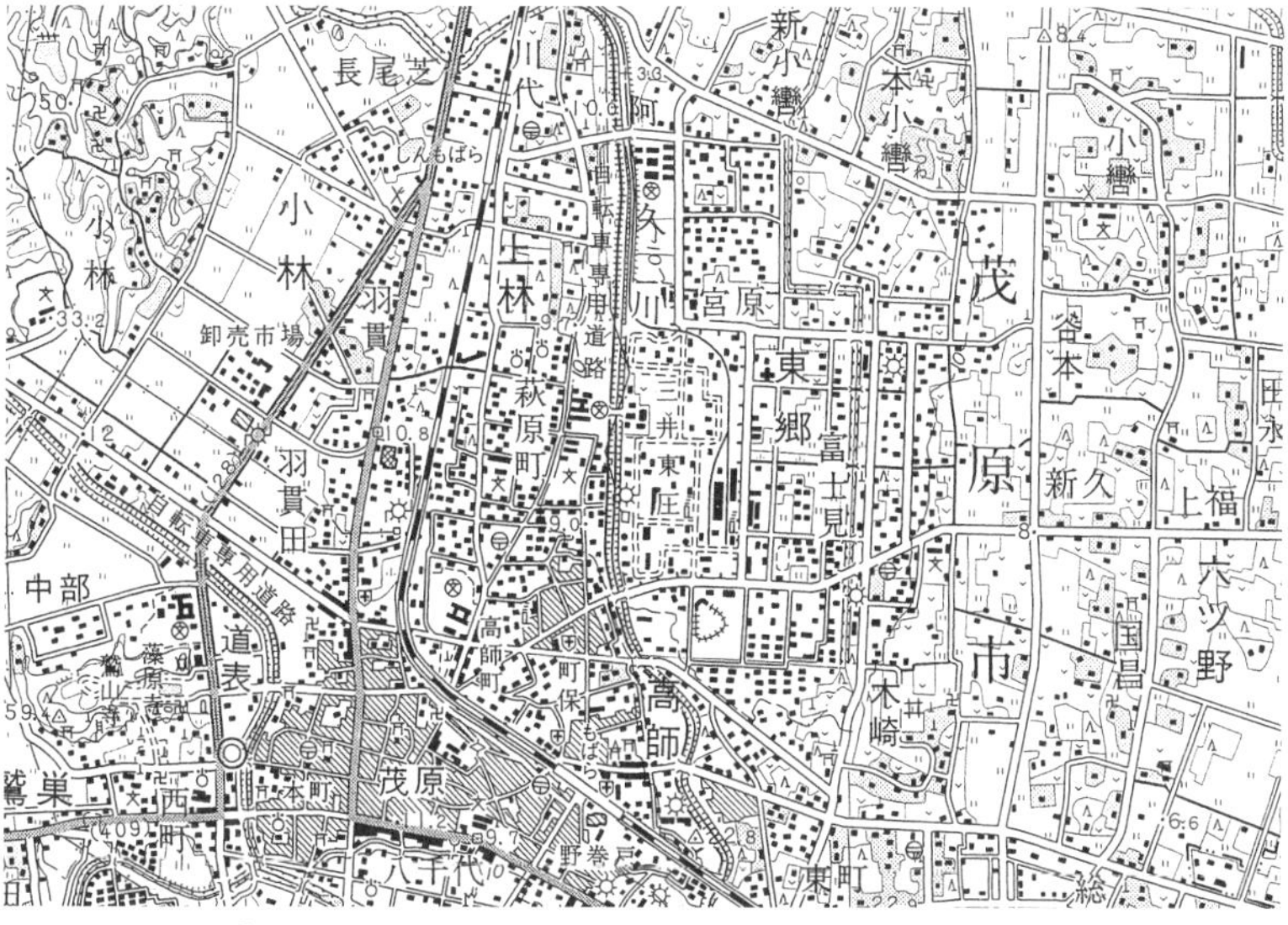

図4　1:50,000「茂原」平成5年修正

る。このローカル線が平成元年（一九八九）に廃止されてからすでに二〇年以上が経過したが、そこに「飛行場前」という駅があった。宗谷本線の音威子府《おといねっぷ》駅から稚内行きの天北線の列車に乗り換えると、浜頓別《はまとんべつ》あたりからは「最果て」のイメージぴったりの、広々として人家のほとんどない車窓がどこまでも続いていた。そして牧草地の中の板張りの短いホームに停まるのがこの駅だった。

飛行場を名乗っているのだが、どこにも飛行機はおろか滑走路や格納庫らしきものは見当たらない。私が中学生の頃に地形図にこの駅名を発見して驚いたのは、全国全駅が載っていると信じていた大型の時刻表に載っていない駅だったからである。実は当時、北海道の鉄道管理局が独自に設けた「仮乗降場」については『道内時刻表』にしか載っていなかった（JR化後はこれらの仮乗降場も正式な「駅」に昇格したので全駅掲載となった）。それにしても地形図のどこを探しても飛行場らしきものはなく、昔はこんなところにも飛行場があったのか、と想像するばかりであった。

この地には戦時中に造られた浅茅野第一飛行場があった。工事の完成は昭和一九年（一九四四）で、旧ソ連に対峙する日本軍がカムチャツカ、千島列島の防衛を目的として急造したものであったが、実際にはほとんど使われないまま戦後は牧草地に変わってしまったため、今はほとんどその痕跡を留めていない。完成した翌年に敗戦を迎えたのであまり役に立たなかった飛行場なのだが、建設中の犠牲者は多かった。この工事のために連れてこられた多数の朝鮮人・中国人を含む人たちが「タコ部屋労働」を強いられ、その結果一二〇名以上が亡くなったのである。

ちなみに仮乗降場が設けられたのは、飛行場が使われなくなってしばらく経った昭和三〇年（一九五五）。当時はまだ飛行場の姿を留めていたのだろうか。昭和二二年に米軍が撮影した空中写真を国

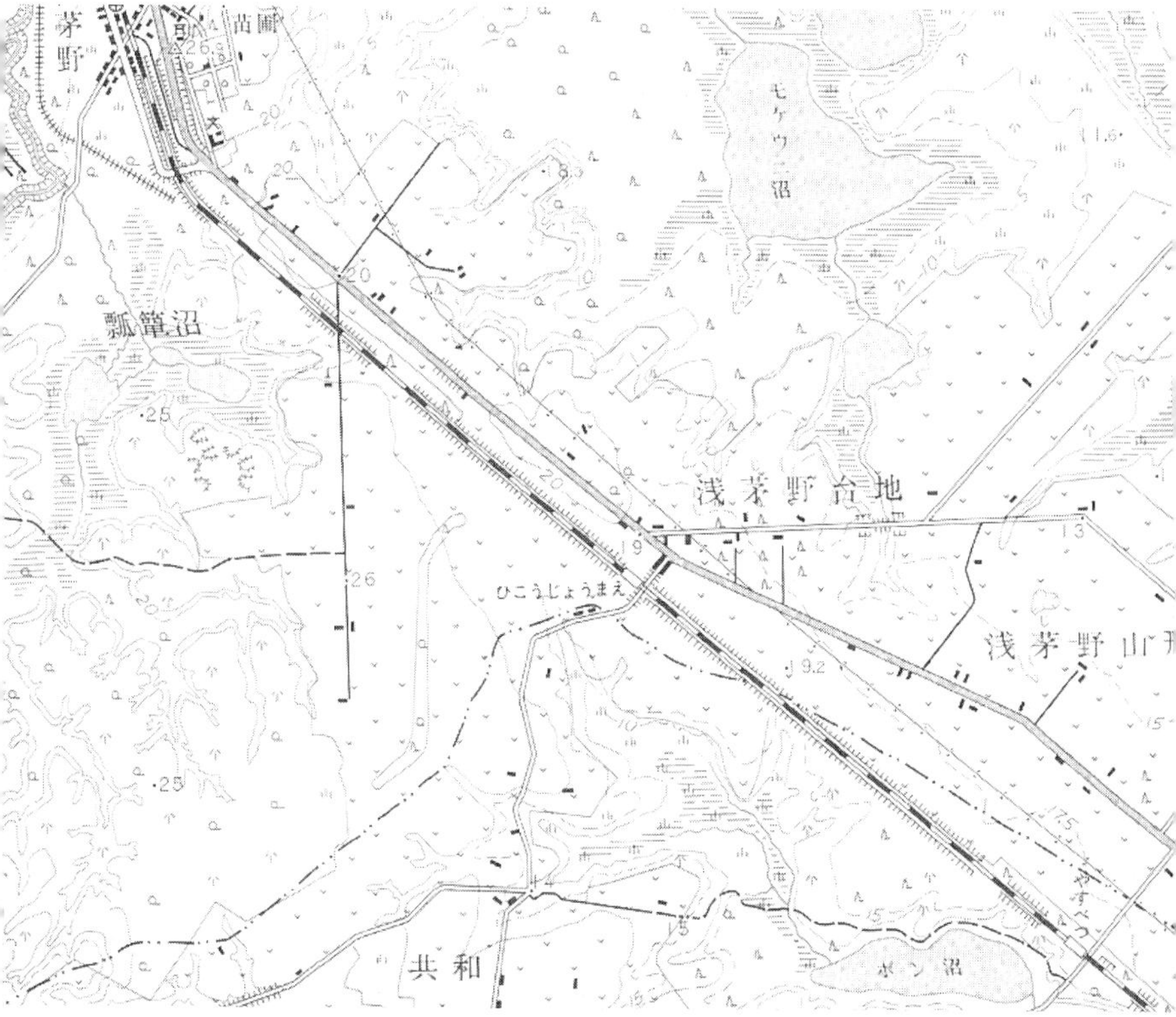

図5　1:50,000「鬼志別」昭和45年編集

土地理院の空中写真閲覧サイトで見ると、線路際には飛行機を収納する掩体壕がいくつも並び、滑走路の形も明瞭にわかる。いつ牧草地となったかはわからないが、昭和四五年編集のこの図ではすでに牧草地になっている。それでもJR北海道が発足した二年後の平成元年まで飛行場前駅はその名前のまま存続した。板張りの、おそらくディーゼルカー一両分の長さしかない待合室もないホームは廃止後二〇年経って朽ち果てたが、近くを走る宗谷バスは「飛行場前」のバス停名を現在もそのまま継承しているそうだ。過去の事実を風化させないためにも、記念碑としていつまでも残してほしいものである。

日清戦争で登場した線路

山手線は日本最古の「私鉄」とされる日本鉄道が明治一八年（一八八五）に開業した品川〜赤羽間の路線をそのルーツとする。当時は新橋〜横浜（現桜木町）間の官営鉄道がすでにあり、日本鉄道の上野〜熊谷間も同一六年から営業していた。ところが上野と新橋の間には江戸以来の市街地が広がっていて、線路をつなぐのは容易なことではなかった。上信越方面の生糸などの産物を横浜港へ運ぶため、まだまだ農村風景の広がっていた渋谷や新宿、つまり山手を経由して線路が敷設されたのである。

当初は新橋駅から品川を経て赤羽まで、蒸気機関車が牽く列車が一日数往復するだけのローカル線で、開通初年度にできた途中駅は目黒、渋谷、新宿、目白、板橋のみであった。環状運転されるようになるのは大正一四年（一九二五）一一月からなので、まだだいぶ先の話である。

東海道本線が全線開通するのは明治二二年（一八八九）だが、その五年後に勃発したのが日清戦争である。朝鮮半島をめぐる日本と清国の間の利害対立が一気に吹き出し、明治二七年（一八九四）八月一日に宣戦布告が行なわれた。

当時はすでに日本鉄道（現東北本線）が三年前に青森まで達し、西は山陽鉄道（現山陽本線）が開戦

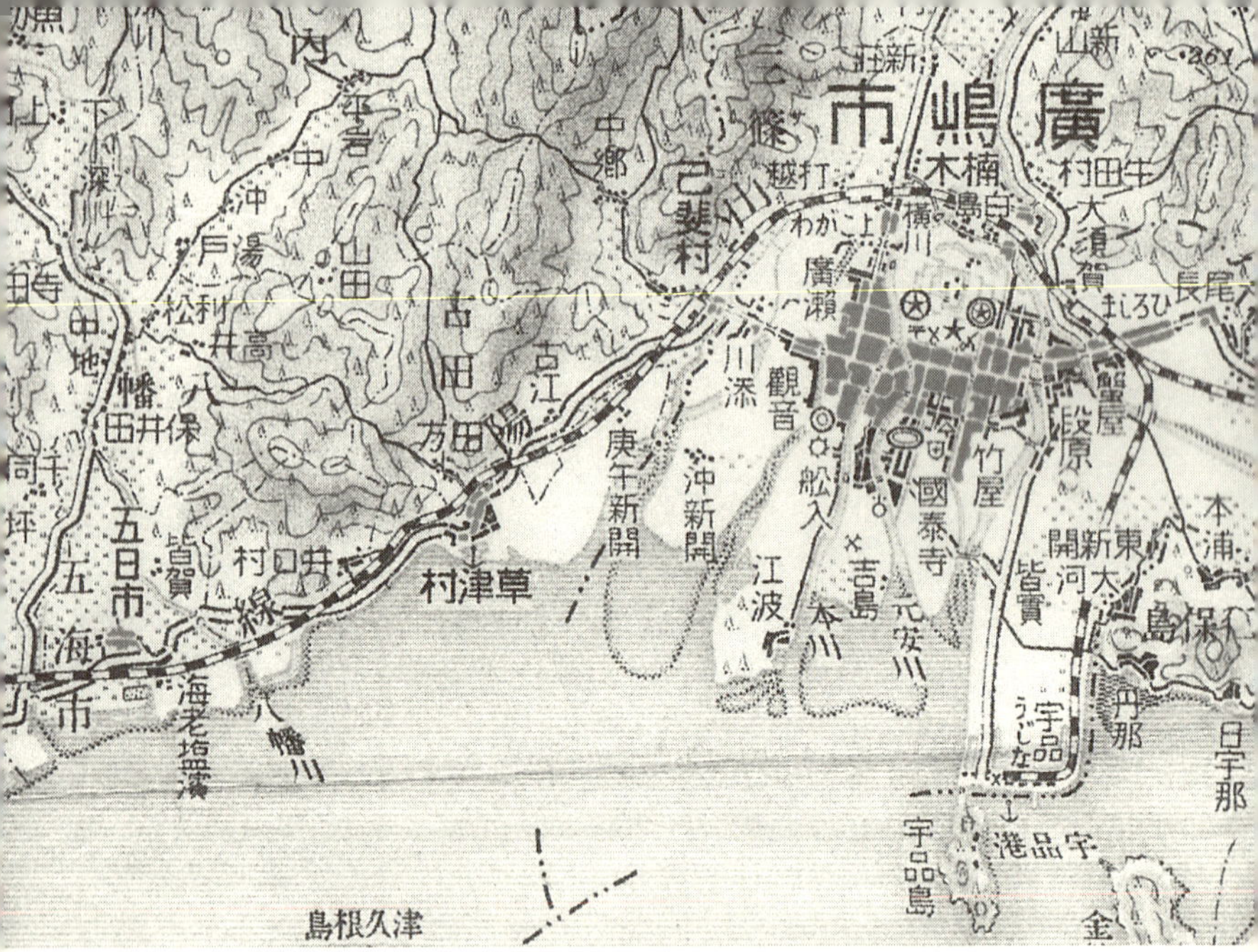

図1　陸軍省の要請で建設された宇品線　1:200,000帝国図「広島」明治41年製版×1.8

二か月前に広島まで開業、その前年には碓氷峠の難所（横川～軽井沢間）がアプト式により開通、これにより上野～直江津間が直通できるようになっていた。短時日のうちに鉄道網はめざましく発達して現在に続く「幹線の幹線」たる部分が出揃いつつあった段階である。

そのような状況下で鉄道による武器や兵員の輸送が始まった。開通したばかりの広島駅から宇品港に至る支線（後の宇品線。昭和四七年廃止）の建設を陸軍省が山陽鉄道に要請、三マイル四六チェーン（約五・七五キロ）の線路を宣戦布告からわずか三日後の八月四日に着工、同月二一日には開通させるという、おそるべき突貫工事が行なわれた。

この図1は陸地測量部が明治四一年（一九〇八）に製版した帝国図（現地勢図の前身）の初版であるが、広島駅から南下して宇品駅

図2　大崎～大井町間の短絡線　1:20,000「東京南部」明治42年測図×0.7

まで描かれた線がそれである。戦後は山陽鉄道が陸軍省から借り受ける形で列車を運行していた。

図2は東京の品川付近（品川駅は範囲外）であるが、東北・上信越方面からの軍用列車が品川で方向転換しなくても済むように設けられたのがここに描かれた短絡線である。

左上にある大崎駅から南方の合流地点、現在の大井町駅までの間がその線路で、大井町駅は大正三年（一九一四）開業だから、まだ存在しない。山手線・東海道本線・短絡線が三角形を描く、いわゆるデルタ線であるが、三角形の土地は当時ほとんど田んぼで占められていたことがわかる。現在はその北半分のほとんどが第一三共の工場敷地だ。また、この短絡線の西側には国鉄大井工場や品川電車区（現在のJR東日本東京総合車両センター）が進出、東京の鉄道の要衝として発展していく。短絡線が完成した日清戦争当時には東海道・山手双方の線上に駅はなく、分岐地点に大崎駅が開業するのは明治三四年（一九〇一）である。

しばらくの間、品川〜新宿間にあって大崎駅だけが他線との乗り換えのない駅であり続け、一般には「車庫の駅」程度にしか認識されていなかった大崎駅だが、昨今は埼京線とりんかい線、湘南新宿ラインの結節点として利便性が向上し、駅の周辺にあった工場跡地の再開発で大崎ニューシティなどが進出するなど、急速に様変わりしている。

短絡線は横浜にも設けられた（図3）。それまでの東海道本線の列車が大阪方面へ行く場合、鉄道発祥の地である横浜駅、すなわち現在の桜木町駅でスイッチバックしていた。なぜ方向転換を余儀なくされたかといえば、最初に東京〜大阪を結ぶ鉄道が東海道を経由するか、それとも中山道経由にするか決着する以前に建設されたからであり、この終着駅は素直に横浜市街のある南東を向いた形で設けられた。線路の行き止まりの先には立派な駅舎があり、その先は川を隔てて市街地が広がっていた。このため大阪方面へ線路を延伸するなら向きを変えて西へ向かうのが最も現実的であったのである。

ところがやはり日清戦争で大量の兵員輸送に向き合った際、用もない横浜で機関車付け替えを伴うスイッチバックは足かせとなるため、陸軍省が鉄道庁に短絡線の建設を依頼、明治二七年一二月下旬に神奈川〜程ヶ谷《ほどがや》（現・保土ヶ谷）間の短絡線が開通した。

この短絡線によりスムーズな軍事輸送は実現し、戦後になってもこの短絡線は東京から大阪方面への直通列車には便利なので、横浜の商工会議所などの反発はあったが明治三一年（一八九八）には横

図3　横浜にも設けられた短絡線　1:20,000「横浜」明治39年測図×0.82

浜駅を経由しない列車が走り始めた。翌年の時刻表によれば、新橋発神戸行きの急行列車は、品川を出ると次は程ヶ谷に停車している。

しかし、やはり横浜市民にとっては不便きわまりなく、短絡線上のなるべく横浜市街に近い場所に平沼駅が設置された。これが明治三四年（一九〇一）のことで、図3にも描かれている。まだ横浜市電（横浜電気鉄道）が開業する前であり、市街へ行くには二キロ程度歩くか、人力車に乗るしかない不便さがあった。それでも日露戦争に突入すると、ここで出征兵士の歓送が盛んに行なわれるようになり、「万歳ステーション」などと呼ばれたという。逆に言えば、バンザイを唱える機会でもなければ、日常的にあまり使われていなかった、という証拠なのかもしれないが。

不評な平沼駅はその後大正四年（一九一五）に廃止される。これは二代目横浜駅が現在の高島町付近に新設されたためで、この時に東海道本線は少し海寄りにルートを変更されている。しかし不運にも大正一二年（一九二三）の関東大震災で崩壊、やはり手狭でもあったので現在地へ移転、三代目横浜駅が昭和三年（一九二八）に開業して今日に至っている。細かくたどるといろいろと複雑だが、要するに旧平沼駅を通った軍用短絡線ルートが、結局は現在の東海道本線のルートになっているのだ。

日中戦争後に相次いで変えられた軍事施設駅名

次ページ図1は昭和一〇年（一九三五）に発行された『最新鉄道旅行図』（三省堂）である。戦前によく出版された屛風折りの案内図で、ここは岐阜周辺である。図の右半分、岐阜駅の東側で東西方向に描かれた鉄道のうち北側は高山本線、南側は現在の名古屋鉄道各務原《かかみがはら》線であるが、後者のびっしり並んだ駅名を見ると「一聯隊前」「二聯隊前」の文字が見える。第一・第二聯隊とは陸軍飛行第一・第二聯隊のことで、かつてここに一大航空基地が存在したことを物語っている。

現在の各務原市だが、各務原の地名は「鏡のように平らな原っぱ」からきた、という説があるように、木曽川北岸の少し小高くなった広大な平坦地は江戸時代までは水利の便も悪く、ただ草の茂るばかりの原野だったという。「旅人日暮て此道を過れば盗難に苦しむ事甚し」（尾濃葉栗《はぐり》見聞集＝尾張・美濃両国にまたがる葉栗郡・羽栗《はぐり》郡の江戸期の見聞集）という物騒な当時を伝える一文もある。

しかし近代に入るとその平坦さが飛行場の適地として注目され、大正五年（一九一六）に各務原飛行場が完成し、その後陸軍航空第二大隊が設置され、以来昭和二〇年（一九四五）の敗戦に至るまで、各務原は重要な航空基地の町として発展した。東日本でいえば東京都立川市のような立場であろ

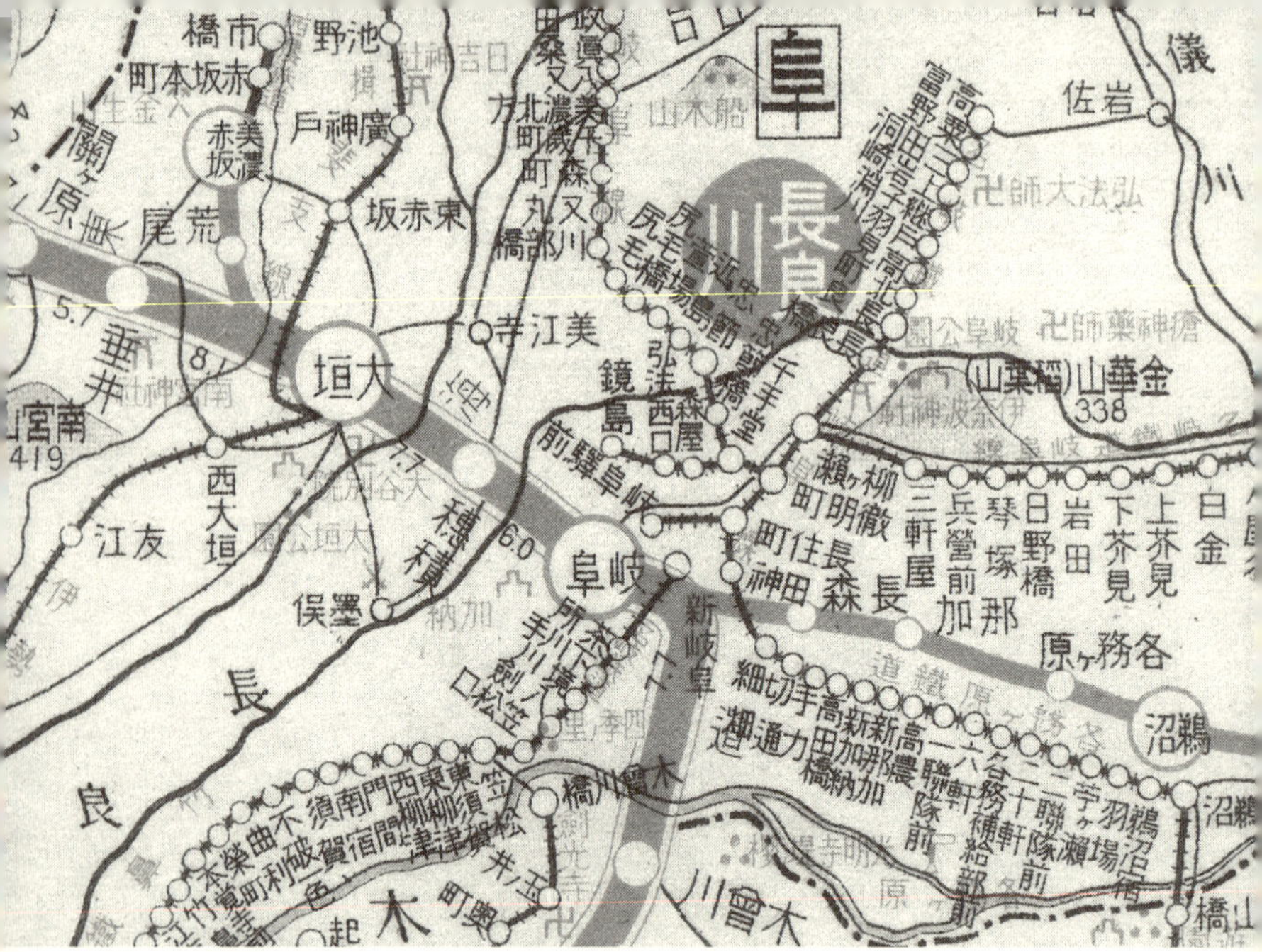

図1　『最新鉄道旅行図』三省堂　昭和10年

図2　1:50,000地形図「岐阜」昭和7年修正×0.75

う。その飛行場は現在も引き続き航空自衛隊の岐阜基地として使われている。下の図2は昭和七年修正の地形図だが、中山道の南側に広大な飛行場が描かれている。

図1には各務補給部前という駅が見えるが（図2では昭和六年に「各務野」から改称されたのが反映されていない）、これら軍事施設関連の駅名は昭和一三年一二月一日に一聯隊前→各務原運動場前、二聯隊前→名電各務原、各務補給部前→（航空廠前を経て）三柿野と一斉に改称された。ついでながら、北側に並行して描かれた美濃町線（平成一七年廃止）にも兵営前という駅が見える。こちらは明治四四年（一九一一）に陸軍歩兵第六十八聯隊の玄関口の駅として設置されたもので、少し遅れた昭和一六年（一九四一）には北一色と改称された。次ページ図3は昭和一四年頃の名古屋鉄道の沿線案内図だが、すでに各務原線の三駅は改称済みである。

軍事施設関連の駅名の改称はここだけではなく、昭和一三～一六年にかけて全国に及んでいる。たとえば小田急の相模大野は昭和一六年まで通信学校と称したし、同じく相武台前は士官学校前だった。京阪電鉄の藤森も同年まで師団前（第十六師団）であった。同じく師団所在地（第七師団）だった旭川では、今はなき旭川市街軌道（路面電車）の停留場が、廿《にじゅう》六聯隊前→一区前、廿七聯隊前→二区前、廿八聯隊前→三区前、師団司令部→司令部→貯金局、野砲隊前→五区前、輜重《しちょう》隊前→六区前、工兵隊前→競馬場前と多くが改称されている。時期は特定できないが、やはり昭和一五年頃らしい。

これらの改称は日中戦争が始まった翌昭和一三年（一九三八）にできた国家総動員法が背景にあるようだ。物資や価格の統制、言論出版の規制が行なわれ、国内に「防諜」が声高に語られるようにな

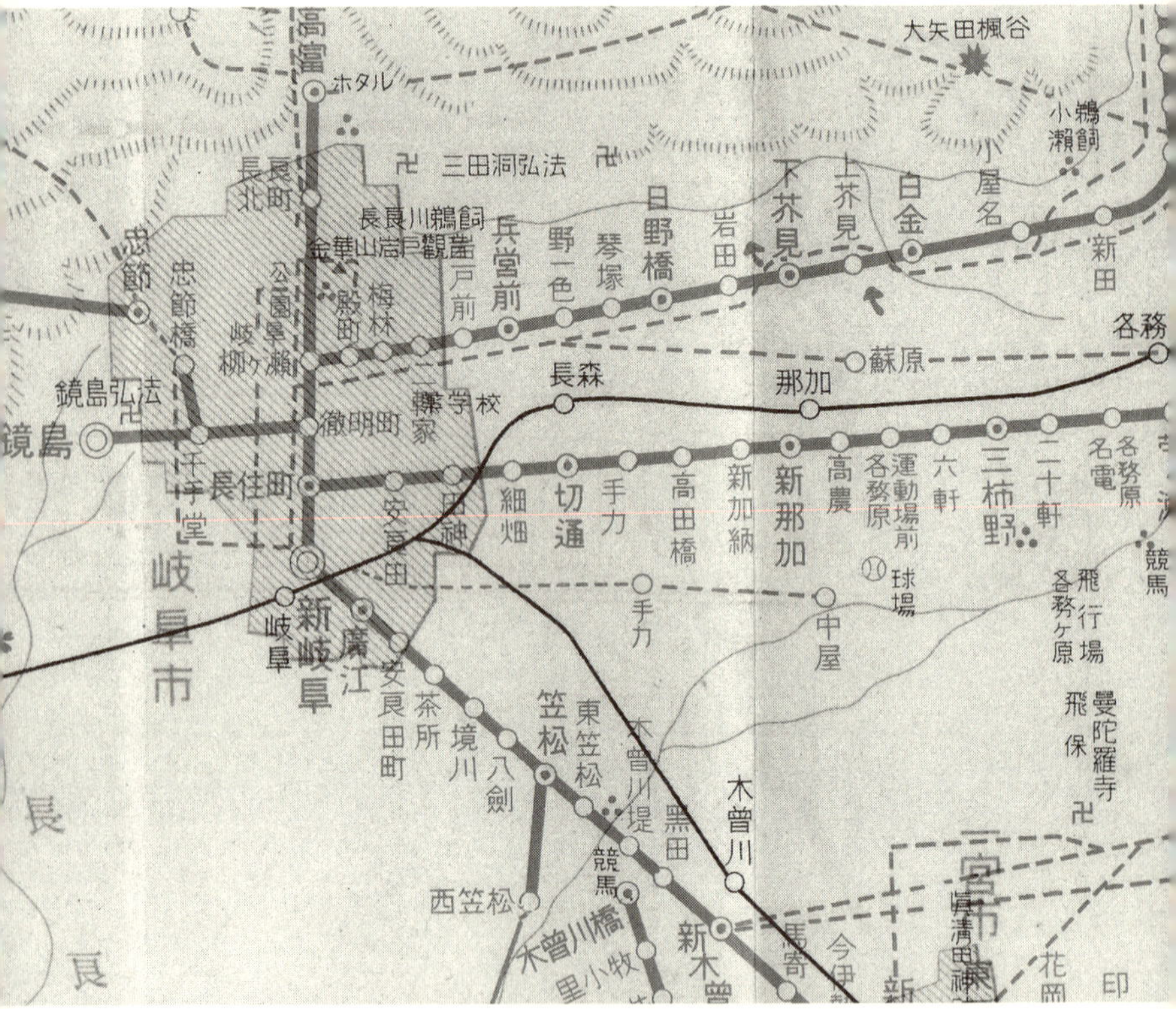

図3 『沿線案内図』(発行者の記載はないが名古屋鉄道と思われる) 昭和14年頃

った時期である。駅名の変更を命じる文書などは見たことがないが、富山市の路面電車に関する公文書（聯隊前→五福、練兵場前→県立富山工業学校前への改称認可。昭和一五年九月一八日付。国立公文書館蔵）の中にこんな一文を見つけた。

時局柄防諜関係上、兵営基地其ノ他軍事施設ノ名称ヲ標示シ其ノ所在ヲ殊更発表スルガ如キコトハ此際変更サレタキ旨、□□（不詳）本県警察部ヨリ申入レノ次第モ之有（以下略。引用者が適宜読点を挿入）

当時の状況をよく物語っているが、全国一斉に改称されたわけではないので「命令」という形ではなかったかもしれない。したがって鉄道各社もおそらく「空気を読んで」徐々に改称に踏み切っていったのではないだろうか。軍事施設駅名の改称は、その「空気」が真綿のように国民の首を絞め始めた時代を映している。

街中にたたずむ長方形――射撃場跡地

西南戦争へ出征した警官が訓練

図1は東京大学の北側、現在の弥生二丁目である。昭和三一年当時は住居表示の実施以前だから向ヶ岡弥生町と称していた。言うまでもなく弥生式土器の出土地であり、弥生時代の名称のもととなった地名であるが、その町名の下の言問《こととい》通りの南側に長方形の一画がある。特に奇妙な地形ではないが、明治一六年測図の古い図2を見るとその長方形の理由がわかる。

まだ水戸藩の中屋敷から転じて十数年しか経っていない状態だが、図2には東京大学の校舎が建ち並ぶ以前の「文部省用地」の北に「東京共同射的会社」の文字があり、ちょうど図1の住宅地の形をした長方形の射撃場が描かれている。左上に等高線が密集して小山になった部分が「的」で、右下の細長い建物から銃を撃ったのだろう。

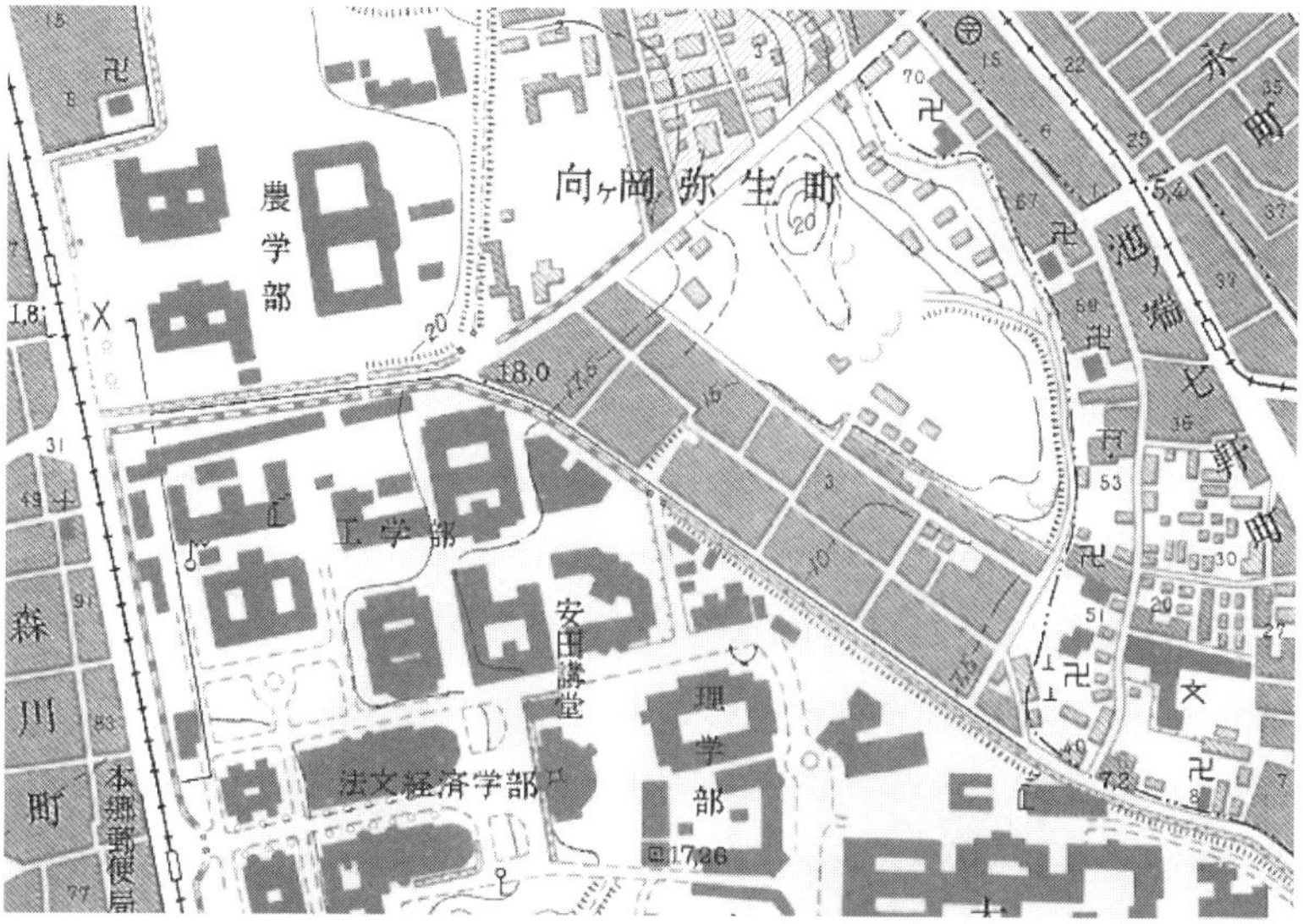

図1　1:10,000「上野」昭和31年修正×1.3

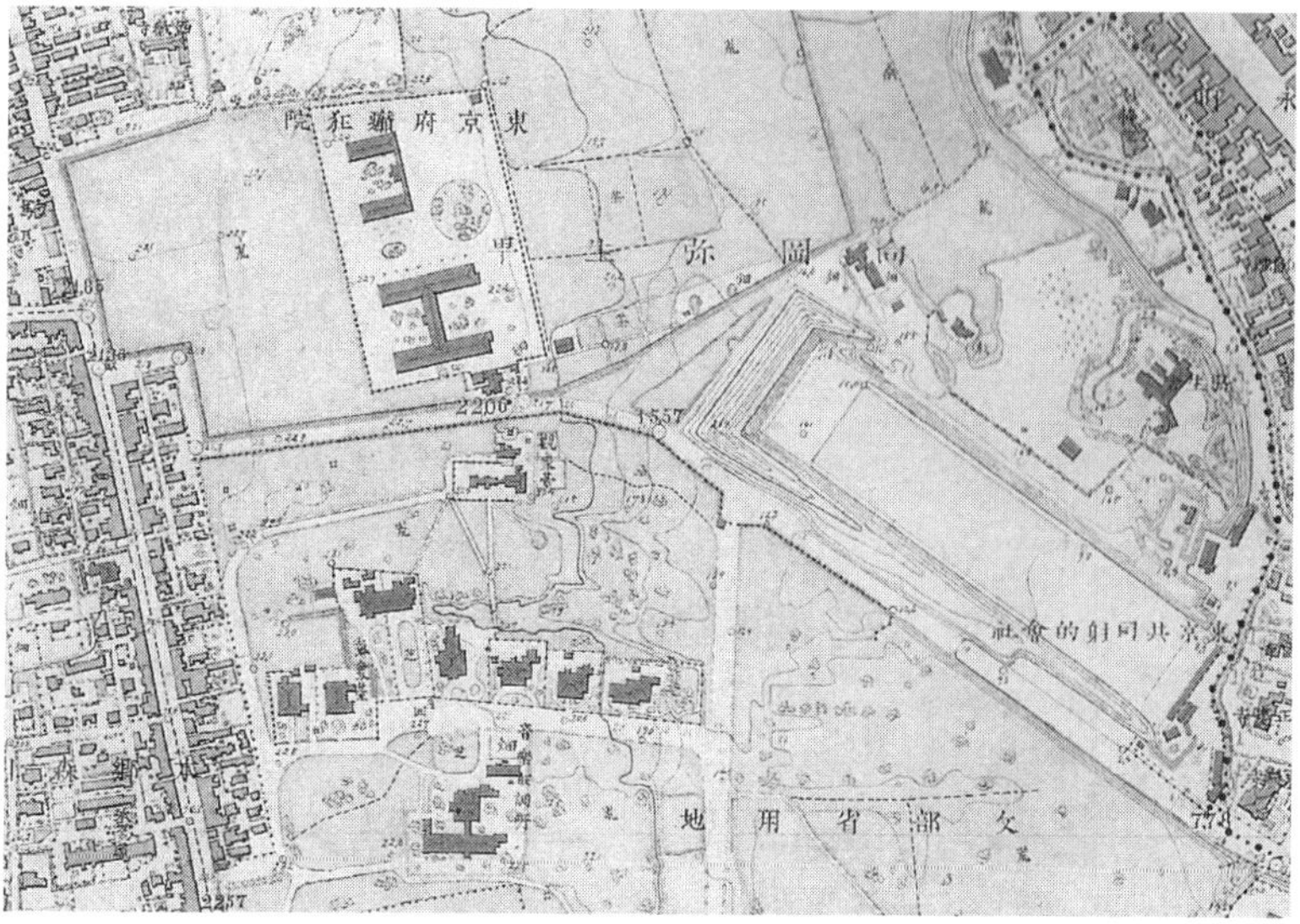

図2　「五千分一東京図測量原図」明治16年測図×0.8（日本地図センター復刻）

東京大学埋蔵文化財調査室のサイトにある「本郷キャンパス・浅野地区に遺跡解説板を設置」によれば、ここには明治一〇年（一八七七）一月に警視局（現警視庁）の射的場が完成、同年二月から始まった西南戦争では、ここで訓練を受けた警視庁の巡査たち九五〇〇人が九州の戦場へ派遣されたという。戦後の明治一五年（一八八二）には宮内省所管の射的場を経て東京共同射的会社の射的場となった。射的場が明治二一年（一八八八）に大森（現山王）に移転した後はほどなく宅地化している。図1の地形図によれば着弾地点の築山は崩されてしまったようだが、長方形の街区だけは今に至るまでその歴史を物語っている。

「東洋一」の射撃場は大学に

東京で射撃場といえば「東洋一」と称された陸軍の戸山ヶ原射撃場であろう（図3）。明治維新の頃、この一帯は山林であったが、明治七年（一八七四）から陸軍用地となり、広大な面積に射撃場が作られた。築堤や土塁を表わす茶色の「ゲジゲジ線」は着弾地点の築山、それに流れ弾を防止するための区画の土塁と思われる。戸山ヶ原射撃場があった場所は当時まだ郡部で、東京府豊多摩郡大久保町大字西大久保の一部であった。市郡界を意味する二点鎖線（図の右上、二三・五メートルの標高点から左下へ伸びる線）の右側は東京市内なので、東隣にあった近衛騎兵聯隊の所在地は東京市牛込区戸山町である。

ついでながら射撃場の左側、山手線の線路に沿って見える「明治菓子会社」は今のロッテの工場の

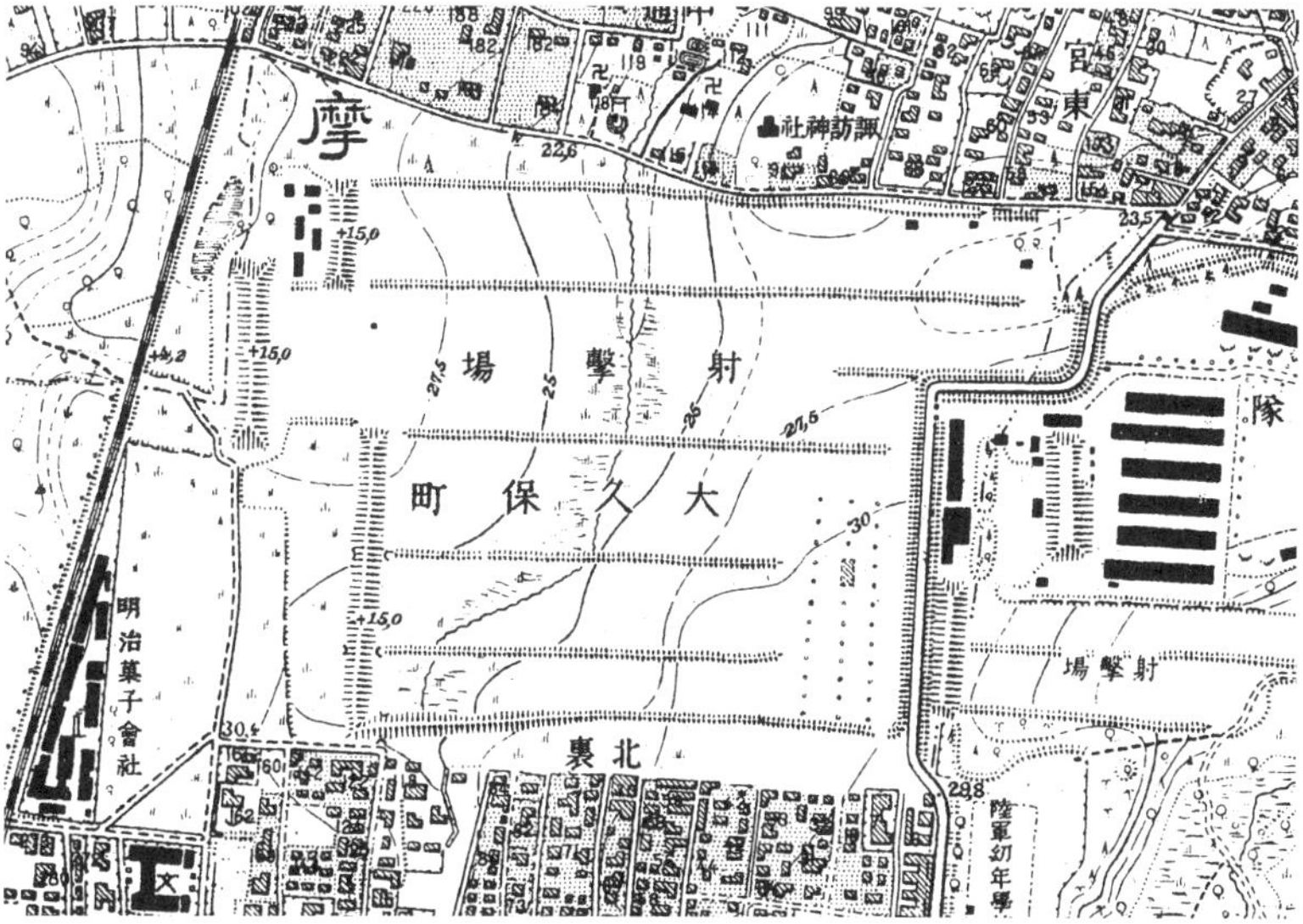

図3　1:10,000「早稲田」大正14年部分修正

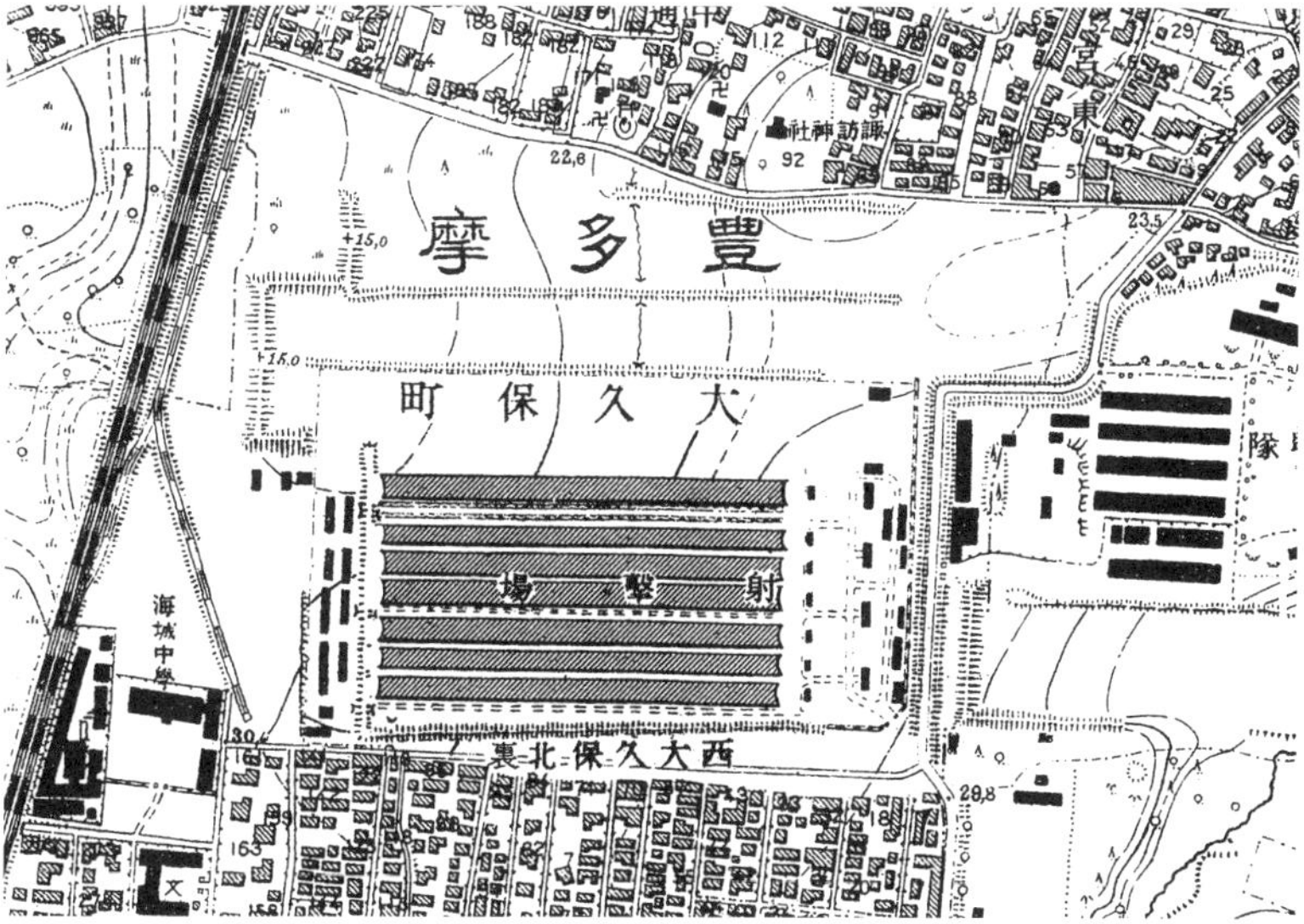

図4　1:10,000「早稲田」昭和4年修正

すぐ北隣にあたるが、ロッテは戦後設立の会社であり、これは現在の明治製菓にあたる。地図修正の前年に東京製菓（大正五年設立）から明治製菓に改称したばかりの頃である。

射撃場は市街地に隣接していることから、危険防止と騒音防止のため、昭和三年（一九二八）には射撃場をコンクリートのカマボコ状あるいは土管のような構造物で覆った。できたばかりのコンクリート構造物が描かれたのが図4である。「カマボコ」は長さ三〇〇メートルに及ぶもので、これが七本も並ぶのはさすが「東洋一」と称されただけあって壮観だったに違いない。カマボコの西側には山手線から専用線も敷設されつつある（この記号は「建築中」を意味する）。明治製菓の右手には昭和二年（一九二七）に霞ヶ関から移転してきた海城中学（旧制・創立時は海軍予備校）が見えるが、現在も海城中学校・高等学校はここにある。

第二次世界大戦後、射撃場を含む陸軍用地は米軍によって接収されたが、カマボコの北側に広がっていた戸山ヶ原には昭和二四年（一九四九）、深刻な住宅不足に苦しんでいた都民のために水洗トイレ付きの木造の「戸山ハイツ」が建設されている。その後鉄筋コンクリートの団地に建て替えられた。カマボコそのものは昭和三〇年代まで残り、米軍の射撃訓練に使われていた。かつて着弾地点にあった築山は「三角山」として地元の子供たちの格好の遊び場になったというが、危険だということで崩され、現存していない。

射撃場は昭和三四年（一九五九）に米軍から返還され、その後は早稲田大学理工学部の大久保キャンパス（現西早稲田キャンパス）および戸山中学校などに姿を変えている。その長方形の輪郭はかつての「東洋一の射撃場」のエリアと重なってはいるが、現地へ行っても航空写真を見ても、教えられ

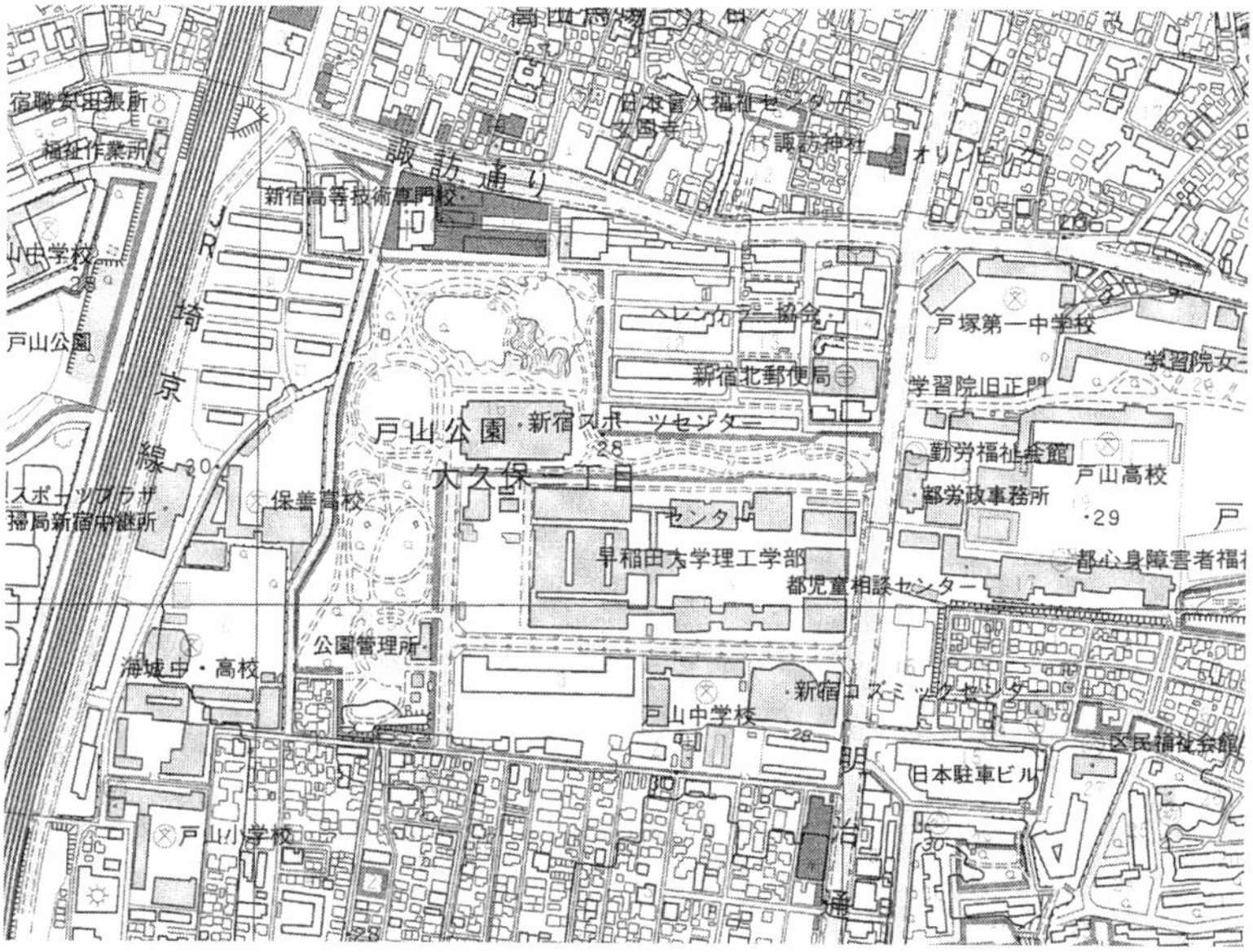

図5　1:10,000「新宿」平成10年修正

なければそんな歴史は知る由もないだろう（図5）。敷地の西側を歩けば、ロッテの工場から甘い香りが漂ってくるが、射撃場時代に七本のカマボコから来るのは硝煙の臭いだったに違いない。甘い香りの社会になって久しいが、それだけに戦争の姿はかえって見えにくくなった。

あとがき

私は一介の地図愛好者であり、「戦争の時代」に関する知識はまだまだ不十分である。そのため個々の問題点の掘り下げには限界があり、場合によっては見当違いな解釈があるかもしれない。だからもし、より深い歴史認識をもった人がこれらの地図を見れば、本書が取り上げた以上に、またより多くのものが見えてくるだろう。

ここで自戒を込めて強調しておきたいことは、「戦争の時代」というものは、多分にイデオロギー的な風味を伴った「記号」としてではなく、もっと大縮尺の地図のような見方に立って捉えなければ本質が見えないということである。

どういうことかといえば、たとえば「東京大空襲で一〇万人以上が犠牲になった」などという目も鼻もないデータとしての記述ではなく、「いつも買い物をしていた本所区亀沢町の乾物屋さん一家が一人残らず亡くなった」という視点である。広島の原爆ドーム界隈にはかつて家が建て込んだ市街地があり、かの一発の爆弾によって住民の生活は一瞬にして消え去ったわけだが、それが具体的に何を指すのか、戦争を知らない世代の一員であっても、少なくとも想像する力を持ちたい。

思えば、戦争の近代化は人間の視界を大縮尺から小縮尺へ変化させた。たとえば昔の白兵戦なら戦う相手ひとりひとりを見なければならなかったが、市街地に焼夷弾を落とそうとする爆撃機のパイロットの目には、無数の瓦屋根が連なるグレーの模様にしか見えない。縮尺が等身大すなわち「一分の一」から「数千分の一」に小さくなったことにより、生身の人間の姿は確実に見えにくくなったのである。もしかしたらパイロットの中にも、無数の瓦屋根の下で自分や家族と同年齢の人たちが暮らしていることを一瞬だけ想像した人はいたかもしれないが。

しかし小縮尺の視界の中にあって大縮尺を思う想像力は、情報の氾濫する時代である今日でも意外なまでに育っていないように思える。たとえば尖閣諸島や北方領土、それに竹島など、隣国との間で未解決な問題があるが、こと領土となると「満蒙は生命線である！」と叫んでいた時代と同様に論調はにわかにヒステリックになってしまう。ほとんど誰も見たことのない場所で行なわれていることを、たとえばマスコミという縮尺の必ずしも正しくない、あるいは意図的なデフォルメが行なわれた「地図」をもとに判断することの危うさ。

ある種の人たちが「縮尺の歪められた地図」を利用して人々を扇動し、しばしば大いなる愚行を犯すことは歴史が証明している。誰もが「本当の地図の見方」を知り、しかも複数の地図から状況を落ち着いて判断し、行動する世の中。そんな時代ははたして到来するだろうか。

平成二三年（二〇一一）三月一日

今尾恵介

版、昭和60年（1985）
『地形図集——黎明期の地形図より現在の地形図まで』国土地理院編、日本地図センター、昭和59年（1984）
『地図』通巻136号より「戦争と地図・情報——戦後50年によせて」長岡正利（1996年）、日本国際地図学会
『復興計画』越沢明著、中公新書、平成17年（2005）
『台湾人生』酒井充子著、文藝春秋、平成22年（2010）
『物語ストラスブールの歴史』内田日出海著、中公新書、平成21年（2009）
『それでも、日本人は「戦争」を選んだ』加藤陽子著、朝日出版社、平成21年（2009）

＊この他に各種鉄道時刻表、市街図・地形図・地勢図（帝国図）等の地図を参照しました。

「この地図は、国土地理院長の承認を得て、同院発行の20万分の1地勢図、20万分の1帝国図、5万分の1地形図、2万5千分の1地形図、1万分の1地形図を複製したものである。（承認番号　平22業複、第869号）」

＊本書は白水社ホームページで平成21年（2009）5月～同23年1月まで連載された「地図で読む戦争の時代」に加筆・修正を行なったものです。

『地図で読む戦争の時代』主要参考文献

■鉄道関連

『停車場変遷大事典　国鉄JR編Ⅱ』JTB、平成10年(1998)

『日本鉄道旅行地図帳』(各巻)、今尾恵介監修、新潮社、平成20年(2008)～21年

『私鉄史ハンドブック』和久田康雄著、電気車研究会、平成5年(1993)および平成19年版正誤表

『多摩の鉄道沿線古今御案内』今尾恵介著、けやき出版、平成20年(2008)

『日本鉄道請負業史　大正・昭和(前期)篇』社団法人日本鉄道建設業協会、昭和53年(1978)

『鉄道運輸年表(最新版)』大久保邦彦・三宅俊彦・曽田英夫編、1999年「旅」1月号別冊付録、JTB

『民鉄経営の歴史と文化　東日本編』古今書院、平成4年(1992)より「新京成電鉄」山田俊明

『多摩のあゆみ』第73号(特集・川越鉄道百年)、たましん地域文化財団、平成5年(1993)11月

『満鉄』原田勝正著、岩波新書、昭和56年(1981)

■地名関連

『角川日本地名大辞典』(各巻)、角川書店、昭和53年(1978)～平成2年(1990)

『消えた駅名』今尾恵介著、講談社＋α文庫、平成23年(2011)

『なごやの町名』名古屋市計画局、平成4年(1992)

『新宿区町名誌』新宿区教育委員会編・発行、昭和51年(1976)

■地図関係・その他

『戦災焼失区域表示コンサイス東京都35区　区分地図帖』(復刻版)日地出

著者紹介

今尾 恵介（いまお けいすけ）
1959年横浜市生まれ。中学生の頃から国土地理院発行の地形図や時刻表を眺めるのが趣味だった。音楽出版社勤務を経て、1991年にフリーランサーとして独立。旅行ガイドブック等へのイラストマップ作成、地図・旅行関係の雑誌への連載をスタート。以後、地図・地名・鉄道関係の単行本の執筆を精力的に手がける。膨大な地図資料をもとに、地域の来し方や行く末を読み解き、環境、政治、地方都市のあり方までを考える。
著書は『日本鉄道旅行地図帳』、『日本鉄道旅行歴史地図帳』（いずれも監修）、『世界の地図を旅しよう』、『日本地図のたのしみ』、『日本の地名遺産』、『地図の遊び方』、『路面電車』、『地形図でたどる鉄道史（東日本編・西日本編）』など多数。
現在、（財）日本地図センター客員研究員、（財）地図情報センター評議員、日本国際地図学会評議員。

装丁
三木俊一（文京図案室）

組版
中川麻子

地図で読む戦争の時代

描かれた日本、描かれなかった日本

二〇一一年四月九日　第一刷発行
二〇一一年一〇月一〇日　第七刷発行

著者　今尾恵介

発行者　及川直志
印刷所　株式会社三秀舎
発行所　株式会社白水社
東京都千代田区神田小川町三の二四
電話　営業部　〇三(三二九一)七八一一
　　　編集部　〇三(三二九一)七八二一
振替　〇〇一九〇―五―三三二二八
　　　郵便番号　一〇一―〇〇五二
http://www.hakusuisha.co.jp
乱丁・落丁本は、送料小社負担にてお取り替えいたします。

松岳社　株式会社　青木製本所

ISBN978-4-560-08118-1

Printed in Japan